本書著者與服部正明教授（右）攝於京都市京都飯店（二〇〇八年夏），
服部氏為佛教知識論與唯識學之國際著名學者

本書著者與戶崎宏正教授（左）攝於九州太宰府一茶園（二〇〇七年夏），
戶崎氏為佛教知識論特別是法稱知識論之國際知名學者，又兼擅唯識學

।अथ त्रिंशिकाविज्ञप्तिप्रकारिकाः

आत्मधर्मोपचारो हि विविधो यः प्रवर्तते ।
विज्ञानपरिणामे ऽसौ परिणामः स च त्रिधा ॥ १ ॥

विपाको मननाख्यश्च विज्ञप्तिर्विषयस्य च ।
तत्रालयाख्यं विज्ञानं विपाकः सर्वबीजकम् ॥ २ ॥

असंविदितकोपादिस्थानविज्ञप्तिकं च तत् ।
सदा स्पर्शमनस्कारवित्संज्ञाचेतनान्वितम् ॥ ३ ॥

उपेक्षा वेदना तत्रानिवृताव्याकृतं च तत् ।
तथा स्पर्शादयस्तच्च वर्तते स्रोतसौघवत् ॥ ४ ॥

तस्य व्यावृत्तिरर्हत्वे तदाश्रित्य प्रवर्तते ।
तदालम्बं मनोनाम विज्ञानं मननात्मकम् ॥ ५ ॥

क्लेशैश्चतुर्भिः सहितं निवृताव्याकृतैः सदा ।
आत्मदृष्ट्यात्ममोहात्ममानात्मस्नेहसंज्ञितैः ॥ ६ ॥

यत्रजस्तन्मयैरन्यैः स्पर्शाद्यैश्चाहतो न तत् ।
न निरोधसमापत्तौ मार्गे लोकोत्तरे न च ॥ ७ ॥

द्वितीयः परिणामो ऽयं तृतीयः षड्विधस्य या ।
विषयस्योपलब्धिः सा कुशलाकुशलाद्वया ॥ ८ ॥

सर्वत्रगैर्विनियतैः कुशलैश्चैतसैरसौ ।
संप्रयुक्ता तथा क्लेशैरुपक्लेशैस्त्रिवेदना ॥ ९ ॥

आद्याः स्पर्शादयश्छन्दाधिमोक्षस्मृतयः सह ।
समाधिधीभ्यां नियताः श्रद्धाथ ह्रीरपत्रपा ॥ १० ॥

अलोभादि त्रयं वीर्यं प्रश्रब्धिः साप्रमादिका ।
अहिंसा कुशलाः क्लेशा रागप्रतिघमूढयः ॥ ११ ॥

मानदृग्विचिकित्साश्च क्रोधोपनहने पुनः ।
म्रक्षः प्रदाश ईर्ष्याथ मात्सर्यं सह मायया ॥ १२ ॥

शाठ्यं मदोऽविहिंसाह्रीरत्रपा स्त्यानमुद्धवः ।
आश्रद्ध्यमथ कौसीद्यं प्रमादो मुषिता स्मृतिः ॥ १३ ॥

विक्षेपोऽसंप्रजन्यं च कौकृत्यं मिद्धमेव च ।
वितर्कश्च विचारश्चेत्युपक्लेशा द्वये द्विधा ॥ १४ ॥

पञ्चानां मूलविज्ञाने यथाप्रत्ययमुद्भवः ।
विज्ञानानां सह न वा तरङ्गाणां यथा जले ॥ १५ ॥

मनोविज्ञानसंभूतिः सर्वदासंज्ञिकादृते ।
समापत्तिद्वयान्मिद्धान्मूर्च्छनादप्यचित्तकात् ॥ १६ ॥

विज्ञानपरिणामो ऽयं विकल्पो याद्विकल्प्यते ।
तेन तन्नास्ति तेनेदं सर्वं विज्ञप्तिमात्रकम् ॥ १७ ॥

सर्वबीजं हि विज्ञानं परिणामस्तथा तथा ।
यात्यन्योन्यवशाद्येन विकल्पः स स जायते ॥ १८ ॥

कर्मणो वासना ग्राह द्वयवासनया सह ।
क्षीणे पूर्वविपाके ऽन्यद्विपाकं जनयन्ति तत् ॥ १९ ॥

येन येन विकल्पेन यद्यद्वस्तु विकल्प्यते ।
परिकल्पित एवासौ स्वभावो न स विद्यते ॥ २० ॥

परतन्त्रस्वभावस्तु विकल्पः प्रत्ययोद्भवः ।
निष्पन्नस्तस्य पूर्वेण सदा रहितता तु या ॥ २१ ॥

अत एव स नैवान्यो नानन्यः परतन्त्रतः ।
अनित्यतादिवद्वाच्यो नादृष्टे ऽस्मिन् स दृश्यते ॥ २२ ॥

त्रिविधस्य स्वभावस्य त्रिविधां निःस्वभावताम् ।
संधाय सर्वधर्माणां देशिता निःस्वभावता ॥ २३ ॥

प्रथमो लक्षणेनैव निःस्वभावो ऽपरः पुनः ।
न स्वयंभाव एतस्येत्यपरा निःस्वभावता ॥ २४ ॥

धर्माणां परमार्थश्च स यतस्तथतापि सः ।
सर्वकालं तथाभावात्सैव विज्ञप्तिमात्रता ॥ २५ ॥

यावद्विज्ञप्तिमात्रत्वे विज्ञानं नावतिष्ठति ।
ग्राहद्वयस्यानुशयस्तावन्न विनिवर्तते ॥ २६ ॥

विज्ञप्तिमात्रमेवेदमित्यपि ह्युपलम्भतः ।
स्थापयन्नग्रतः किंचित्तन्मात्रे नावतिष्ठते ॥ २७ ॥

यदालम्बनं विज्ञानं नैवोपलभते तदा ।
स्थितं विज्ञानमात्रत्वे ग्राह्याभावे तदग्रहात् ॥ २८ ॥

अचित्तो ऽनुपलम्भो ऽसौ ज्ञानं लोकोत्तरं च तत् ।
आश्रयस्य परावृत्तिर्द्विधा दौष्ठुल्यहानितः ॥ २९ ॥

स एवानास्रवो धातुरचिन्त्यः कुशलो ध्रुवः ।
सुखो विमुक्तिकायो ऽसौ धर्माख्यो ऽयं महामुनेः ॥ ३० ॥

त्रिंशिकाविज्ञप्तिकारिकाः समाप्ताः ॥
कृतिरियमाचार्यवसुबन्धोः ।]

唯識現象學 1：世親與護法

吳汝鈞 著

臺灣 學生書局 印行

二刷序

　　《唯識現象學》二版進行在即，臺灣學生書局問我要否改動。我考慮後，並未修改或增補內容，只是改動了一些德文字眼，由在文本中看到的轉為在字典中看到的。但這是極少數。

　　此書成立於2001年，出版於2002年，距今已超過十年，期間在國際特別是在日本方面有多種重要成果出現，略舉數種如下：

> 楠本信道著《〈俱舍論〉における世親の緣起觀》，京都：
> 　　平樂寺書店，2007。
> 勝呂信靜著《唯識思想の形成と展開》，《勝呂信靜選集》
> 　　第一，東京：山喜房佛書林，2009。
> 兵藤一夫著《初期唯識思想の研究：唯識無境と三性說》，
> 　　京都：文榮堂，2010。
> 橫山紘一著《唯識佛教辭典》，東京：春秋社，2010。

其中，橫山的《唯識佛教辭典》最堪注意，篇幅浩繁，對於重要的唯識名相，解釋詳盡而清晰。

　　我不擬在拙著的參考書目中補上這些資料，而擬在目前正在撰寫中的《唯識學與精神分析》中作全面的交代。

2012年3月於
南港中央研究院

總　序

　　《唯識現象學》是一組學術性著書的總名，概括兩本專著：《世親與護法》與《安慧》。

　　這組《唯識現象學》可以說是我自己在學問與思辯上試煉功力的著書，周旋於佛教唯識學與胡塞爾（E. Husserl）的現象學（Phänomenologie）兩大哲學體系與梵文、藏文、佛教漢文、日文、英文、德文六種語文的古典著作與現代研究成果之間，我已爲它而弄至殫精竭慮了。這組專著基本上是要以現象學作爲參照來剖析世親（Vasubandhu）、護法（Dharmapāla）與安慧（Sthiramati）的唯識學。我這樣做的一個重要理由是唯識學與現象學實在有太多相通的、可相互比較的地方。彼此相顯，雙方都顯得較易理解。當然我不會忽略彼此相異之處。另外一點理由是，印度佛教唯識學向兩個路向發展，護法的唯識學傳入中土，安慧的唯識學傳入西藏，雙方鮮有認眞的對話或遇合（Begegnung）。我現在把它們聚合在一起，作比較研究，再以現象學涉入，對中土讀者理解安慧唯識學，以至增長他們在唯識學方面的學養，不算沒有貢獻吧。實際上，這樣的處理，在現代佛學研究界，即使是在歐美，還是很少見。日本方面更沒有了。

　　這兩本書各有主題，故可各自成篇。但各主題亦相互關連，故亦可作一個總體看。安慧唯識學的那一部份開始得很早，大概在1980

年前後，我從日本與德國研究完畢回香港，便從有關的梵文本中把
哲學的要點整理出來，成一草稿，然後擱下。到最近才重新作現象
學的整合，並在適當之處，把安慧與護法的說法作一比較，然後才
瞭然兩者的異同。至於世親護法唯識學的那一部份則開始得更早，
在1970年我在香港中文大學寫碩士論文時已經細讀世親的《唯識三
十頌》與護法的《成唯識論》了；我的碩士論文是有關唯識學的轉
識成智問題的研究的，由唐君毅與牟宗三兩位老師指導。1997年至
1998年間我在香港能仁書院哲學研究所開講唯識學課程，正是以這
兩本著作爲解讀的文獻的，於是有了初稿；我又把《唯識三十頌》
從梵文本譯成語體文，和玄奘翻譯的作一對比。再經整理，便成現
在的稿本。另外，近年我看完胡塞爾的現象學的主要著作，目的是
要透過這套現象學來呈顯唯識學，做一點比較哲學的工作。這便是
這組著書的撰作緣起。

　　對於這兩本書的撰著，我雖然耗費了長久的時間和大量的心
血；在著作過程中，常覺疲乏。但還是不很滿意，覺得仍有很多可
以改進之處，有些地方可以寫得更好。特別是在語文方面，對於梵
文和德文文獻的解讀，我廣泛地參考過很多現代學者的意見，如上
田義文、長尾雅人、荒牧典俊、寺本婉雅、李幼蒸、開連斯（D.
Cairns）、卡爾（D. Carr）等，但仍覺解讀有不夠周延之處。對於
胡塞爾的著作，覺得讀得不夠多。但自己的時間、精力和能力都有
限，在生活上還要兼顧其他的事情，如教學、參加學術會議、演講、
審查著作、參加其他研究計劃、帶學生寫畢業論文、博、碩士論文，
等等，暫時無能爲力了。一切不足之處，希望以後特別是退休後有
機會改善。

　　走筆到這裏，想到自己從事哲學思考與學術研究三十多年，生死相許，弄至筋疲力盡，滿身是病，成就還是有限，不覺惆悵不已。在這些方面，我和自己的老師輩和太老師輩還有一段距離。論廣博，我不能跟唐君毅、西谷啓治諸先生相比；論深密，我不能和牟宗三、久松眞一、服部正明、舒密特侯遜（L. Schmithausen）諸先生相比；論形而上的玄思，我更不能望熊十力先生的背項。特別是想到自己的健康狀況，更無顏面向生我育我但已在泉下的父母交代。最近香港浸會大學頒發一個學術研究表現優異（Outstanding Performance in Scholarly Work）的獎項給我，這種獎項，全校只有三位教學研究人員得到，可見得來不易。有人向我道賀，爲我隨喜，我當然感謝，內心卻感到無限憂傷。我對他們說，對於這個獎項，我是用健康作投注的。我取得有限的學術研究成就，卻失去了健康，這是我的悲劇啊。言下欷歔無已。我來臺灣中央研究院後，很快便獲頒傑出人才講座，比浸會大學的重要得多，總算是一種補償。

　　最後，我要解釋一下這一組著書的名稱《唯識現象學》（*Phänomenologie des Yogācāra Buddhismus*）的涵義。我在很多著述中提過，現象學不同於現象主義（phenomenalism），後者只表示對現象的純粹描述，沒有價值的、導向的（orientative）或轉化的（transformational）意味，這是一般的現象層次。現象學則不同，它對現象的研究或體會，有導向的、轉化的意味，它是一種價值意義的字眼，對事物的探究，不單著眼於現象的層面，而且涉入它的眞理的、本質的層面，因而具有終極理想的意涵。用東方哲學的詞彙來說，我們對事物從現象的層面直探它的本質、體證它的眞實性相，達到對眞理的覺悟的目標。從存有論來說，用牟宗三先生的字

眼來說，現象主義是一種有執的存有論，現象學是一種無執的存有論。這「現象學」有胡塞爾的那種現象學意義，包含相應於本質還原（Wesensreduktion）或現象學還原（phänomenologische Reduktion）的程序；但不限於此，它還有實踐的、修證的意涵。胡塞爾的現象學則是概念的、理論的，不談實踐修證的。

　　所謂唯識現象學即是從唯識學說爲起點建立起來的一套現象學。它當然講唯識（vijñaptimātra），但更強調唯識的轉化，即轉識成智後的唯智（jñānamātra），以智爲依據而說覺悟，開出現象世界。因此，唯識學所說的「轉依」，特別是護法在《成唯識論》中闡發的「轉識成智」便顯得特別重要。轉依（āśraya-parāvṛtti）即是轉捨虛妄的識（vijñāna, vijñapti），使之變爲或依止清淨的智（jñāna）。這在佛教一般來說，便是覺悟、成佛、得解脫、證涅槃，是宗教的最高目標。這轉依在胡塞爾的現象學來說，便是上面提到的本質還原或現象學還原，由經驗意識（empirisches Bewuβtsein）提升至絕對意識（absolutes Bewuβtsein）或超越意識（transzendentales Bewuβtsein）；而意識所構架的世界，則由不具有明證性（Evidenz）的現實世界提升至具有明證性的有本質（Wesen）爲內涵的現象世界，這是回歸到事物自身的世界。

　　在這兩本書中所運用的胡塞爾現象學的處理，其中涉及現象學的一切觀念、理論與思想，都是來自拙著《胡塞爾現象學解析》（臺灣商務印書館）中的。因此，對於這些處理或參照，不一一註明胡塞爾著作的出處了。

　　附帶一提的是，胡塞爾的現象學與唯識學在理論架構與思想方向方面這樣相似，特別是對意識的理解與對意識或識轉出能意、所

意與見分、相分（護法系）以開出主體與客體的構思的不謀而合，雙方卻沒有歷史性的往來，實令人驚異不已。唯識學的論師早出胡塞爾超過一千年，自然未聞他的現象學。而在胡塞爾的主要著作中，又未見提及佛學，更遑論唯識學，雙方的哲思可以有這樣深刻的溝通，所謂「神交」也。日前承在香港科技大學人文學部研究唯識學的博士生劉宇光先生相告，胡塞爾曾認識一個在德國研究的日本學者Junyu Kitayama，後者寫了一篇有關世親和唯識學派的形上學的論文（應該是學位論文）。劉先生並給我一份該論文的影印本，題爲 "Metaphysik des Buddhismus: Versuch einer philosophischen Interpretation der Lehre Vasubandhus und seiner Schule"（佛教形上學：世親和他的學派的義理的哲學性詮釋，Stuttgart-Berlin: Verlag von W. Kohlhammer, n. d. Reprinted by Chinese Materials Center, China, 1983）。文中（S. 143）以絕對意識（absolutes Bewuβtsein）相當於阿摩羅識（智）（無垢識amalajñāna），顯然是受到胡塞爾的意識現象學（Phänomenologie des Bewuβtsein）的影響。論文成於上世紀三〇年代初期，其時胡塞爾還健在。這位北山（Kitayama）先生大概是歷史性地溝通胡塞爾現象學與世親唯識學的第一道橋樑了。

2001年春於香港九龍塘筆架山寓所

別 序

印度大乘佛教有兩種重要的學說，其一是中觀學（Mādhyamika），另一是唯識學（Vijñānavāda）。中觀學最重要的文獻，自然是龍樹（Nāgārjuna）的《中論》（*Madhyamakakārikā*）。關於這部文獻，我已寫了《龍樹中論的哲學解讀》（臺北：臺灣商務印書館，1997）。唯識學的重要文獻則有多種，世親（Vasubandhu）的《唯識三十頌》（*Triṃśikā-vijñaptikārikā*）與護法（Dharmapāla）的《成唯識論》（*Vijñaptimātratāsiddhi-śāstra*）是其中二者，後者是前者的疏釋。現在這部《唯識現象學1：世親與護法》便是對這兩種重要文獻所作的哲學解讀。所謂「哲學解讀」，是以哲學的分析與比較作進路，特別是以胡塞爾的現象學作爲參照，去闡釋論典文字的義理。解讀以有關哲學思想的探討爲主，留意有關論典在存在論（嚴格來說是現象學）、認識論和倫理學方面的說法，並留意它的思考方法問題。

《唯識三十頌》和《成唯識論》本來都是用梵文寫的，前者的梵文本仍流傳至現在，後者的梵文本則散失了。兩者都有玄奘的漢譯本，收在《大正新修大藏經》中。我們這部著書一方面解讀《唯識三十頌》的梵文本，拿它來和玄奘的翻譯作比較。另外在《成唯識論》中選取與《唯識三十頌》最有關連的疏釋的文字，來加以解讀。由於《成唯識論》的篇幅非常多，我們不能全部都拿來處理，

只能作適當的選取，選取其中有濃厚的哲學性、現象學性，而又直接解釋《唯識三十頌》的文字。由於《唯識三十頌》由三十首偈頌合成，故我們的解讀也分三十個部份，每部份處理一首偈頌。解讀的方式是先把《唯識三十頌》的梵文偈頌列出，然後把這梵文偈頌做一個現代語譯，同時列出玄奘的相應翻譯，然後把這兩個本子進行比較。這方面做妥後，便列出護法在《成唯識論》的解釋文字，進行現象學解讀。

解讀基本上是依文獻學與哲學雙軌並進的方式進行。扣緊梵文原典與玄奘的翻譯的文字，以作哲學的分析與比較。這種方法的好處是能同時建立詮釋上的客觀性與超離性。由於解讀是扣緊原來的文字來進行，沒有很多個人的幻想插入的餘地，故能維持詮釋上一定的客觀可靠性。哲學的分析與比較則使人有一凌空思考的空間，從個別的、特殊的事象游離開來，而綜覽全局；而不會黏滯於這事象之中，以偏概全。這是詮釋上的超離性的好處。

關於所謂「唯識」（vijñaptimātra）的意思，我們在這部著書的緒論與內文中有詳盡的闡釋，這裏不想多作贅言。我們這裏想集中談一談唯識學的研究情況，特別是有關《唯識三十頌》與《成唯識論》這兩部文獻的研究情況。如所周知，唯識學主要是論述現象世界如何由心識變現的情況，解釋現象世界的根源在於心識。在這方面，唯識學與西方哲學的現象學（Phänomenologie）、現象論（phenomenalism）很是相應。對於現象世界的一切東西，所謂有為法（saṃskṛta），唯識學又以緣起論來解釋它們的成立，並把它們的成立的最根本要素，歸結為種子（bīja），因此，又有學者以存在論來說唯識學的這種說法。由於唯識學所論的識，不止有認識

的作用，而且有心理上的執取的意味，所謂「情識」，特別是第八阿賴耶識的下意識的執取，故有學者視唯識學爲一種心理學，或深層心理學（Tiefenpsychologie）。另外，有些學者特別留意到唯識學所說的八識中的前六識。依唯識學，前六識中的前五識是感識，有知覺的作用，稱爲現量（pratyakṣa），第六識則是意識，有推理作用，稱爲比量（anumāna）。他們認爲，唯識學者對這兩種作用的研究，實分別相當於西方哲學中的知識論與邏輯。這幾點合起來，使唯識學成爲佛學中與西方哲學最具有共通性、最能與西方哲學作比較的學問。有人便以胡塞爾（Edmund Husserl）的現象學作爲背景來探討唯識學的意識的記憶作用和識轉變（vijñāna-pariṇāma）的問題。有人比較西方哲學的存在論與唯識學的緣起說。有人把佛洛依德（Sigmund Freud）的心理學與唯識學的八識理論拉在一起研究，而特別留意八識中的第七末那識與第八阿賴耶識。亦有人把康德（Immanuel Kant）的先驗統覺（transzendentale Apperzeption）與唯識學的第八阿賴耶識作比較研究。至於以西方知識論爲參照來研究唯識學的現量論，以西方邏輯爲參照來研究唯識學的比量論，風氣則更爲興盛了，而且有很好的成果。在前者，維也納學派（die Wiene Schule）的德、奧、日諸學者的研究，最爲明顯。他們之中有不少曾經作過我的指導教授。

　　說到唯識理論，一般都以世親爲主。他之前雖有《解深密經》（Saṃdhinirmocana-sūtra）、彌勒（Maitreya）與無著（Asaṅga）的思想，但唯識學的主要概念與理論，要到世親才能確定下來，例如「識轉變」（vijñāna-pariṇāma）。而《唯識三十頌》是世親的晚年著作，代表他的最成熟的唯識思想，其地位更形重要。但

這部作品文簡意繁，要弄通它的內涵，需要借助詳盡的疏釋。因而對這部作品作疏釋，便成為唯識學研究的一項重要工作。據傳統的說法，世親門下有十大論師，先後為這部作品作疏釋；其中最重要的疏釋，自然是安慧（Sthiramati）的《唯識三十論釋》（*Triṃśikāvijñaptibhāṣya*）與護法的《成唯識論》。而現代學者對這部《唯識三十頌》的研究，更是如雨後春筍。單是從它的梵文原本翻譯成英語的，估計有下列幾種：

1. Stefan Anacker, *Seven Works of Vasubandhu*. Delhi: Motilal Banarsidass, 1986, pp. 181-190.

2. Thomas A. Kochumuttom, *A Buddhist Doctrine of Experience*. Delhi: Motilal Banarsidass, 1989, pp. 254-259.

3. Thomas E. Wood, *Mind Only: A Philosophical and Doctrinal Analysis of the Vijñānavāda*. Honolulu: University of Hawaii Press, 1991, pp. 49-56.

4. David J. Kalupahana, *The Principle of Buddhist Psychology*. Delhi: Sri Satguru Publications, 1992, pp. 192-214.

此外應該還有其他學者的英譯，中觀學者羅濱遜（R. H. Robinson）好像也作過英譯。翻譯成日語的則有：

1. 荒牧典俊：《唯識三十論》，長尾雅人、梶山雄一監修：《大乘佛典15：世親論集》，東京：中央公論社，1976，pp. 31-190.

2. 上田義文：《梵文唯識三十頌の解明》，東京：第三文明

社，1987, pp. 17-25.

3. 稻津紀三：《世親唯識說の根本的研究》，東京：飛鳥書院，1988, pp. 121-129.

4. 宇井伯壽：《安慧護法唯識三十頌釋論》，東京：岩波書店，1990, pp. 182-187.

5. 竹村牧男：《唯識の構造》，東京：春秋社，1992, pp. 40-48.

6. 渡邊隆生：《唯識三十論頌の解讀研究》上，京都：永田文昌堂，1995, pp. 17-32.

此外還有下列學者的日譯：寺本婉雅、荻原雲來和渡邊照宏。此外還有耶哥比（H. Jacobi）和法勞凡爾納（E. Frauwallner）的德譯和蒲桑（V. Poussin）的法譯。這些日、德、法譯本，不單是從梵文翻譯過來，也有從玄奘的漢譯翻譯過來的。

　　護法的《成唯識論》是玄奘翻譯的。它也收有部份其他論師對世親唯識學的疏釋。傳統的中土和日本的唯識學，都是根據這部翻譯來了解世親的唯識思想，而傳流下來。而疏釋中又有疏釋，此中包括中土窺基的《成唯識論述記》、《成唯識論樞要》、慧沼的《成唯識論了義燈》、智周的《成唯識論演秘》。日本方面則有良算、興玄編集的《唯識論同學鈔》和湛慧的《成唯識論集成編》。在現代研究方面，則主要是翻譯，有蒲桑（Louis de la Vallée Poussin）的法譯和韋達（Wei Tat）的英譯：

1. Louis de la Vallée Poussin, *Vijñaptimātratāsiddhi, La Siddhi de Hiuan-Tsang*. Paris, 1928.

2. Wei Tat, *Ch'eng Wei-Shih Lun*. Hong Kong: The Ch'eng

Wei-Shih Lun Publication Committee, 1973.

近期又有古克（Francis H. Cook）的英譯：

Francis H. Cook, *Three Texts on Consciousness Only*. Berkeley: Numata Center for Buddhist Translation and Research, 1999, pp. 7-370.

亦有以英語來寫，以《成唯識論》為基本文獻來研究唯識思想的專著，如以下一本：

Dan Lusthaus, *A Philosophic Investigation of the Ch'eng Wei-shih Lun: Vasubandhu, Hsüan Tsang and the Transmission of Vijñapti-mātra (Yogācāra) from India to China*. A PhD Dissertation, Temple University, 1989.

在漢語界，亦有三種語體文譯本或講記：

1. 慈航：《成唯識論講話》，五冊，《慈航法師全集》第四編，臺灣：慈航法師永久紀念會，1966.
2. 演培：《成唯識論講記》，五冊，新嘉坡：靈峰般若講堂，1978.
3. 韓廷傑釋譯：《成唯識論》，三重：佛光文化事業有限公司，1998.

至於抽取《成唯識論》部份來翻譯，以詮釋《唯識三十頌》的，在日本學界則有多種。最新出版的有以下一書：

渡邊隆生著：《唯識三十論頌の解讀研究》，上、下，京都：
永田文昌堂，1995, 1998.

這麼些多種翻譯中，以宇井伯壽所做的最受注意：

宇井伯壽譯著：《安慧護法唯識三十頌釋論》，東京：岩波
書店，1990, pp. 3-157.

這是對比著安慧對《唯識三十頌》的論釋而作的。

至於對《成唯識論》作局部的文獻學與思想（亦即護法思想）性的
研究，在西方學術界進行得很少，在日本學術界則很興旺，論文或
著書中的篇章如汗牛充棟，不勝枚舉。在上面列出的翻譯和專書研
究中，蒲桑（Poussin）的法譯文獻學功力深厚，學術性極高。宇井
伯壽的日譯則稍遜。魯斯特候斯（Lusthaus）的研究富哲學性，特
別是現象學性，他開宗明義地說唯識學是佛教現象學（Buddhist
phenomenology），並運用現象學的和解構的（deconstructive）詞彙
作爲參照來說唯識學，而他所理解的現象學，也不單指胡塞爾
（Husserl）的，也包括梅洛龐蒂（Merleau-Ponty）和德希達（Derrida）
的。（該書，p.4）他又提到唯識學是一救贖的現象學（soteric
phenomenology），它的現象學闡述具有轉化（alterity）效果。（Ibid.,
pp. 369-370.）這與我的這組《唯識現象學》著書在旨趣和方法上有
點相近。渡邊隆生的翻譯與研究，在文獻學與義理探究方面都頗扎
實。

我的這部《唯識現象學1：世親與護法》是參考了多種現代學
者對唯識學的研究而作成的，但基本上都是自己的意思。書中引出

的《唯識三十頌》的梵文原文，是參照上田義文《梵文唯識三十頌
の解明》一書中所附的，此中有天城體（Devanāgarī）與羅馬體的
對照。在翻譯這梵文《唯識三十頌》方面，我也多方面參照了上田
義文的日譯，也曾比對過其他的翻譯。至於玄奘對《唯識三十頌》
與《成唯識論》的漢譯，則取自《大正新修大藏經》。解讀中的「大」
字樣，即表示這《大正新修大藏經》。又這部書的原稿本來是我在
香港能仁書院哲學研究所的講課記錄，課程題目爲「唯識思想研
究」，由1997年9月講至1998年6月，爲期一年。錄音與記錄悉由陳
森田先生負責。記錄好後，由我修改增補，加上附註和參考書目。
在附註中，我特別引介對於某些概念或思想作進一步了解的參考用
書，俾讀者在繼續修習唯識學時有所依從。這些參考用書和參考書
目中所列出的，大部份是日本方面的學術著作。另外，在附註中，
我又對了解唯識思想的某些有關名相和論點，作進一步的闡釋，俾
對唯識思想有興趣而希望有進一步理解的讀者有參考作用。特別要
一提的是，上面提到的現象學詮釋，是在對《唯識三十頌》的每一
偈頌及護法的疏釋的解讀後在有需要的地方進行的。現象學詮釋基
本上是針對那些具有重要的哲學涵義的概念和理論而提出的。

　　陳先生曾研究過法稱的因明學，思想細密，文字流暢，他的記
錄有很高的可讀性。在這裏我謹對他的辛勞，致深切的謝意。

　　另外要說的是，唯識學思想複雜，概念繁多，理論性強，一時
不易掌握。我們這部《唯識現象學 1：世親與護法》只能算是入門
書；不過，它具有現代性，它是以哲學特別是現象學的宏觀的思想
背景而作成的。實際上，在我國學術界思想界，從事唯識學研究的
人不少，也出過很多著作。但能把唯識的概念與問題清晰而中肯地

陳述出來的，並不多見。熊十力先生的《佛家名相通釋》是一個例外，算是符合這個標準。但這已是超過半個世紀以前的書了。我們不能滯留在這個階段中。我們應多吸收現代日本與西方文獻學、哲學與現象學的研究成果，把唯識學的全貌清晰地、客觀地呈露出來，深刻地反省它的概念與理論。另外，多做一些比較哲學式的工作，使唯識學與現代西方哲學進行對話，也是很有意義的。就我個人來說，這部著作在這種想法下闡釋了世親與護法的唯識學，跟著我會以類似的方式來闡釋安慧的唯識學。

又，我要交代一下附錄中的那篇論文〈世親三性論思想的哲學剖析〉。顧名思義，這是研究世親的《三性論》一部小書的哲學思想的文字。《三性論》（*Trisvabhāva*）在現代佛學研究界大體上被視為世親的作品，亦有少數學者持異見，如吳德（T. E. Wood）。這本小論有以下三個權威的梵文本子：

1. S. Yamaguchi, *Trisvabhāva, kārikā*. Tokyo, 1931.（《宗教研究》第八卷）

2. L. de la V. Poussin, *Le petit traité de Vasubandhu-Nāgārjuna sur les trois natures*. Mélanges chinois et bouddhiques II, Bruxelles, 1933, pp. 154-157.

3. S. Mukhopadhyāya, *Trisvabhāva-nirdeśa of Vasubandhu*. Sanskrit text and Tibetan versions. Visva-Bharati Series, No. 4, Calcutta, 1939.

這本小論有兩種藏文譯本，沒有漢譯。現代語譯中，有蒲桑（Poussin）的法譯，穆可柏蒂雅耶（Mukhopadhyāya）、安納卡爾

（S. Anacker）和吳德（T. E. Wood）的三種英譯，山口益和長尾雅人的兩種日譯。由於沒有漢譯，故在我國的佛學界知道這小論的人很少，也未見有認眞的翻譯與研究。不過，這部文獻有些重要性，它專論三性或三自性（trisvabhāva）的問題，可以補充我們對世親的三性思想的了解；故我依梵文本並參考長尾雅人與吳德的翻譯與研究，寫成這篇論文，放在《唯識現象學 1：世親與護法》一書中以作附錄，供關心世親的唯識思想的讀者參考。希望以後在漢語佛學界有多些人留意和研究這本《三性論》。由於三性問題與胡塞爾的現象學可關連的地方不多，只有一兩點重要的關連（這是我的看法），故在這篇論文中所展示的現象學研究的意味不很濃厚。也因此我在確定這篇文字的名稱方面，不用「現象學」字眼，而用「哲學剖析」字眼，題爲「世親《三性論》思想的哲學剖析」，敬祈讀者垂注。

唯識現象學1：世親與護法

目　錄

緒　論

　　唯識（Vijñaptimātra）是佛教中一個非常重要的學派的思想。在
印度，大乘佛教（Mahāyāna　Buddhism）有兩個主要的學派，分別
爲中觀學派（Mādhyamika）和唯識學派（Vijñānavāda）。後來又出
現第三個學派，專門講述如來藏（Tathāgatagarbha）思想。而就對
大乘佛學的影響來說，以中觀和唯識爲最重要。

　　照一般學者所說，在印度方面，唯識學是由無著（Asaṅga）和
世親（Vasubandhu）兩兄弟創立的。某些人認爲在無著之先還有彌
勒（Maitreya），但我們對彌勒的事蹟所知很少，甚至乎彌勒這個
人是否曾經存在仍有爭論。所以，若以可靠的文獻記載爲根據，唯
識的創始人應是無著和世親。他們二人中又以世親較爲重要，因爲
他建立了唯識思想中「識」的理論基礎。[1]

---

[1]　現代學術界提出有兩個世親的說法，其一是疏釋彌勒與無著的著書的世親，
　　另一則是《俱舍論》（*Abhidharmakośabhāṣya*）、《成業論》（*Karmasiddhi-
　　prakaraṇa*）、《唯識二十論》（*Viṃśatikā-vijñaptimātratā-sidhhi*）與《唯識
　　三十頌》（*Triṃśikā-vijñaptimātratā-siddhi*）的世親，兩者並不相同。法勞凡
　　爾納（E. Frauwallner）即提出此說，其弟子舒密特侯遜（L. Schmithausen）支
　　持其說。在日本學界，則傾向於視兩個世親爲同一人。有關世親的生平與生
　　卒時間，cf. Stefan Anacker, *Seven Works of Vasubandhu*, Delhi: Motilal
　　Banarsidass, 1986, pp.7-28.

　　唯識基本上以《楞伽經》（*Laṅkāvatāra-sūtra*）和《解深密經》（*Saṃdhinirmocana-sūtra*）爲宗。論典方面，較重要的有相傳爲彌勒所造的《瑜伽師地論》（*Yogācārabhūmi-śāstra*）和《辯中邊論》（*Madhyāntavibhāga-śāstra*），以及無著的《大乘莊嚴經論》（*Mahāyāna-sūtrālaṃkāra*），但事實上，這些論著的作者仍不能確定。能確定爲無著所造的，有《攝大乘論》（*Mahāyānasaṃgraha*）和《顯揚聖教論》（*Āryavācāprakaraṇa-śāstrā*）。至於無著的親兄弟世親，他初期的學術旨趣跟兄長無著不同。無著很年輕就開始研習大乘佛教，但世親初期是研習小乘的說一切有部（Sarvāstivādin）的學說，後來才受到無著的感化而轉向大乘佛教。世親的理論非常嚴緊，而且著作豐富。他最重要的一部著作是《唯識三十頌》（*Triṃśikā-vijñaptimātratā-siddhi, Triṃśikāvijñaptikārikā*）。這本著作是世親晚年的作品，可以代表他最成熟的思想。此外，他又有《大乘成業論》（*Karmasiddhi-prakaraṇa*）和《唯識二十論》（*Viṃśatikā-vijñaptimātratā-siddhi*）等，都是唯識學派的重要典籍。[2]

　　在世親之後有所謂「十大論師」，其中較重要的有安慧、難陀、護法三位。[3]對於世親晚年的唯識思想的詮釋，主要有兩派，分別是

---

[2]　日本學者竹村牧男以爲，世親的著作大體上可分爲三部份。第一部份是有關部派的教義以至過渡到大乘的作品。第二部份是論述唯識關係的。第三部份則是大乘經典的解說書（upadeśa）。（竹村牧男《唯識の探究》，東京：春秋社，1992, pp.26-28.）

[3]　世親下面的十大論師爲：護法(Dharmapāla)、德慧(Guṇamati)、安慧(Sthiramati)、親勝(Bandhuśrī)、難陀(Nanda)、淨月(Śuddhacandra)、火辨(Citrabhānu)、勝友(Jinamitra)、勝子(Jinaputra)、智月(Jñānacandra)。其中，親勝、火辨與世親同

安慧（Sthiramati）和護法（Dharmapāla）的見解。安慧和護法對《唯識三十頌》都有很詳盡的註解，但兩人的解釋有很大分歧。由於安慧的註解未有翻譯爲漢文，所以在漢語佛學界沒有流傳。玄奘所翻譯的，主要是護法的註解，他將這些資料加上其他論師的一些解釋彙集起來，翻譯成漢文，就成爲了《成唯識論》（*Vijñaptimātratāsiddhi-śāstra*，以下簡稱《成論》）。漢語佛學界的唯識學就在《成論》的影響下繼續發展。所以，漢語佛學界的唯識學基本上是跟著護法的一派發展成的。安慧的解釋雖然沒有在漢語佛學界流傳，但在西藏，很多學者都是根據安慧的解釋來理解唯識學的。4

在漢語佛學界，唯識學當然以玄奘爲最主要。玄奘之後有窺基、慧沼、智周等人。其後，唯識學又傳到了日本。至此，唯識學的講習仍然保持著護法的傳統，基本上以玄奘所翻譯的唯識典籍爲依據。及至近代，學者們開始運用不同的方法和資料去研究和講習唯識學，他們吸收了西方的分析名相的方法，又運用了一些新發現的

時，爲稍後。德慧是安慧的老師。安慧與護法同時，爲稍先。難陀與淨月比護法稍先。勝友、勝子、智月爲護法的弟子。參看勝又俊教《佛教における心識説の研究》，東京：山喜房佛書林，1974, p.5.

4　關於安慧與護法的分別，服部正明以爲，安慧究極地否定了阿賴耶識，認爲最高實在是現成於個體之中，絕對的知識是可得到的，在其中，沒有見者和被見者的分別。護法則以阿賴耶識爲實有的識體，通過它的變化，見者和被見者便從中生起。依護法的説法，我們即使是得到絕對的知識，阿賴耶識亦不會被否定過來，只是其中的煩惱的潛勢力被根絕了。在絕對的知識中，仍有見者和被見者的分別。（服部正明、上山春平《認識と超越：唯識》，東京：角川書店，1974, pp.22-23.）按這裏所説的見者和被見者，相當於見分與相分。

資料，當中包括在尼泊爾和印度發現的資料。這些資料之中，以安慧對唯識思想的解釋爲主。由這些新方法和資料，他們開展了一個新的講習唯識學的路向。在日本，研究唯識的學者主要就是根據這個方向來進行研究。

以上是關於唯識學的發展的簡單介紹。我們在這裏，重點是從世親和護法的主要典籍中探討他們的唯識思想，所以，在歷史方面只作一簡單的介紹。以下，我們主要根據世親的《唯識三十頌》和護法的《成唯識論》進行探討。

《唯識三十頌》可以說是唯識學中最重要的一部文獻，它的重要性相當於《中論》（*Madhyamakakārikā*）在中觀學中的地位。《唯識三十頌》的篇幅相當少，只有三十首偈頌，世親就透過這三十首偈頌，將整個唯識的思想加以濃縮。這些文字的義理非常精深，很少數的文字就能發揮出很深奧的義理。亦由於此，這些文字很難理解，於是出現了不同的解釋。安慧和護法對於《唯識三十頌》的註解，就是兩種很詳盡，但卻很不同的解釋。此外，十大論師的其餘幾位亦有對《唯識三十頌》進行註解。

關於「唯識」這個概念，我們要作簡單的交代。從字面上說，唯識的意思就是唯有識，這個識是指心識。唯有心識表示唯有心識具有實在性（reality）。心識的這種實在性是相對於外境（外在世界）而言。唯識學認爲，外境是心識所變現的，所以，相對於心識來說，外境並沒有實在性，只有心識才具有實在性。但進一步來說，心識是否有實在性呢？實際上，我們亦不能說心識具有實在性。因爲照唯識所說，心識的生起是由因緣和合而成的，即是以種子作爲主要的原因，再加上其他輔助的原因，組合起來而形成心識。所以心識

本身都是緣起的，不具有實在性。但如果將心識跟外境對比，由於
外境的根源是心識，所以從相對的角度說，外境沒有實性，而心
識則相對地具有實在性。這其實只是說，心識較外境更具有實在性，
而這種實在性只是在程度上說。如果從絕對的角度看，則心識本身
亦沒有實在性。以上就是唯識的意義。[5]另外，就名稱而言，唯識

5　關於唯識的意義，橫山紘一的《唯識の哲學》有詳盡的闡釋。（京都：平樂
　　寺書店，1994, pp.3-52.）
　　在這裏，關於唯識的問題，我們有幾點要補充一下。
　　一、首先，學者一般都把唯識學說說為是觀念論（idealism），強調唯識的心
　　識或觀念對於感官事物的先在性。這作為觀念論的唯識派與作為實在論
　　（realism）、表象主義（representationalism）的經量部（Sautrāntika）在認識
　　構造上有根本不同的地方。試舉對手錶的認識為例。就經量部而言，我們見
　　到手錶，並不是我們直接見到手錶自身，而是由手錶方面而來的刺激使我們
　　在自己的心中生起手錶的表象，是我們見到這表象。這表象是獨立於心識之
　　外的。就唯識派來說，我們見到手錶，不外指我們的心識見到這心識的另一
　　面而已。這另一面是心識自己變現出來的，它並不是離開心識而在外界有獨
　　立的實體。
　　二、這點是接著上面一點來說的。在關聯到心識是否包含著對象的表象或形
　　象（古典方面稱為「相」）方面來說，唯識派屬於有形象識論（sākāra-
　　vijñānavāda），而實在論者則屬無形象識論（nirākāra-vijñānavāda）。唯識派以
　　為，事物都是心識所變現的，它們在認識論上的形象，都是內在於心識之中，
　　故為有形象識論。實在論者則以為，事物的形象來自事物本身，我們的心識
　　可以認識它；但它不是內在於心識之中。進一步來說，就有形象識論來說，
　　事物的形象潛在於阿賴耶識（ālayavijñāna）的種子（bīja）或習氣（vāsanā）
　　之中，而為潛在的印象。這些潛在的印象在阿賴耶識中成長、成熟，宛如種
　　子發芽那樣，而成為具體的形象。但這涉及較多複雜的問題，這裏暫不多說。
　　三、這裏涉及心識與對象之間的關係。關於這點，最好拿阿毗達磨
　　（Abhidharma）思想與唯識來比較。阿毗達磨屬實在論，就這種思想來說，

對象或所緣是在心識之外有實在性（reality）的。所謂心識認識對象，是心識挾帶對象的形象（ākāra）或影像（pratibimba）而生。唯識則以為對象是心識變化而生的，是依於心識而被製作出來的。所謂心識認識對象，是心識變現對象的形象而生。此中的關鍵的字眼，是pratibhāsa，漢譯作「變似」、「似現」，指心識變似對象的形象的作用。pratibhāsa本來是指在水中映現出來的事物的影像之意；在唯識，則指心中映現出來的事物的影像。

四、由上面見到，唯識派以為，心識認識的對象，不外乎是自己變現出來的東西而已，因而有「自己認識」的說法。對於這自己認識，印度學者查達智（A.K. Chatterjee）說：「對於唯識學派來說，知覺的內容和對這內容的覺識，是相同的。知覺並不帶來一個外在對象的知識，而是它自己、它自己模式（ākāra）的知識。知覺的模式是『這裏有一個對象』，但這並不表示在知覺之外的一個實在對象的存在。它是它自己的模式，知覺便在這模式之下生起來。」（A.K. Chatterjee, *Readings on Yogācāra Buddhism*, "Introduction", Banaras: Banaras Hindu University, 1970, p.17.）

五、心識所認識的對象是內在的、觀念根源的。但人們總是傾向於把它外在化、實體化。這正是唯識所反對的，它並不反對與心識相對而作為被認識的表象的對象自身。它最反對的，是這表象被外在化、實體化而成的獨立不變的東西。試舉認識一書本為例。在我認識一書本中，作為認識對象的書本，有二面可說：

　　a. 作為視覺表象的書本；

　　b. 為「書本」這一概念加上去的書本，被視為對應於「書本」這一概念而有其實體的書本。

當我們看書本時，得到書本的表象，但不知道它是書本，這便是a的書本。當我們以「書本」這一概念來認識這一表象而視為一外在獨立存在物時，這便是b的書本。a的書本是與我們的心識相對待的表象，唯識並不反對。唯識所反對的，是b的書本，它被認為是獨立於我們的心識之外的客觀實體。唯識認為那本來是沒有的，只是我們心識執取而成。

六、順著上述幾點說下來，查達智便認為，事物可以是主觀的、被構想的，但構想活動自身則不能是虛空的。現象預認一個基底，那只能夠是創造的心識。故心識不單是認識論的，而且是存有論地真實的。（A.K. Chatterjee, *Readings on Yogācāra Buddhism*, "Introduction", p.7.）但如上面所說，心識的真實性亦是有限度的。

學派以識（vijñāna）爲主，同時又標榜瑜伽行（yogācāra）。兩者合起來，便成「瑜伽行唯識學派」（Yogācāra-Vijñānavāda）。

　　就上面的所述，我們便可說「境由識變，識亦非實。」這若以現象學詞彙來說，即境與識都要加上括號。只有由識轉成的智才是眞實。這則相當於胡塞爾所說的「現象學的剩餘」（Residuum）。這包括自我（ego）、我思（cogito）和我思對象（cogitata）。這三者組成了胡塞爾稱作絕對的、必然的純粹意識領域。三者直指那超越主體性。

　　又依胡塞爾，事物本著意識提出來的意義而成意向對象，又可本著意義而回歸向意識自身。而意識是絕對自在的，不依於對象。這與唯識學以識爲中心概念極爲相似。

　　對於存在世界的事物，唯識學都一律將之歸於識的變現，它們是由阿賴耶識（ālaya-vijñāna）的種子隨緣現起而成的。胡塞爾在這方面有更精細的闡述。他認爲事物可分爲兩個組別。一個組別是由經驗意識所建構的，它們是出現在自然界與物理學中，以至在心理學中的東西，是現象論性格的。另一組別則是由絕對意識或超越

七、在文獻學上來說，唯識的梵語表示式爲vijñapti-mātra。這個詞語的第一次使用，是《解深密經》的〈分別瑜伽品〉。其中說：「慈氏菩薩復白佛言：世尊，諸毗鉢舍那三摩地所行影像，彼與此心，當言有異？當言無異？佛告慈氏菩薩曰：善男子，當言無異。何以故？由彼影像，唯是識故。善男子，我說識所緣，唯識所現故。」（大16.698a~b.）而這「唯識」，應有唯識無境（對象）之意。明顯地突出「唯識無境」這一口號的，是無著的《攝大乘論》。其中說：「此諸識皆唯有識，都無義故。」（大31.138a.）這裏的「義」（artha），指境或對象而言。

意識所開展出來的，它們是通過內在的和被還原的方式而出現在意識的體驗（Erlebnis）中的東西，是現象學義的、價值義的。第一組別是實然世界的存有論所論述的，第二組別則是價值世界的存有論所論述的。胡塞爾的意識現象學應該以第二組別的事物為主。但這是勝義諦義的，與唯識學的妄識現起的事物的性格完全不同。

另外，唯識學所說的外境，是由識所變現，沒有實在性。這實在性相當於胡塞爾的「現實性」（Wirklichkeit）。倘若以外境為有實在性，則是迷執。倘若不執取外境的實在性，而視之為由識所變現的現象，這樣看的現象，便相當於胡塞爾說的「現實的現象」（Wirklichkeitsphänomen）。故「現實性」是被執取的，「現實的現象」則是不被執取的。後者可與物自身或胡塞爾的本質相通。

又有一點要注意的是，唯識的境，是識所變現的；它只對識呈現，除此之外，它別無存在意義。這相當於胡塞爾的現象學中的世界被置定為被我這樣地意識的，甚至是被意識所這樣地構架的。離開了意識，世界亦無存在的意義。

「唯識」是從梵文vijñaptimātratā直接翻譯過來的，vijñapti是心識，mātra表示唯有，而字尾tā表示這個名詞的抽象性格。所以，如果精確地翻譯，vijñaptimātra表示唯識，vijñaptimātratā表示唯識的性格，即唯識性，有一種抽象的意義。荒牧典俊便曾有「唯現象識」的譯法。[6]漢密爾頓（C.H. Hamilton）則譯為 "represen-

---

6 長尾雅人、梶山雄一監修：《大乘佛典15：世親論集》，東京：中央公論社，1976, p.366,註1。

tation-only"，亦強調表象。[7] vijñapti這個字在梵文中的意義較複雜，玄奘將vijñapti和vijñāna都譯爲「識」，然而，在梵文中，這兩個字的意義有點分別，vijñāna是偏向指主觀方面的心識，而vijñapti則指心識在變現外境的一方面。亦可以說，vijñāna是指心識的主觀方面，而vijñapti則是心識的客觀方面，亦即表象方面。從文法言，vijñapti從動詞語根vi-jñā而來，解作區別、知了。vi-jñā的役使形（causative）爲vijñapayati，即役使去知的意思。此字的過去受動分詞爲vijñapta，是被役使去知的意思，其名詞形，即爲vijñapti。至於vijñāna，則以vi-jñā加上接尾詞ana，即成名詞vijñāna，是認識作用的意思。[8]關於表象識或vijñapti這點，胡塞爾的現象學也說到作爲表象的事物，在意識前不停地「不同地呈顯」（andersgibt）自己，但又是同一的（dasselbe）。它只是從多種面相展示自己。這種表象的同一性，源於它具有一定程度的客觀性。

7　C.H. Hamilton, *Wei Shih Er Shih Lun Or The Treatise in Twenty Stanzas on Representation-only*. New Haven: American Oriental Society, 1938.

8　關於vijñāna與vijñapti的不同意義的闡釋，是現代唯識學研究的一個重要課題。稻津紀三在他的《世親唯識說的根本的研究》中，對vijñāna與vijñapti在文法的構成上與哲學的意義上作過分析。對於vijñapti，他特別提到這個詞語是指在意識或心上以對象顯示出來的一切事象，並以聽雨聲作譬，表示vijñapti並不是指聽者的心，而是指被聽到的雨聲。（東京：飛鳥書院，1988, pp.4-8.）他並以「對象化的表識」來說vijñapti，以顯示主觀方面的「意識概念」來說vijñāna。（p.12.）另一學者橫山紘一則以vijñāna指知者、知的東西，以vijñapti指被役使去知的東西，對兩者的分別作了詳盡的闡釋。（《唯識の哲學》，京都：平樂寺書店，1994, pp.14-18.）長尾雅人則譯vijñapti爲「表識」，以之仍是識，但是在現象方面可被表象，可被眼見。（長尾雅人、梶山雄一監修：《大乘佛典15：世親論集》，東京：中央公論社，1976, p.382, 註11。）

這在唯識學是不能說的，因表象識亦由種子現起而得，而種子是刹那滅的，不停地轉變的。不過，倘若以vijñapti來對應識，而不以vijñāna來對應，則由於vijñapti具有表象義，即「識的表象」，這與胡塞爾的現象學有密切關係。因現象學是研究對象是以怎樣的方式在意識流中被構架而呈現出來，這呈現正與vijñapti的表象義相通。

　　以下，我們要介紹世親這部《唯識三十頌》。《唯識三十頌》的梵文原名是*Triṃśikāvijñaptikārikā*，Triṃśikā表示三十這個數目，vijñapti是識，kārikā表示偈頌，全名的意思是三十首談論識的問題的偈頌。漢譯稱爲《唯識三十頌》，亦有稱爲《唯識三十論頌》，意思是講論唯識思想的三十首偈頌。此外，亦有簡單地稱爲《三十唯識》。這部書是世親最重要的著作，玄奘將之譯成漢文，此後在漢語學術界，這部書就成爲講述唯識的最終依據。這本書除了玄奘的譯本外，亦有眞諦（Paramārtha）的譯本，但不夠精確。在翻譯佛典方面，眞諦與玄奘、鳩摩羅什並稱三大翻譯家。眞諦將世親這部著作翻譯爲漢文，稱爲《轉識論》。由於名稱的不同，很少人留意到這部《轉識論》就是世親的《唯識三十頌》的另一個譯本。眞諦譯的《轉識論》與玄奘的《唯識三十頌》都收在《大正藏》中。

　　《唯識三十頌》有很多不同的註解，其中以安慧和護法的註解爲最重要。《唯識三十頌》的梵文原本只載於安慧的註釋本之中，所以，要參考本頌的梵文本就必須查考安慧的註釋本。安慧的註釋稱爲《唯識三十論釋》（*Triṃśikāvijñaptibhāṣya*），這本註釋只流行於西藏的佛學界，在漢語界則沒有被認識。在漢語界流行的註釋是以護法的註解爲主，由玄奘彙集和翻譯成漢文的《成唯識論》，

這個名稱的意思是成就唯識的義理的一本論典。

我們剛才提過，玄奘譯的《唯識三十頌》和真諦譯的《轉識論》都收在《大正藏》之中，這部《成唯識論》亦同樣地收入其中。但安慧的《唯識三十論釋》卻未被譯成漢文，這本註釋連同《唯識三十頌》的梵文本均收在《西藏大藏經》當中。由於很少人知道安慧的《唯識三十論釋》，所以我們要介紹一下發現這本作品的情況。

在本世紀之前，仍未有人知道安慧這本註釋的存在。及至本世紀初，法國學者李維（Sylvain Lévi）才在尼泊爾發現這本作品，後來就以下列的名義出版：

Vijñaptimātratāsiddhi, Triṃśikā, Paris, 1925.

李維發現和出版這本安慧的註釋，轟動了整個學術界，學者們開始注意到安慧對《唯識三十頌》的解釋。這本註釋亦已被翻譯爲西藏文。此外，又有人發現了在安慧之後的一位學者調伏天（Vinītadeva）所著的《三十論細註》（*Triṃśikāṭīkā*），這本作品是對安慧的《唯識三十論釋》的註釋。此書亦已被翻譯成西藏文，收在《西藏大藏經》之中。[9]

---

[9] 關於安慧的《唯識三十論釋》的現代語譯，最早的有宇井伯壽在他的《安慧護法唯識三十頌釋論》（東京：岩波書店，1952.）中的日譯，那是對比著護法的《成唯識論》的日譯而刊出來的。（pp.3-157.）其後有荒牧典俊的日譯。（《大乘佛典15：世親論集》，東京：中央公論社，1976, pp.31-190.）中文的翻譯，則有霍韜晦的《安慧三十唯識釋原典譯註》。（香港：中文大學出版社，1980.）另外還有其他的現代語譯，這點將在《唯識現象學2：安慧》中交代。

　　現在，我們先要處理一個問題：究竟安慧的註釋跟護法的註釋有何分別，以致國際佛學界對安慧這本註釋如此重視呢？歷來學者們理解世親的《唯識三十頌》，基本上都是透過玄奘所譯的《成唯識論》，亦即是護法所作的註解。正由於學者們理解《唯識三十頌》都是依賴護法的詮釋，所以，假如護法的詮釋有問題，他們對《唯識三十頌》的理解亦會隨之出現問題。由於過往只有護法一種註釋，所以就算這個註釋出現問題，學者亦無法察覺。但現在出現了安慧的註釋，學者們就可以將兩者進行比較。在這樣的比較之下，他們發覺兩者的解釋有著相當大的差異，這樣的差異令學術界非常關注，因爲他們由此察覺到，傳統以來，一直以護法的解釋去理解《唯識三十頌》的做法可能有錯謬。

　　我們剛才提到安慧和護法對《唯識三十頌》的解釋有著相當大的差異，現在讓我們看一個明顯的例子：「識轉變」（vijñānapariṇāma）是唯識之中一個很重要的觀念，玄奘將vijñānapariṇāma譯爲識轉變，其中的vijñāna是識，pariṇāma是轉變。pariṇāma這個字的使用並不限於佛學，更不限於唯識，實際上，在印度哲學中，早已採用這個字。但vijñāna與pariṇāma合併起來，成爲一個複合的概念，是由世親開始使用的。在世親之前，無論是佛教，或佛教以外，都沒有vijñānapariṇāma這個概念。對於識轉變的理解，護法跟安慧的註釋有很大分別。現在先介紹護法的解釋。根據護法的理解，在某一個刹那，心識產生變現的作用，生起相分和見分，如下圖所示：

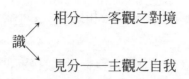

而識轉變就是指識本身的分化（differentiation），由這種分化生起相分和見分。這個相分屬於客觀的對境方面；而見分屬於主觀的自我方面。照護法的理解，識轉變就是心識本身的分化作用，這種分化形成相分和見分，從而安立客觀方面的現象世界和主觀方面的自我。識轉變的這種理解牽涉到相分和見分，並引伸至客觀世界的成立。照這種理解，我們所面對的現象世界，都可以由相分所概括。

　　安慧的理解完全不同。他解釋識的轉變（pariṇāma）時說：「轉變即是在因的剎那（kāraṇa-kṣaṇa）滅去的同時，有與它相異的果（kārya）得到自體（ātman）生起。」[10]照他的解釋，最粗略地說，識轉變表面上是指心識在前後剎那之中不同狀態的呈現，這種轉變是識內部的事情，也涉及種子問題，如下圖所示：

識1　→　識2

識1是識在第一剎那所呈現的狀態，識2是識在第二剎那所呈現的狀態。注意這裏的第一、二剎那只是方便借說，不能執實為時間單位。識轉變是指識從識1至識2的轉變。照唯識所說，識是剎那生滅，不能停住的。識從第一剎那的狀態轉變至另一剎那的狀態

10　*Triṃśikāvijñaptibhāṣya, Vijñaptimātratāsiddhi, Triṃśikā,* Paris, 1925, p.16. 以下安慧釋作 *Bhāṣya*。

就是識轉變。當中沒有牽涉到相分和見分，更不會引伸至現象世界的安立。[11]

　　現在的問題是：以上兩種解釋哪一種較接近世親原來的意思呢？對於這個問題，我們可透過梵文原文的分析去作判斷。我們剛才提到，漢譯的「識」在梵文中有兩個相應的字眼，分別是vijñāna和vijñapti，而vijñāna是偏向主觀作用方面的，不牽涉到現象世界；vijñapti則偏重於識的客觀方面，亦即是表象方面，牽涉到現象世界的成立。現在所說的識轉變，其中的「識」，原文是vijñāna，而不是vijñapti，而vijñāna是偏重於識的主觀作用方面，沒有牽涉到客觀方面的現象世界。基於這樣的分析，護法所理解的識轉變，即識分化成相分和見分，從而牽涉到客觀世界的成立，跟原文所表達的意思並不協調。所以，護法的解釋可能是錯誤的。而安慧的解釋就較為吻合原文的意思。他將識轉變解釋為識的內部變化，在不同

11　關於識轉變的詮釋，也是現代唯識學研究的一個重要課題。橫山紘一在平川彰、梶山雄一、高崎直道編集的《講座大乘佛教8：唯識思想》一書中，有一篇題為〈世親の識轉變〉的文字，專論世親的識轉變的問題。（東京：春秋社，1990, pp.113-144.）另外，上田義文曾就安慧與《成唯識論》在識轉變的問題上的不同說法作了詳盡的闡釋，參看他的《梵文唯識三十頌の解明》，東京：第三文明社，1987, pp.29-59.另外，上田早年又有〈Vijñānapariṇāmaの意味〉（《鈴木學術財團研究年報》2, 1965, pp.1-14.），展示他對識轉變的獨特的看法，特別是轉變是異時因果關係。另一學者長尾雅人則持異議，強調轉變的同時因果關係。參考他的〈安慧の識轉變說について〉，《中觀と唯識》，東京：岩波書店，1978, pp.341-372.至於有關轉變的較為一般性的了解，參考高崎直道的《唯識入門》（東京：春秋社，1996, pp.169-191）與竹村牧男的《唯識の探究》（東京：春秋社，1992, pp.63-64.）。

剎那呈現出不同的狀態，完全沒有牽涉到客觀方面的現象世界。從
識轉變的梵文原文分析，我們可以作出判斷，認為護法的解釋是錯
誤的，安慧的解釋才正確。在日本，學者們亦意識到這兩種解釋的
分別，上田義文對識轉變這個問題曾深入探索，結論亦認為安慧的
解釋較符合世親的原意。他指出，由於護法的解釋以心識作為相分
和見分的根源，再從其中的相分發展出外在世界，即是把外在世界
的來源歸於心識，所以護法的解釋傾向於觀念論。而安慧就沒有這
種傾向。以上是安慧和護法對《唯識三十頌》的解釋之中一個很明
顯的分別。[12]有關安慧與護法的唯識思想的詳細分別，我們會在《唯
識現象學2：安慧》中交代。

　　這裏我們是根據梵文原本和玄奘的翻譯來理解《唯識三十頌》
的義理，從而了解世親的唯識思想，當中亦以護法的解釋，即《成
唯識論》作為依據，故亦處理護法的唯識學。這是漢語佛學界的傳
統對唯識思想的研究方法。

　　這裏我們以《唯識三十頌》的梵文原本，配以玄奘的漢譯，以
及護法的解釋，即《成論》，去理解世親與護法的唯識思想。以下
是三十首偈頌的逐一解釋，其中的【梵本語譯】是我們根據梵文本
翻譯成的語體文，此外，亦會列出玄奘的譯本。

---

[12] 上田義文關連著對vijñapti一字與對識轉變和三性的獨特的理解，而提出無著、
世親的唯識學不是觀念論，護法的唯識學是觀念論的看法。參看他的《梵文
唯識三十頌の解明》，東京：第三文明社，1987, pp.111-124.上田以為，在這
個問題上，安慧是較接近無著、世親的原意的。

一、第一頌

【梵　文　本】ātmadharmopacāro hi vividho yaḥ pravartate/
　　　　　　　vijñānapariṇāme 'sau pariṇāmaḥ sa ca tridhā//

【梵本語譯】不管實行哪些種種的我、法的假說，實際上，這只是
　　　　　　在識轉變中。同時，這轉變有三種。

【玄奘譯本】由假說我法，有種種相轉，
　　　　　　彼依識所變，此能變唯三。（大31.60a）

此首偈頌的梵本文義與玄奘譯本的意思大體相同。首句說，不管採
取哪一種關於我和法的見解。這裏的我（ātman）是主觀的自我，法
（dharma）指客觀世界。我們通常將世界的事物分成兩方面，一方
面是主觀的自我，另一方面是客觀的世界。第二句是說，對於這些
事物，無論採取哪一種說法，它們的根源都離不開識轉變，而這識
轉變共有三種。

　　玄奘的譯本爲「由假說我法，有種種相轉」，這「種種相」相
應於種種我、法的假說。「假說」（upacāra）是一種施設性的說法，
即只是一種方便的說法，不能視爲絕對眞實的。以「我、法」來概
括世間一切事物都只是一種假說，因爲世間的事物都沒有實在性。
從究極的角度說，世間事物都只是心識所變現的，不是實在的東西。
實際上，世間根本沒有我、法這些東西，它們都只是依著識而變現

的，這就是「彼依識所變」的意思。「彼」指我、法，我、法都是依著識所變現，它們的根源都在心識。這樣，心識成為能變，而我、法就成為所變。這心識作為能變，共分為三種。

對於這第一首偈頌，護法有著很豐富的解釋。在這裏，他提出了相分（nimitta）和見分（dṛṣṭi）的說法。根據我們在緒論中的分析，護法在這第一步已經偏離了世親的原意，他過份地強調相分和見分，把重點從心識轉移至客觀世界方面。他在《成論》中解釋說：

> 世間、聖教說有我、法，但由假立，非實有性。我謂主宰，法謂軌持。彼二俱有種種相轉。我種種相，謂有情、命者等、預流、一來等。法種種相，謂實、德、業等、蘊、處、界等。轉謂隨緣施設有異。如是諸相，若由假說，依何得成？彼相皆依識所轉變，而假施設。（大31.1a）

這裏說，世間上的種種見解以及佛教的說法，提到我、法時，都只是以虛假的方式施設，這些我和法都並非具有實在性。這裏的「我」是指主觀方面的自我；「法」是指客觀世界的一切事物。當說到自我和客觀事物時，為著方便表達，都以假名去建立這些事物，但事實上，這些事物都沒有實在性。所謂實在性（reality），是指一種性格，透過這種性格，事物可以獨立地存在，而無需依待其他因素。這實在性亦就是佛教所說的自性（svabhāva），即獨自的存在性。「我謂主宰，法謂軌持」是解釋我和法的觀念，「我」（ātman）具有主宰性，即一種決定性，可決定活動的方向，是一種主觀方面的能力；「法」是指客觀方面的種種現象，梵文稱為dharma。為何以「軌持」來解釋法呢？在唯識學中，軌持的意思是「軌生物解，

任持自性」。軌生物解的意思是被一種軌則來限制著發展，以致具
有一定的樣貌，不能隨意變動；任持自性表示持守著自己的性格，
這自性並非指獨立的存在性，而是從緣起而被賦予的某些性格。這
兩句都表示具有某種穩定性，不會無故轉變，這是客觀的現象，即
法的特質。「彼二俱有種種相轉」指我和法都會轉生出種種現象，
這種轉生是以識作為基礎的。

　　「我種種相，謂有情、命者等、預流、一來等」，我是主觀的
心方面的、我的種種相狀，是指具有情識和生命的個體等。「預流」
（srota āpanna）和「一來」（sakṛdāgāmin）都是小乘佛教的果位，
預流是預入聖者之流的意思，是小乘佛教四果中的最初的果位；一
來表示得此果的聖者還需要再轉生來世間一次，然後才能脫離輪
迴，達到寂滅的境界，此果位比預流果的境界較高，是四果中的第
二階位。有情、命者、預流、一來等都是主觀方面的自我的種種相，
代表著具有不同修行境界的主體。「法種種相，謂實、德、業等、
蘊、處、界等」，此中的實、德、業是勝論學派（Vaiśeṣika）所說
的範疇（categories）。勝論學派以《勝論經》（Vaiśeṣika-sūtra）
為依據，提出了一套範疇學說，用來描述事物存在的性格。範疇在
印度哲學中稱為句義（padārtha）。勝論學派的範疇論共有六句義，
這裏舉出了三種。「實」（dravya）指存在的事物本身的體；「德」
（guṇa）指事物的屬性；「業」（karma）是事物的運動。「蘊、
處、界」概括了我們的意識機能和認識對象。「蘊」（skandha）
是積聚的意思，佛教所謂五蘊，是指組成生命的五種東西，即色、
受、想、行、識。「處」（āyatana）是作用的處所，佛教所說的
十二處指六根和六境。六根是六種認識的機能，即：眼根、耳根、

鼻根、舌根、身根和意根；六境是六種認識的對象，分別爲：色、聲、香、味、觸、法。「界」（dhātu）是認識生起的因素，佛教所說的十八界指六根、六境和六識。六識是眼識、耳識、鼻識、舌識、身識和意識共六種認識能力。識藉著根去認識境，就構成了認識活動。實、德、業和蘊、處、界都是指現象世界的事物，亦即是法。「轉謂隨緣施設有異」意思是「轉」是隨順著識的虛妄分別而施設事物的差別，「有異」是事物的差別。即是說，事物的差別本身不是實在的，而是從識的虛妄分別作用而施設的，這樣的施設稱爲「轉」，即轉生。「如是識相，若由假說，依何得成？」這裏說：既然種種我、法的相狀都是由假說安立的，它們是依賴什麼而得成立呢？最後，護法提出識作爲我、法種種相的源頭，他說：「彼相皆依識所轉變，而假施設。」即是說，我法的種種相都是依賴心識而變現的，再經施設而成爲不同的事物。

這裏出現了識轉變（vijñānapariṇāma）的觀念，前面已提過，安慧和護法在這個觀念上有很大的分歧，現在所說的是就著護法的解釋來說。識轉變是指識的潛在力量的現實化。識本身蘊含著一種潛在力量，這就是後來的人提出的種子概念所指的。這種潛在力量的現實化是指這種潛能在時間和空間中實現出來，表現爲種種不同的現象。在這種現實化中，形成了主觀方面的心識與客觀方面的對象之間的對峙局面，這種對峙局面就是見分與相分的對峙。主觀的心識相當於見分；客觀的對象相當於相分。相分和見分就構成了整個現象世界，包括心理現象以及物理現象。這個現實化的過程就稱爲識轉變。這是護法在《成論》的解釋。

以上是在《成論》中對第一首偈頌的初步解釋。接著是針對識

和變作進一步解釋，《成論》說：

> 識謂了別。此中識言，亦攝心所，定相應故。變謂識體轉
> 似二分，相、見俱依自證起故。依斯二分，施設我、法。
> 彼二離此，無所依故。或復內識轉似外境。我、法分別熏
> 習力故，諸識生時，變似我、法。此我、法相雖在內識，
> 而由分別，似外境現。諸有情類無始時來，緣此執為實我、
> 實法，如患夢者患夢力故，心似種種外境相現，緣此執為
> 實有外境。（大31.1a-b）

這段文字的意思很清晰，可見護法具有很強的分析能力。他首先以
「了別」（khyāti）來解釋「識」，了別是對事物進行區分、分別。
分別可從事物的不同方面進行，例如在顏色上區分，在大小、形狀
上區分，或是在空間位置上區分。這裏所說的了別，不單具有認識
論的意思，同時亦具有心理學的意思，即一方面了別事物各方面不
同的性質，同時亦執取事物，以為它們具有自性。[1]護法接著說，
這識亦包括「心所」（caitasa）。心所就是心理狀態，如喜、怒、
哀、樂等，唯識學將心理狀態很詳細地區分，這在較後的地方會提
到。他說這識亦包括心所，因為心所與識是確定地相應的。

　　接著的幾句非常重要，表現了護法的識轉變的觀念。他說，變
是指識體轉變為相分和見分。他以相分來概括客觀方面的種種現
象；而以見分來說主觀方面的自我。這相、見二分都是依著自證分

---

[1]　這識或了別的心理學有執取意味，非獨唯識學為然，佛教一般說到識或了別，
　　都是這個意思，所謂「情識」也。

（pratyātma-vedya）而起的，這自證分其實就是識體本身，從這識體上現起相分和見分，分別構成客觀的世界和主觀的自我。

護法在這裏提出了相分、見分和自證分，即所謂三分說。而安慧卻沒有提出這些說法，他以整個識爲一分。引文說：「依斯二分，施設我、法，」是說依著見分而施設我，依著相分而施設法。「彼二離此，無所依故」表示見分和相分，或我和法都是依著自證分，即識本身而施設的，若離開自證分，則不能建立起見分和相分。「或復內識轉似外境」表示識轉變這個觀念可以說爲內識轉似外境，即是從心識變現起種種對象。「我、法分別熏習力故，諸識生時，變似我、法」的意思是識自身具有一種虛妄分別的熏習作用，這作用令諸識生起時能變現出我、法的相狀。「此我、法相雖在內識，而由分別，似外境現，」這「內識」指自證分，雖然我、法的根源都在內識，然而因識的虛妄分別的作用，使我、法擬似外境而現起。這就是識轉變的具體描述。「諸有情類無始時來，緣此執爲實我、實法，」意思是眾生由於無明的作用，不能了解我、法都是由識所變的道理，以至無始以來，對於這種現象執爲實在的我和法，即是以爲在這種現象中有我的實體和法的實體存在著。「如患夢者患夢力故，心似種種外境相現，緣此執爲實有外境，」這表示眾生這種執著的情況，就好像夢者在患夢的作用下，從心識現起種種現象，擬似外境，由此執著這些現象，以爲是實在的外境。在以上的一節中，護法主要是表達出自己的識轉變的觀念。[2]

---

[2] 　這裏提到相分、見分，我們要對這點作些補充。關於相分與見分的分法，最早見於無著的《攝大乘論》。其中說：「眼等識以色等識爲相，以眼識識爲

以下一節是一般的論述，《成論》說：

> 愚夫所計實我、實法，都無所有，但隨妄情而施設故，說
> 之為假。內識所變似我、似法雖有，而非實我、法性，然
> 似彼現，故說為假。外境隨情而施設故，非有如識。內識
> 必依因緣生故，非無如境。由此便遮增、減二執。境依內
> 識而假立故，唯世俗有。識是假境所依事故，亦勝義有。
>
> （大31.1b）

這裏首次說到「假」的問題，所謂假是施設假立，依於某些東西進
行施設，以方便達到某個目的。「愚夫所計實我、實法，都無所有」
表示一般人所執取以為是實的我和法，都沒有實在性。「但隨妄
情而施設故，說之為假，」一般人所執取的我、法只是隨著妄情而
施設出來的，它們只具有施設的性格，故稱之為假。唯識在這裏所
說的假跟中觀學所說的假名的意思很接近。[3]假名（prajñapti）表
示某樣東西本身不是實在的，只是用假立的名稱去表示那東西的表
象或作用，所以假名本身亦是施設性的。「內識所變似我、似法雖

見。」（大31.138c）這是以被認識的對象方面為相，以認識的主體為見，兩
者的來源都是識。無著都以「識」稱之，為「有相識」與「有見識」，這即
是後來護法所說的相分與見分。進一步說，護法其後又說到自證分與證自證
分，而有所謂三分和四分，這四分都不離於心識。這樣，問題便變得複雜了。
若以二分、三分甚至四分來說我們的認識活動，譬如測量水的溫度來說，則
被測量的水是相分，測量器是見分，測量所得的溫度，則是自證分，而去確
認這溫度的我們，則是證自證分。

3 關於中觀學所說的假名，參看拙著《佛教的概念與方法》，臺北：臺灣商務
印書館，1988, pp.66-67.

有，而非實我、法性，然似彼現，故說爲假。」這裏進一步解釋假的意思，從心識變現的似我、似法，好像是眞實的我和法，但實際不是眞正存在的，故稱爲似我、似法。這些現象雖然是有，但並非眞實地具有自性的我和法。然而，這些東西擬似實在的我、法，所以稱之爲假。比如照片中的人像擬似現實的人，故稱爲假。「外境隨情而施設故，非有如識。內識必依因緣生故，非無如境。」這裏表示出外境與識在眞實程度上的不同。外境只是隨著妄情而施設，所以在眞實程度上不及識；而識必須依賴某些因緣才能生起，所以不像外境般虛假，必定有相當的眞實性。然而，從究極的角度說，識亦不是實在的，它仍然是因緣和合而生起的，沒有獨立的自性。這句透露出唯識的意思，在外境與心識之間，唯有心識較具眞實性，故說唯識。「由此便遮增、減二執」表示如果我們能明白以上的道理，就能夠免除增、減兩方面的執著。增是指增益過，外境只是由識所變現，再經施設而成立的，本身不是實在的東西，若以爲外境是實在的，便犯了增益過。減是指減損過，外境雖然不是實在的，但仍是由識所產生的作用而成立的，並不是一無所有，若以爲外境完全是虛無的，便犯了減損過。[4]

「境依內識而假立故，唯世俗有，識是假境所依事故，亦勝義有。」這裏對外境與識的眞實性作出了總結。外境是依於心識而假立施設的，所以只可在世俗的眼光下說有。因爲世俗的眼光都是執著的，以種種現象爲眞實存在的東西，所以在世俗的眼光來說，外

---

[4] 增益過發展到極端，可導致常住論，以爲一切都是實在的、常住的。減損過發展到極端，可導致斷滅論，以爲一切都是虛無。

境是有。而心識是一切外境所依賴而成立的，即是一切外境的來源，所以識不單在世俗眼光來說是有，在勝義，即究極的角度來說亦是有。在這裏，護法說識是勝義有，似乎有點疏忽，因為識本身都是緣起的，所以從究極的角度說不是真實的有。我們只能從相對的角度說識的實在性，因為外境需依賴識而生起，所以識相對地較外境更具真實性。但若說識在絕對的、究極的角度說是實在的，就違反了唯識，甚至整個佛教對宇宙萬物的看法。因為佛教認為一切皆是緣起的，沒有絕對實在的東西。這可能是翻譯上的一點失誤，但已無從稽考。

現在，我們要對識轉變一觀念作一點補充。在《唯識三十頌》的玄奘的譯本中，識與外境有很密切的關係，外境就是由識所變現的。在這裏，玄奘將vijñāna譯為「能變」。若從梵文本看，將vijñāna譯為能變，意思似是重了一點。在真諦的《轉識論》中，vijñāna則譯為「能緣」。[5]能變的意思較為確定地指一種變現，可以引申至相分和見分的現起；而能緣就沒有這種確定的變現的意思。就世親以前的唯識典籍，例如《大乘莊嚴經論》、《中邊分別論》、《攝大乘論》和《法法性分別論》等來說，識的意思基本上是能緣，而能變的意思並不明顯，所以真諦所譯的能緣，較為符合世親以前的識的意義。而能變可能是玄奘自己提出的。再看《唯識三十頌》的梵文本，當中提到pariṇāmaḥ sa，玄奘譯為「此能變」，再將八識分別為初能變、第二能變和第三能變；真諦則譯為「能緣」，再將八識分別為第一識、第二識和第三識。由此可見能變是玄奘的獨特

5　　大31.61c.

用詞。此外，在《成論》中，對於識轉變的解釋特別標明相分和見分，論中說：「變謂識體轉似二分，相、見俱依自證起故。」[6]這裏強調，所謂「變」是識體生變異，轉出相分和見分，而識體本身就成爲自證分，此相分和見分都是依於自證分的。然後更進一步，論中以見分爲分別，而以相分爲所分別。即是將見分視爲能夠認識對象的能力；而將相分視爲被認識的對象。可見護法從「變」這個概念發揮出很豐富的義理。而這裏所說的分別，不單具有認識論的意味，即作爲能認識對象的能力，更有心理學上的意義，即執取對象，以爲對象具有自性。對於變的意義，窺基在《成唯識論述記》（以下簡稱《述記》）中亦有所發揮，他將變解釋爲種子由未成熟的狀態過渡至成熟的狀態。種子潛藏在阿賴耶識中，爲未成熟的狀態，當它們生起作用時，就成爲成熟的狀態。窺基這套種子的說法，不單與安慧對識轉變的看法不同，與護法所說的亦有分別，因爲護法在這裏沒有提及種子，而窺基則強調種子由未熟變爲成熟的一種轉變。

　　對於以上的闡述，我認爲有一些點需要注意。首先，唯識學說識是以識對於外境有先在性（priority）。胡塞爾說意識現象學，亦有以意識對經驗存在有先在性的涵義。順此說下來，唯識學的境，或相（相分），必須關連著作爲它的根源的識，才能清楚理解。胡塞爾的現象學亦是一樣，經驗存在必須關連著意識意向性，才能清楚理解。實際上，唯識學說「唯識」，表示境不離識；在胡塞爾來說，便是「唯意識」，表示經驗存在不能離開意識而獨立地說。但

6　　大31.1a~b.

他的意識可以是絕對意識（absolutes Bewuβtsein），是勝義諦義的，不必如唯識的識之爲虛妄。

最能與「唯識」一義理相應的，恐怕是胡塞爾以意識所給出的意義（Sinn, Bedeutung）來說對象或境；對象必須對應於意識的意義，一切意識之外的東西都不能說。事物本著意識提出來的意義而成意向對象，又可本著意義而回歸向意識自身。事物依於意義，意義預認意識。意識倘若是就絕對意識說，則是絕對自在的，不依於對象，故具有超然的地位。我們也可以說，絕對意識藉著意義的給予而創造對象，創造世界。這便顯出意識的創造性。唯識的識亦可說創造外境，但它自身也是緣起而成，因而也是被創造的。但意義總是只是意義，是平面的、抽象的，它如何指涉到立體的、具體的事物，則需要一宇宙論的程序與演述。關於這點，胡塞爾未有措意。這在唯識，便是用「似現」的方式說。熊十力則以本體「宛然詐現」說。

關於與唯識學的境相對應的意向對象，較具體的一點說是它的內容（Inhalt）。這內容有一定的固定性，由意識所提供，意向對象便由這內容所鎖定、限定。故內容是一種一體性（Einheit），它可把對象決定下來。但這一體性是甚麼意義的一體性，它如何影響意識的作用，如何鎖定、決定意向對象，則胡塞爾沒有進一步發揮。他只透露這一體性在我們的生活中，表現爲一致性、協調性。

唯識學的境是識所變現的、所概括的對象，不是獨立於識之外的對象。胡塞爾的意向對象亦相似，它是意識的意向性所開出的對象，不是獨立於意向性之外的對象。另外，胡塞爾更把我們的評價，加到意向對象方面去，表示當我們說意識的對象時，連同我們對它

的評價也放入其中。這表示胡塞爾在說到事物時，有把它放到我們的意向範圍的脈絡中和我們對它的評價的脈絡中來看的傾向。他是相當重視事物為意向性所影響那一面的。此中要注意的是，他以為意向對向對象的方式，不單具有存有論、認識論意味，而且有倫理學上的評價意味。他似乎要以意向作用把對象從認知層次提升至價值層次。對於對象的這方面的評價意味，唯識學並未有類似的說法。

較精細地說，唯識學的境、相，同時具有存有論、認識論與心理學的意味。胡塞爾的現象（Phänomen），主要是認識論意義，亦有倫理評價的意義。具有存有論意義的，則是他所說的「表象」（Vorstellung, Erscheinung），這是對於「實在」（Realität）而言。表象是顯現的，實在則是不顯現的。

再有一點是，唯識學的境、相有濃厚的經驗義。胡塞爾的現象則不大具有經驗義，卻是與本質（Wesen）相連繫，故具有勝義諦意味，與真理有密切關連。

由唯識或唯意識的思想，可以說到關於確立「為我」觀念的目的論問題。唯識學的境由識變思想，無疑確立了識的獨尊地位。在存有論來說，境是依於識的。擴大來說，世界是依於識或自我的。但這是中性的描述，沒有目的論的意味，即沒有世界是為我而存在的意思。胡塞爾在這方面，則採取極端的目的論的說法，以世界中任何東西都是為了自我而存在的。世界的整全的（ganz）、普遍的（universal）和特殊的（spezial）意義，只有在依於自我、為自我而存在這種理解脈絡下，才能成立。自然世界、文化世界，以至人的世界（Menschenwelt）都是為我而存在。他顯然是試圖以宇宙論的路數建立唯我論，但他對宇宙論又沒有足夠的措意。

在文本方面，《三十頌》頌文說「由假說我法」，表示包括我、法的一切事物都只是假說，施設地說，並無實在性，都是緣起的。事物既是依因待緣而起的性格，因而沒有穩定性，其內涵可隨時改變。胡塞爾亦有相近的意思，由於對象為意識所構架，故對象世界難有獨立性、必然性可言，它總有被意識所改變的可能性。因此，它們的內涵不是必然的（notwendig），而是偶然的（zufällig）。

頌文提到的「識所變」即是「識轉變」（vijñāna-pariṇāma）。護法認為心識通過轉變（pariṇāma），開出見分與相分，由此建立自我與世界的現象界。見分是能緣，相分是所緣。這自然類似胡塞爾言意識開出能意（Noesis）與所意（Noema），以成立主體與客體。兩方面都有構架現象世界的意味。不過，胡塞爾說轉變，只限於意識，而護法說轉變，則遍及八識。而在胡塞爾來說，若意識是超越的、絕對的意識，則所開出的是無執的存有論，是現象學；若意識是經驗的意識，則所開出的是有執的存有論，是現象論。識轉變所開出的則是有執的存有論。但若識轉為智，由智再開出見分與相分，則所成立的自我與世界，便是無執的存有論。但這是轉識成智以後的事了。

現象學者史皮格柏（Herbert Spiegelberg）曾說現象學方法有七個步驟，其中第五個是觀察在意識中現象的構成。[7]這是說意識通過意向性而開出能意與所意，分別發展出自我與客觀世界。這正與識通過轉變以建構現象世界相通。

7　Herbert Spiegelberg, *The Phenomenological Movement*. Third revised and enlarged edition, The Hague: Martinus Nijhoff Publishers, 1982, p.682.

　　若簡單地作一總結，則可以說，唯識學是以一切存在由識所變現，不是客觀獨立存在。一般人多以存在具有客觀性、獨立性，唯識學則扭轉這種看法，把一切存在歸源於心識。這便很類似胡塞爾的現象學還原（phänomenologische Reduktion）的方法，把一切以未能證驗的事物為客觀實在的看法扭轉過來，而歸源於意識。胡塞爾把這些未能證驗的東西稱為超離的東西（Transzendente），視之為缺乏明證性，不在真理體系之中；它們不是自身被給予，沒有認識的功效的本質。他認為應把這些東西標記出來，不將之視為有本質內藏於其中的現象。

二、第二頌

【梵　文　本】vipāko mananākhyaś ca vijñaptir viṣayasya ca /
　　　　　　　tatrālayākhyaṃ vijñānaṃ vipākaḥ sarvabījakam //
【梵本語譯】這是異熟與稱爲末那的東西，及境的了別識。其中，
　　　　　　異熟即是稱爲阿賴耶的識，是具有一切種子的東西。
【玄奘譯本】謂異熟思量，及了別境識。
　　　　　　初阿賴耶識，異熟一切種。（大31.60a-b）

梵文本與玄奘的漢譯的意思基本上相同，都列舉出前述的三能變，
分別爲異熟識、思量識和了別境識。異熟識是指第八識，即阿賴
耶識；思量識是指第七識，即末那識；了別境識是前六識。現在
先介紹這三種識。異熟（vipāka）主要是就種子來說，照唯識所說，
一切善惡行爲本身過去之後，其影響力仍然存留，成爲一股潛在
的勢力，當這種勢力成熟時，就會招引果報。異熟是就種子的這
種變化歷程來說，善惡行爲的餘勢存留著，成爲潛在的勢力，這
就是種子（bīja）。種子形成後要經過一段潛在的過程，在另一個
時間才能成熟，招引果報，所以說種子是異時而熟，簡言之爲異
熟。《成論》稱阿賴耶識的種子爲「眞異熟」，由種子生起的前
七識則稱爲「異熟生」。剛才所說的異時而熟是對異熟的其中一
種解釋，另一種解釋是從因果的相異來說。善或惡的行爲過去後，

餘勢在第八識熏習成種子，潛藏在第八識中。這第八識作爲一個果報體，它整體來說是無記的。由或善或惡的行爲的餘勢熏習成的種子構成的第八識，其性質跟它的或善或惡的因相異，故稱爲異類而熟，亦簡稱爲異熟。[1]

思量（manas）一般來說是計度的意思，在唯識學中指第七識的作用。這種思量的作用，在佛教中被認爲是負面的，因爲這種作用具有很濃厚的情執的意味，而情執是會障礙對眞理的體會的。因爲情執是執取一些事物，以爲這些事物是有自性的，有了這種自性見就不能體會緣起的眞理。思量識所執取的，就是阿賴耶識的見分，以之爲自我存在。這種執取的作用是一種潛意識的作用，而且是恒時不斷的，所以稱爲「恒審思量」。

了別（khyāti）是對於對象生起一種分別的認識，亦就是前六識的作用。其中的前五識，即眼識、耳識、鼻識、舌識、身識，其作用是了別具體的對象，透過眼、耳、鼻、舌、身這五種感覺器官去認識具體的對象。第六識則是了別抽象的對象。這六識的作用都有執取的意味，即執取對象，以爲這些對象有自性。所以，前六識的作用都不是對於對象的眞實的認知，而是虛妄分別。

現在我們看護法的解釋，《成論》說：

> 識所變相雖無量種，而能變識類別唯三。一謂異熟，即第八識，多異熟性故。二謂思量，即第七識，恒審思量故。

---

[1] 日本學者橫山紘一提到，關於異熟，除了異時而熟與異類而熟外，還有變異而熟。所謂變異而熟，是指因經過變化，而產生出果來。（橫山紘一《わか心の構造》，東京：春秋社，1996, pp.78-79.）

三謂了境，即前六識，了境相麁故。及言顯六，合為一種。

（大31.7b）

這裏很簡單地解釋何謂三種能變。「識所變相雖無量種，而能變識類別唯三。」這句是說，由識所變現出的事物的相狀雖然有無數種類，但能夠變出這些相狀的識則只有三種。第一種是異熟識，即第八識。何以稱為異熟識呢？由於它具有異熟的性格，這異熟的性格是指種子而說的。這些在上文已介紹過。第二種能變是思量識，即第七識。稱之為思量識是因為它恒時在審度思量，而審度思量的對象就是第八識，它以為第八識是一個恒常不變的自我。第三種能變是了別境識，即前六識。何以稱之為了別境識呢？有兩個原因，首先，這六識能了別粗大的境相，故名之為了別境；第二是「言顯六，合為一種」，即是要說明此六識為同一種類。由於了別境是此六識的共同性質，故以此來統一稱之。關於這三種能變與八識的區分，可參看下表：

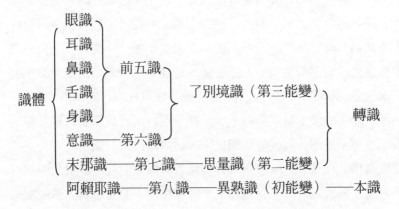

對於能變的涵義，護法再進一步分析，《成論》說：

> 此三皆名能變識者，能變有二種，一因能變，謂第八識中
> 等流、異熟二因習氣。等流習氣由七識中善、惡、無記熏
> 令生長，異熟習氣由六識中有漏善、惡熏令生長。二果能
> 變，謂前二種習氣力故，有八識生，現種種相。（大31.7b-c）

這裏將能變分爲因能變和果能變兩種，因能變指種子，果能變則指
種子在成熟之後現行而產生的八識。種子現行時產生識，所以相對
於識，種子就是因。種子作爲因而能變現前七識，故稱種子爲因能
變。種子又稱爲習氣，從它起現行的狀況來說，可分爲兩種：等流
習氣、異熟習氣。再從種子的性質來看，又可分爲兩種：名言種子
和業種子。等流習氣特別是指名言種子，這些種子是從前七識中的
善、惡、無記等性質的業力熏生而成的，它們是生起善、惡、無記
等一切法的親因緣。何以稱之爲等流呢？這些種子作爲因，當它生
起果時，這因與果之間有著等流關係，表示這因與果的性質是相同
的。異熟習氣指由前六識的善惡業力熏成的種子。這些種子可以作
爲生起第八識即異熟識的增上緣。上引文中說：「異熟習氣由六識
中有漏善、惡熏令生長。」意思是，這種異熟習氣是由前六識中的
有漏的善、惡業力熏習而成的。果能變是就識在現行的狀態中說的。
潛藏狀態中的識本身就是種子，當種子現行，就成爲現行狀態中的
識，故種子是因，而現行的識是果。這個作爲果的識，其本身又能
變現出相分和見分，所以這現行的識就稱爲果能變。上引文中說：
「謂前二種習氣力故，有八識生，現種種相。」意思是，依前面所
說的兩種習氣即等流習氣和異熟習氣的作用，而有八識生起，這八

識又會變現見分和相分，即主觀方面的現象和客觀方面的現象。

對於後半首偈頌的解釋，《成論》說：

> 初能變識，大、小乘教名阿賴耶。此識具有能藏、所藏、
> 執藏義故。謂與雜染互為緣故，有情執為自內我故，此即
> 顯示初能變識所有自相，攝持因果為自相故。此識自相分
> 位雖多，藏識過重，是故偏說。（大31.7c）

阿賴耶識具有自相、果相和因相，這段文字主要解釋阿賴耶識的自
相。對於第一能變識，大乘和小乘佛教皆稱之為阿賴耶（ālaya）。
ālaya是貯藏、倉庫的意思。由於此第八識貯藏著一切種子，所以稱
為阿賴耶識。「此識具有能藏、所藏、執藏義故。」這裏所說的是
阿賴耶識的自相，阿賴耶識以藏作為自相，而藏又有三種意義，即
能藏、所藏和執藏。能藏是阿賴耶識攝持一切諸法種子。至於所藏，
則是「與雜染互為緣」。這裏的「雜染」是指有漏種子生起的前七
識，阿賴耶識能攝持生起前七識的有漏種子，所以說阿賴耶識是雜
染的緣；反過來，這些有漏種子生起的前七識又能對阿賴耶識進行
熏習，熏習成的種子就是阿賴耶識的自體，所以七識又是阿賴耶識
的緣，故說阿賴耶識與雜染互為緣。就為七識所熏而生種子而言，
阿賴耶識就是所藏。「有情執為自內我故。」意思是有情眾生的第
七識，即末那識，恒常地執持此阿賴耶識，以之為真實的自我，這
就是阿賴耶識的執藏的意義。以上是第八識的自相的三種意義。

前面提到阿賴耶識具有自相、因相和果相，此三者間的關係是
自相包含因相和果相，因相指種子，果相指果報，種子和果報都為
阿賴耶識的自相所包含，所以引文說：「攝持因果為自相故。」對

於因相和果相，下文會再有詳細的解釋。「此識自相分位雖多，藏識過重，是故偏說。」這裏的「藏識」相信是指此識作為能藏，即攝持種子的功能。第八識雖然有很多方面的特性，但其中以能藏的性質最為重要，故以「藏」，即「阿賴耶」名之。[2]

---

[2]　關於阿賴耶（ālaya）的原意，橫山紘一作過細密的探究。參考他的《唯識の哲學》，京都：平樂寺書店，1994, pp.116-121.

具體而言，ālaya（阿賴耶）一字，由梵文動詞語根ā-līī而來，有二意思：執著與隱藏。ālaya-vijñāna（阿賴耶識）則是關連著「藏於某處」、「藏著某些東西」而說的藏識。《解深密經》說：「此識亦名阿陀那識。何以故？由此識於身隨逐執持故。亦名阿賴耶識。何以故？由此識於身攝受藏隱，同安危義故。」（大16.692b.）這裏，ālaya同時有執著與隱藏之意。它執持身體，同時又隱藏於身體之中，與身體同其安危。《攝大乘論》又說：「復何緣故，此識說名阿賴耶識？一切有生雜染品法，於此攝藏，為果性故；又即此識於彼攝藏，為因性故；是故說名阿賴耶識。或諸有情藏此識，為自我故，是故說名阿賴耶識。」（大31.133b.）這把阿賴耶識說得更為複雜。它不但攝藏諸雜染法而為其果，同時又能引發這些雜染法，而為其因。它又與自我的形成有關，為第七末那識執為內自我。

以下就進一步了解阿賴耶識，作幾點補充：

一、就發現一點言，阿賴耶識的發現，是使唯識派成為一獨立學派的根本動因。如何發現阿賴耶識呢？它如何萌芽呢？很多現代學者以為，阿賴耶識的萌芽，可以說是植根於部派佛教對輪迴主體的追求。這可從業（karma）的思想說起。業是行為的餘習，行為過後，不會消失，以業力的形式存留於個體生命中。由於業力的影響，使我們在三界之中輪迴生死。但業力到底存在於我們生命中甚麼地方呢？不同論典有不同說法。《攝大乘論》說：「化地部中亦以異門密意，說此名窮生死蘊。」（大31.134a.）《大乘成業論》說：「赤銅鍱部經中建立有分識名，大眾部經名根本識，化地部說窮生死蘊。」（大31.785a.）《成唯識論》說：「大眾部阿笈摩中密意說此名根本識……上座部經分別論者俱密意說此名有分識……化地部說此名窮生死蘊……說一切有

《成論》繼續說：

此是能引諸界、趣、生、善、不善業異熟果故，說名異熟。

部、增壹經中亦密意說此名阿賴耶。」（大31.15a.）對於這業力的儲藏處，
化地部說為窮生死蘊（āsaṃsārika-skandha），赤銅鍱部（上座部、分別說部）
說為有分識（bhavāṅga-vijñāna），大眾部說為根本識（mūla-vijñāna），說一
切有部、《增壹阿含經》則說為阿賴耶識。這些說法，都直指生命中的輪迴
主體。

德國學者舒密特侯遜（L. Schmithausen）亦提到，在《攝大乘論》時代的唯
識學者亦意識到這些窮生死蘊、有分識與根本識是阿賴耶識的前身。（L.
Schmithausen, Ālayavijñāna, Tokyo: The International Institute for Buddhist
Studies, 1987, p.7.）而最初以「阿賴耶識」這一字眼來表示我們的根本的心的
經典，是《大乘阿毗達磨經》和《解深密經》。在後者的〈心意識相品〉中
說到一切種子心識、阿陀那識、阿賴耶識，以說心意識的秘密義。（大16.692b.）
二、至於具體地關涉到阿賴耶識的存在，其中一個明顯論證是當我們的意識
停止作用，我們的生命仍然能夠維持下來，持續下去，此中必有一微細心識
維持色身，使不變壞，這便是阿賴耶識。《瑜伽師地論》有云：「問：滅盡
定中，諸心、心法並皆滅盡，云何說識不離於身？答：由不變壞諸根中有
能執持轉識種子阿賴耶識，不滅盡故，後時彼法從此得生。」（大
30.340c~341a）舒密特侯遜亦非常重視這段文字，認為是唯識的阿賴耶學說
的起步點。（L. Schmithausen, Ālayavijñāna, Tokyo: The International Institute
for Buddhist Studies, 1987, p.18.）他認為在滅盡定中，心識絕不能離身體而
去，因為肉體必須被心識所執持，否則便會腐壞。（Ibid., p.23.）這心識便是
阿賴耶識。

故阿賴耶識的設定，可以解釋輪迴主體的持續性。倘若沒有了阿賴耶識，則
人在意識不活動時，或睡眠、休克的狀態中，如何能維持生命，使不死滅，
便成問題。舒密特侯遜亦認為，在很多系統性的脈絡中，阿賴耶識的設定是
很有用的。由於佛教排拒作為個人的永恒不變的實體的自我的存在性，則像
阿賴耶識那樣的非恒常但是連續的生命要素的設定，便有需要了。（L.
Schmithausen, Ālayavijñāna, Tokyo: The International Institute for Buddhist
Studies, 1987, p.3.）

> 離此，命根、眾同分等恒時相續勝異熟果不可得故，此即
> 顯示初能變識所有果相。此識果相雖多位多種，異熟寬、
> 不共，故偏說之。（大31.7c）

這段文字是說明阿賴耶識作爲諸法，包括色法、心法等一切現象的
根源，如何引生種種現象。即是說，阿賴耶識作爲因，它如何帶引
種種果生起呢？在這個脈絡中，顯出了阿賴耶識的果相，果相是指
生起整個現象世界的作用。「此是能引諸界、趣、生、善、不善業
異熟果故，說名異熟。」「諸界」指欲界、色界和無色界；「趣」
指天、人、地獄、餓鬼、畜牲等五個生存的領域；「生」指四生，
即胎生、卵生、濕生和化生。胎生的有人、象等動物；卵生是從卵
孵化成的，例如鳥；濕生是在濕潤的地方自動生出的，印度人認爲
某些動物會在潮濕的地方自行生成的，例如孑孓；化生是因以往的
惡業而生，佛教認爲在地獄中的動物是透過化生而生成的。此阿賴
耶識能引生三界、五趣、四生等由善業和不善業帶來的異熟果，故
名之爲異熟識。這裏的「異熟」當解作異時而熟，即種子在阿賴耶
識中被熏生後，會在不同的時段中成熟而生起果報。「離此，命根、
眾同分等恒時相續勝異熟果不可得故。」意思是，若沒有此識，則
命根、眾同分等恒時相續的殊勝異熟果就不可得。命根（jīvita-
indriya）是使生命延續不斷的一種力量。一個生命體在輪迴中生死
相續，當中有一種力量令這個生命不會中斷，這種力量就是命根，
所以命根是恒時相續的。眾同分（nikāya-sabhāgatā）是眾分子同
時分有的性質，即各個分子共通的性質。基於這種共通的性質，各
個分子可歸爲一類，所以眾同分實際是指種或類的概念。生命體在

一期生命中，會以某一種類的姿態出現，例如人或某種畜牲，而在一期生命中，此生命體會固定地維持在這一類的姿態中，而不會一時是人，另一時變成豬。所以，一個生命體在一期生命中，這個類的姿態是相續不斷的。命根、眾同分等這類恒時相續的異熟果必須依賴一個恒時相續的識才能成立，八識中就只有阿賴耶識爲恒時相續，所以，離開阿賴耶識就不能成立命根、眾同分等果。此識的果相雖有多種，但以異熟的作用最爲廣泛，而且其餘七識都不具有這作用，故以異熟識稱之。

《成論》說：

> 此能執持諸法種子，令不失故，名一切種。離此，餘法能遍執持諸法種子，不可得故，此即顯示初能變所有因相。此識因相雖有多種，持種不共，是故偏說。（大31.7c-8a）

這段文字說明阿賴耶識作爲一切法的原因，它在這方面的相狀如何。此識主要的作用是執持一切法的種子，使之不會失去。一切行爲過後，其影響力不會消失，以種子的形式藏在阿賴耶識中，故阿賴耶識稱爲「一切種識」（sarvabījavijñāna），意思就是一切種子所貯藏的地方。除此阿賴耶識之外，其餘一切東西都沒有執持諸法種子的能力，由此顯示出阿賴耶識的因相，這就是執持一切種子的功能。這識的因相即作爲原因這方面的性格雖然有多種，但執持種子這種性格是其餘七識所沒有的，所以以「一切種識」稱之。

以上解釋了第八識的自相、果相和因相。現在要補充一點，上文提到第八識中的等流習氣和異熟習氣，即所謂二因習氣，這兩個概念在唯識論典中經常出現，卻沒有清晰的解釋。我們試參考日本

學者的解釋，進行較深入的探討。等流（niṣyanda）意思是等同地流出，當有兩件東西，例如Ａ和Ｂ，Ａ先出現，Ｂ在後，而兩者有因果關係，如果Ｂ與Ａ的性質是相同的，則Ｂ相對於Ａ就是等流。反過來說，Ａ相對於Ｂ亦可以說是等流。在唯識學中，等流習氣專指名言習氣。名言表示透過語言來表述，名言習氣是由名言熏習而成的種子，這些種子是直接生起一切有爲法的原因。因爲名言是行爲的第一步，當一個行爲要作出時，首先便要在名言上確立，然後才在行動上表現出來，所以名言種子最具有現起有爲法的力量。如果以這些有爲法作爲等流果，則名言習氣就是等流因，故稱之爲等流習氣。所以等流習氣是就以名言作爲有爲法的因，來說它們在因方面的內涵。

再精確一點來說，可以從種子的分類來了解。我們通常將種子分爲兩類，一類是有漏種子，另一類是無漏種子。有漏表示有缺漏，無漏就是無缺漏。種子之中除了有漏和無漏之外，其實還有一些種子，它們很難分辨是有漏抑是無漏，數量也很少，我們稱之爲無記種子。無記通常在善惡方面，表示非善非惡。有漏種子之中又可分兩種，分別是名言種子和業種子。何謂名言種子？名言種子是依於名言作爲表象，在第八識中被熏生的種子。由於名言種子能夠引生跟它自己相同種類的現行，故稱爲等流習氣或等流種子。業種子是依於善惡的思想而熏成的種子，這些善惡的思想基本上是第六識即意識的一種表現，跟第六識相應。業種子雖然包含善惡兩方面的性格，但通常多傾向於惡。這些業種子能夠招來異熟的果報，故稱爲異熟習氣。「異熟」是什麼意思呢？在佛教來說，由善或惡的業因而生起非善非惡即無記的結果，就謂之異熟。所謂善或惡的業因，

是就個別的行爲而說的，個別的行爲有或善或惡的性格，但當這些行爲生起它們的業果時，這業果整體來說是非善非惡，這種生起業果的情況就是異熟。所以，異熟基本上是用在由或善或惡的諸法生起無記業果的情況下。而這種無記由於是從異熟的情況下生起的，故稱爲異熟無記。異熟又再分爲兩種，一種是眞異熟，指阿賴耶識；另一種是異熟生，指從第八識引生出來的前六識。關於等流習氣、異熟習氣和一些相關的概念，我們就此作出簡單的補充。

《成論》說：

> 種子義略有六種。一、刹那滅。謂體才生，無間必滅。有勝功用，方成種子。此遮常法。常無轉變，不可說有，能生用故。二、果俱有。謂與所生現行諸法俱現和合，方成種子。此遮前後及定相離。現種異類，互不相違。……未生已滅，無自體故。依生現果，立種子名。不依引生自類名種，故但應說與果俱有。三、恆隨轉。……顯種子自類相生。四、性決定。謂隨因力，生善惡業。功能決定，方成種子。此遮餘部執異性因生異性果，有因緣義。五、待衆緣。謂此要待自、衆緣合，功能殊勝，方成種子。此遮外道執自然因，不待衆緣，恆頓生果。……六、引自果。謂於別別色、心等心果，各各引生，方成種子。此遮外道執唯一因生一切果。或遮餘部執色、心等互爲因緣。唯本識中功能差別，具斯六義，成種非餘。（大31.9b）

這是闡釋有名的「種子六義」。即是說，種子作爲一切事物生起的主要因素，它的生起結果的活動或作用，需要遵循一定規則。這些

規則可概括爲六項。首先是刹那滅。種子是不停地滅去的，它滅去，馬上又生起與前一狀態相類的種子。即是說，種子不是常住法。它既不是常住，則由它生起的事物，更不是常住法了。第二是果俱有。種子作爲原因而生出結果。這結果其實已作爲潛在的結果，藏在種子之中。這建立種子與它的結果的密切關連。不過，種子是潛存狀態（potentiality），它現行而生成結果，是實現狀態（actualization），兩者終是不同。第三是恆隨轉。這是接著刹那滅一性格說下來的。即是說，種子是每一刹那都在變化，都在滅去，它滅去後，又馬上轉生另外的種子，但前後種子性格非常相似，它們之間的不同，幾乎可以忽略掉。第四是性決定。這是規定種子與生成的果有相同的倫理性格，善的種子生起善的結果，惡的種子則生起惡的結果。界線分明，不能混淆。第五是待眾緣。事物的生起，需要因緣和合。種子是最重要的因素，爲因，它必須配合其他的輔助因素，所謂緣，才能發揮生起的作用。這其他的緣有三：所緣緣、等無間緣和增上緣。關於這幾種緣，我們在下面解讀《三十頌》第五偈頌時有說明，此處不擬重複。第六是引自果。這是規定種子與生成的果有相同的類別，即是心法或精神性的種子生起心法的結果，色法或物質性的種子生起色法的結果，不會有混亂情況出現。種子六義的這種義理，可以說是唯識學解釋事物生成變化的宇宙論的陳述，它是順著護法的識轉變思想說下來的。即是，心識自身起分裂、變化，開出見分與相分，把見分似現爲自我，把相分似現爲諸法，由此成就現象世界。而種子六義則是進一步規定這種似現的程序，表示需依循一定的規則來進行。

三、第三頌

【梵　文　本】asaṃviditakopādisthānavijñaptikaṃ ca tat/

　　　　　　　sadā sparśamanaskāravitsaṃjñācetanānvitam//

【梵本語譯】阿賴耶識的執受、住處與了別都微細難知。它常伴隨
　　　　　　著觸、作意、受、想、思。

【玄奘譯本】不可知執受，處了常與觸，

　　　　　　作意受想思，相應唯捨受。　（大31.60b）

關於這首偈頌，在文獻學方面需要注意幾點。首先，這首偈頌在梵
文方面可以有兩種了解方式。第一種是上列的梵本文義，這了解方
式是與《成論》相應的，內容是說阿賴耶識的行相和所緣是非常細
微的，一般人是很難了解的。阿賴耶識的行相是指了別，所緣是指
執受和住處。至於何謂了別、執受和住處，在稍後會詳細交代。這
是第一種了解方式。第二種了解方式是日本學者上田義文提出的，
他把上半偈解釋爲：阿賴耶識是指對於不可被了知的執受和住處的
了別作用。即是說，阿賴耶識是一種了別作用，這種了別作用是針
對非常隱密的執受和住處的。[1]從梵文的文法來說，護法在《成論》
的解釋似較接近原意，但這個問題仍需進一步研究。

1　上田義文《梵文唯識三十頌の解明》，東京：第三文明社，1987, p.17.

對於玄奘的譯本，若按照文義應這樣斷句：不可知：執受、處、了，常與觸、作意、受、想、思相應，唯捨受。意思是第八識有幾方面都是微細難知的，分別爲：執受、處、了。此識又恒常地與觸、作意、受、想、思這五個心所相應。這是在文獻學方面要注意的第二點。

第三點要注意的是，在玄奘的譯本中，「唯捨受」這三個字的意思在梵文本第三首偈頌中是沒有的，這個意思原本是放在第四首偈頌的開首部份。所以，玄奘的譯本跟原文是有點出入的。

現在再看護法的解釋，《成論》說：

> 此識行相、所緣云何？謂不可知執受、處、了。了謂了別，
> 即是行相，識以了別爲行相故。處謂處所，即器世間，是
> 諸有情所依處故。執受有二，謂諸種子及有根身。諸種子
> 者，謂諸相、名、分別習氣。有根身者，謂諸色根及根依
> 處。此二皆是識所執受，攝爲自體，同安危故。執受及處
> 俱是所緣。阿賴耶識因緣力故，自體生時，內變爲種及有
> 根身，外變爲器。即以所變爲自所緣，行相仗之而得起故。
> 此中了者，謂異熟識於自所緣有了別用。此了別用，見分
> 所攝。（大31.10a）

這是對第三首偈頌的前半部份的解釋。此識的行相（ākāra）和所緣（ālambana）是什麼呢？若以護法的用詞來說，「行相」就是見分，「所緣」就是相分，而此識的行相是了別，所緣是執受和處。以現代的語言來說，行相就是指作用的相狀，而此識的作用的相狀是了別；所緣是指作用的對象，此識的作用的對象是執受和處。此第八

識的行相和所緣都是不可知的，但這只是對於一般人來說爲不可知，對於覺悟的人卻是可知的。這裏總括了前半首偈頌的意思，接著就逐一解釋其中的概念。「了」是指了別（vijñapti），是此識的行相，基本上是傾向於境方面的。此第八識就是以了別作爲其作用的相狀。處（sthāna）指處所，此識的處所是器世間。器世間即是我們日常面對的山河大地。諸有情生命都是依於此器世間的，這即是我們生活所處的地方。執受（upādhi）即所執持的東西，第八識所執持的有兩種東西，即種子和根身。種子是「諸相、名、分別習氣」，即是相習氣、名習氣和分別習氣，習氣即是種子。「相」指相狀，「名」指名言，「分別」指辨別對象的活動，這些種子都爲第八識所執持，成爲第八識的所緣境。「根身」即「有根身」，指「諸色根及根依處」。諸色根是指眼、耳、鼻、舌、身這五種感覺神經，即淨色根。根依處是五種感覺神經所依附而作用的五種感覺器官，即扶塵根。淨色根和扶塵根亦是第八識所執持的對象。此淨色根和扶塵根都是物質性的東西，淨色根較爲幼細，而扶塵根則較粗大而明顯可見。「此二」即種子和有根身，都是第八識所執持的，令這兩種東西成爲第八識自體的一部份，與第八識共處或安或危的境況。「同安危」指什麼呢？如果第八識生於善趣，則種子和根身亦同樣生善趣，此情況就是同安；如果第八識生於惡趣，種子和根身亦會同樣地生於惡趣，這就是同危。執受和處皆是第八識的所緣，即相分。「阿賴耶識因緣力故，自體生時，內變爲種及有根身，外變爲器。」這裏說明第八識如何變現種子、根身和器世界。「因緣力」指因和緣的作用，因是主要因素，緣是輔助的因素。阿賴耶識以因和緣的作用力，當其自體生起時，內部方面變現種子和根身，外部方面則變現

器世界。此識繼而以本身變現的種子、根身和器世界作爲所緣，而依仗這些所緣使本身的行相生起。前面所說的「了」，就是指第八識對於本身所緣的種子、根身和器世界的了別作用。這種了別作用不是一種理智的作用，而是盲目的執持，將種子、根身和器世界執爲自體。這種作用是阿賴耶識的見分所特有的。

這裏提到的相分和見分牽涉到對於識的分析。關於識的分析有幾種不同的說法。見分是行相，關連到心方面；相分是所緣，牽涉到境方面。照唯識所說，無論見分或相分，都是心用的表現。對於這些心用，唯識學者間亦有不同的見解，其中最主要的有四種：

一、安慧——一分說：見分

二、難陀——二分說：見分、相分

三、陳那——三分說：見分、相分、自證分

四、護法——四分說：見分、相分、自證分、證自證分

這就是一般所謂「安難陳護，一二三四」的說法。[2]

現在繼續看第三偈頌的下半部份，《成論》說：

此識與幾心所相應？常與觸、作意、受、想、思相應。阿賴耶識無始時來，乃至未轉，於一切位，恒與此五心所相應，以是遍行心所攝故。（大31.11b）

---

[2]　關於一分說、二分說、三分說都不難理解。但四分說，特別是自證分與證自證分之間的關連，便不易理解。上面我們提出的解釋，可助理解。這又可參看橫山紘一《唯識の哲學》，京都：平樂寺書店，1994, pp.92-95.

這段文字總括地說明第八識與五個遍行心所的關係。這裏說，此第八識與哪幾個心所相應呢？相應表示相應合而生起。此識恒常地與觸、作意、受、想、思這五個心所相應。照唯識所說，心的組成包括心王和心所，心王指心體本身，而心所是伴隨著心王而生起的心理狀態，即是心王所附帶的作用。唯識學者提出有五十一種心所，關於這五十一種心所，在《唯識三十頌》較後部份會詳細地介紹。這裏提出的五種心所，不單是恒常地與第八識相應，亦與其餘七識恒常地相應，故稱為遍行心所。即是說，八識中任何一識生起，都伴隨有這五種心所相應地生起。引文繼續說，阿賴耶識從無始時來，直至轉依之前，在任何情況下都與這五個心所相應地生起，這是由於此五個心所是周遍地與每一識相應而現起的。

現在逐一解釋此五種遍行心所，《成論》說：

> 觸謂三和，分別變異，令心、心所觸境為性，受、想、思
> 等所依為業。（大31.11b）

這裏解釋觸心所。觸（sparśa）指心與對境產生的接觸，這裏的「三和」指根、境、識三者和合，對各種對象產生了別的作用。引文繼續以性和業兩方面去解釋，性指心所本身具有的作用，業指一些引生的作用或副作用。觸心所本身的作用是令到心和心所接觸外境。而它的副作用或引生的作用就是令作意、受、想、思等心所依於它自己而生起。《成論》繼續說：

> 作意謂能警心為性，於所緣境引心為業。（大31.11c）

作意（manaskāra）本身的作用就是「警心」，即是促發心的作用，

使之對外境產生警覺。此識的副作用是引領心王去趨赴所緣境。《成論》繼續說：

> 受謂領納順、違、俱非境相為性，起愛為業。（大31.11c）

受（vedanā）本身的作用是領受種種外境的相狀，這些外境的相狀對於領受的主體來說有些是順適的，有些是違逆的，亦有些是非順非違，即無所謂順或違的，即是中性的。「起愛」是對順適的感受產生一種愛著的情感，以及對於違逆的感受產生憎惡。所以，這裏的「愛」應包含正和反兩方面的愛，而反方面的愛即是憎惡。這是受心所的副作用。《成論》繼續說：

> 想謂於境取像為性，施設種種名言為業。（大31.11c）

想（saṃjña）並不是一般所說的想像，而是一種較為確定的認識作用，以「取像為性」。「取像」是攝取對境的相狀，令它存留於心中，好比一部攝影機將外境拍攝起來一般，這就是想心所的本來作用。這個心所的引生作用就是「施設種種名言」，「名言」就是概念，它先攝取外境的相狀，然後提出種種概念去表象那外境。《成論》繼續說：

> 思謂令心造作為性，於善品等役心為業。（大31.11c）

思（cetanā）不同於一般所理解的思辯，而是以「令心造作為性」，即是說，它本身的作用是促發心造出一些行為，這些行為是對於境相的反應。「於善品等役心為業」當中的「善品等」包括善、惡和無記品，此識的引生作用是役使心生起善、惡或無記的行動。

在玄奘的譯本中，此第三首偈頌的最後部份是「唯捨受」，對於這部份的解釋，《成論》說：

> 此識行相極不明了，不能分別違、順境相，微細一類相續而轉，是故唯與捨受相應。……又由此識常無轉變，有情恒執為自內我。若與苦、樂二受相應，便有轉變，寧執為我？故此但與捨受相應。（大30.11c-12a）

這裏說，此第八識的行相極難清晰地了解，它不能夠清楚地分辨對象是屬順或屬違的境況。順會引致快樂的感受；違會引起苦痛的感受。而此識是不能清楚分辨這些境況的，它只能隨著很微細的對象不斷地運轉。由於它不能確定對象是違抑是順，以至不能起苦受或樂受，因此只會相應地生起捨受。捨受是非苦非樂，屬於中性的感受。因為此識的作用是沉隱難知的，不能判別它的對象是違或是順，因此它不能明確地產生苦受或樂受，只能生出不苦不樂的感受。這是「唯捨受」的第一個意思。此外，「唯捨受」又有第二個意義：此第八識恒常地無轉變，要注意，這裏說的無轉變並不是真實地沒有轉變，而是由於第八識的轉變在下意識中進行，我們不能察覺到這種轉變，便會以為它是恒常地不變，而實際上它仍是不斷地生滅變化的。[3]由於第八識似是恒常不變，所以被第七識不斷地執取，以為它是一個不變的內在的自我。引文中的「有情」就是指第七識。而苦和樂是意識所感受的，倘若第八識與苦受和樂受相應，意識就

---

[3]　這是由於第八識的內容是種子，而且只有種子，而種子是剎那生滅的，都是在變動不居的狀態中。

應察覺到它的時苦時樂的轉變。若意識察覺到第八識有轉變，又怎會執取它作爲常住不變的自我呢？苦受和樂受是意識的層面所能感知的，若第八識與苦受或樂受相應，就必定在意識層面上產生變化，這樣就不應被執爲恒常不變的自我。所以第八識的轉變只可能在意識層面以外進行，這樣就不爲意識所察覺，而苦樂是意識層面的事情，所以第八識應不牽涉到苦樂這些感受，故此第八識於對境所領受的只會是捨受。

四、第四頌

【梵　文　本】upekṣā vedanā tatrānivṛtāvyākṛtaṃ ca tat/
　　　　　　　tathā sparśādayas tac ca vartate srotasaughavat//

【梵本語譯】此中捨棄受。又，這是無覆無記。觸等亦是這樣。又，
　　　　　　這好像瀑流那樣，在流動中存在。

【玄奘譯本】是無覆無記，觸等亦如是，
　　　　　　恒轉如瀑流，阿羅漢位捨。（大31.60b）

這首偈頌主要是說明阿賴耶識的總體性格，以及它所發揮的作用，
最末還提到在何種情況下，此第八識會被捨棄。我們先從文獻學方
面比較梵本與玄奘譯本的異同。在梵本中，此偈頌的開始有「唯捨
受」的意思，但玄奘譯本卻沒有，玄奘將「唯捨受」放在上首偈頌
的最後部份。此外，玄奘譯本中「阿羅漢位捨」這一句，在梵本此
首偈頌中是沒有的，這句在梵本中是放在下首偈頌的開頭部份。除
此兩點之外，其餘部份在梵文本和玄奘譯本中大致相同。

　　梵文本的意思是這樣：此第八識沒有苦樂的感受。而且，它的
性格是「無覆無記」的。此外，觸、作意、受、想、思這五個心所
亦是無覆無記的。這第八識像瀑流一樣持續地流動著。

　　現在看《成論》的解釋：

　　法有四種，謂善、不善、有覆無記、無覆無記。阿賴耶識
　　何法攝耶？此識唯是無覆無記。異熟性故。異熟若是善、
　　染污者，流轉、還滅應不得成。又此識是善、染依故，若
　　善、染者，互相違故，應不與二俱作所依。又此識是所熏
　　性故，若善、染者，如極香、臭，應不受熏，無熏習故，
　　染、淨因果俱不成立。故此唯是無覆無記。覆謂染法，障
　　聖道故，又能蔽心，令不淨故。此識非染，故名無覆。記
　　謂善惡，有愛、非愛果及殊勝自體可記別故，此非善惡，
　　故名無記。（大31.12a）

這裏用了很多文字去解釋為什麼阿賴耶識是無覆無記，而且相當艱
澀難懂。「法」（dharma）指一般的事物，這些事物依其品性，可
分四種：善法、不善法、有覆無記法和無覆無記法。這裏的「覆」
解作覆蓋真理。而阿賴耶識屬哪一種呢？答案是：此識屬於無覆無
記（anivṛtāvyākṛta）。

　　接著是提出理由來解釋。首先，「異熟若是善、染污者，流轉、
還滅應不得成。」阿賴耶識是由善、惡業引生出來的一個總的果體，
這個果體可以引生出清淨或染污的果報，所以就這個果體本身來說
應是無記的。因為此異熟識必須是無記的，才能開出流轉和還滅。
流轉是染污的，還滅是清淨的，此流轉和還滅都必須在無記的第八
識中才能生發出來。所以，第八識沒有明確的善或染的記號。如果
此識有明確的善性或染污性，就不能達致流轉和還滅。因為如果此
識確定地是善性的，有情就必定得到善果，這樣就不會墮入流轉當
中；倘若此識確定地是染污的，有情就永不能達到還滅。所以，第

八識不能被確定是善或染污的，否則就不能建立流轉和還滅。第八識不是善亦不是染，所以是無記。

第二個理由是「此識是善、染依故，若善、染者，互相違故，應不與二俱作所依。」即是說，善和惡的果報都是依著阿賴耶識而生起的，若此識本身已確定地為善或染，就不能夠同時作為善法和染法的所依。因為如果阿賴耶識確定地是善性的，就不可能有染法依此而生起；如果此識確定地為染性，則不可能生出善法。阿賴耶識同時作為善法及染法的所依，故不可能確定地是善或染的，只會是無記。

第三個理由是「此識是所熏性故，若善、染者，如極香、臭，應不受熏，無熏習故，染、淨因果俱不成立。故此唯是無覆無記。」第八識是被前七識所熏習的，熏習成的種子藏在第八識中。如果第八識是明確地具有善或染的性格，正如極香或極臭的氣味，就不能受熏習。因為極香的東西不會受一般的香氣所影響；極臭的東西亦不會為一般的臭氣所影響，同樣地，如果第八識是明確地是善性或惡性的，它就不會被其他的善、惡業所熏習，這樣就不能建立阿賴耶識的受熏的性格。如果承認此識具有受熏習的性格，此識本身就不可能明確地是善性或惡性的。所以此識只可能是無覆無記。

引文繼續說：「覆」是一種染法，因為它能障礙我們對聖道的體證，它又能夠遮蔽我們的心，使之變成不淨。而上面已經列舉了三個理由證明此識不是染性的，所以是無覆。「記」指一種記號，有善的記號，亦有惡的記號。阿賴耶識無所謂善，亦無所謂惡，所以沒有善惡的記號，稱為無記。引文繼續說：「有愛、非愛果及殊勝自體可記別故。」這裏解釋怎樣會有善記或惡記。「愛」（iṣṭa）

是可慾樂的東西，能使人對它趨赴；「非愛」（aniṣṭa）是不可慾樂的，使人憎惡它。某些事情能夠引生可慾樂的果，或是使人厭離的果，而這些殊勝的事情本身是可被判別爲善或惡的，這些事情就是有記的；其中有愛果的是善記，有非愛果的是惡記。而阿賴耶識不可確定爲善或惡，所以是無記。

現在繼續解釋此偈頌的第二句，《成論》說：

> 觸等亦如是者，謂如阿賴耶識，唯是無覆無記性攝，觸、
> 作意、受、想、思亦爾。諸相應法必同性故。又觸等五，
> 如阿賴耶，亦是異熟，所緣、行相俱不可知，緣三種境，
> 五法相應，無覆無記。故說觸等亦如是言。（大31.12b）

「觸等」（sparśādayaḥ）指觸、作意、受、想、思這五個心所，「觸等亦如是」表示這五個心所跟阿賴耶識一般，都是無覆無記的。「諸相應法必同性」指與第八識心王相應的心所必定是性質相同的。引文繼續說：這五個心所與阿賴耶識有五點相同之處：第一、「亦是異熟」；第二、「所緣、行相俱不可知」；第三、「緣三種境」；第四、「五法相應」；第五、「無覆無記」。首先，「亦是異熟」指觸、作意、受、想、思這五個心所都是異熟性，此五心所伴隨第八識而生起，第八識本身具有異熟性，故相應的五心所亦有異熟性。我們若客觀地看《成論》這種解釋，會發覺不甚完備。第八識本身是由善、惡法熏習成的一個無記的識體，它具有異熟的性格，但觸等五心所作爲一些心理狀態，爲何亦具有異熟性呢？大概護法認爲此五心所與第八識相應地生起，就應有著相同的性格，但此解釋似未甚充分。第二點，「所緣、行相俱不可知」表示此五心所的所緣

與行相跟第八識一樣，都是不可知的。第八識的所緣是執受和處，此五心所亦同樣以執受和處爲所緣。執受指種子和根身，處指器世間。行相是了別的作用，第八識與此五心所的行相皆是了別的作用。它們的所緣和行相都相當細微，不易被了解。第三點，「緣三種境」表示此五心所與第八識都是以三種境作爲所緣，此三種境是種子、根身和器界。第四點，「五法相應」表示此五心所加上第八識的心王共六法，當中每一法皆與其餘五法相應。例如觸心所，它與其餘五法，即作意、受、想、思、第八識心王是相應而生起的。最後一點是「無覆無記」，此五心所與第八識同是無覆無記。由於以上的相同之處，故說「觸等亦如是」，即是說觸等五個心所亦與第八識一樣是無覆無記的。

此偈頌的第三句「恒轉如瀑流」的意思相當豐富，所以要用較多篇幅去解釋，《成論》說：

> 阿賴耶識爲斷爲常？非斷非常，以恒轉故。恒謂此識無始時來一類相續，常無間斷，是界、趣、生施設本故，性堅，持種，令不失故。轉謂此識無始時來念念生滅，前後變異，因滅果生，非常一故，可爲轉識熏成種故。（大31.12b-c）

這裏問：阿賴耶識是斷還是常呢？答案是非斷非常。何以說此識是非斷非常呢？因爲此識「恒轉」故。「恒謂此識無始時來一類相續，常無間斷，是界、趣、生施設本故，性堅，持種，令不失故。」這裏解釋「恒」（srotasā）的意思，此識自無始時來，同一類種子相續地發展，例如色法種子繼續作爲色法種子發展，心法種子亦繼續作爲心法種子發展，此謂之「一類相續，常無間斷」。這種相續以

瞬間生滅的方式進行，例如在此一瞬間生起，下一瞬間就滅去，再下一瞬間又生起，如此不斷地發展。何以知道此識是無間斷呢？因爲它是施設界、趣、生的根本，界指三界，即欲界、色界、無色界；趣指五趣，即天、人、地獄、餓鬼、畜牲這五種生存領域；生是四生，即胎生、卵生、濕生、化生。所謂界、趣、生，其實是指一切眾生的存在領域中的東西，這些東西都是以阿賴耶識爲本而施設的，它們相續地存在，沒有間斷，所以阿賴耶識亦應無間斷。此外，又因爲阿賴耶識性格堅住，不會被破壞，能不斷地執持種子，令種子不致失落。若此識有間斷，種子就會失落。所以說此識無間斷，而無間斷就是恒。

「轉謂此識無始時來念念生滅，前後變異，因滅果生，非常一故，可爲轉識熏成種故。」這裏解釋「轉」（vartate）的意思，此識從無始時來每一瞬間都在生滅，這一瞬間生起，立刻就消失，下一瞬間又生起，又再立刻消失，沒有一個狀態是持續不變的，此之謂「念念生滅，前後變異」。這樣的生滅變異就是轉。轉可就第八識的種子來說，亦可就第八識整體來說。第八識的內容就是種子，種子不斷地轉，第八識整體地亦不斷地轉。怎麼知道此識在轉呢？因爲此識中的種子作爲因，會不停地生起種種結果，不可能固定不變。此外，此識可被前七識熏習成種子，因此不斷會有新種子加入，所以必定不斷在變。

《成論》繼續說：

> 恒言遮斷，轉表非常。猶如瀑流，因果法爾。如瀑流水，
> 非斷非常，相續長時，有所漂溺。此識亦爾，從無始來生

減相續，非常非斷，漂溺有情，令不出離。又如瀑流，雖
風等擊起諸波浪而流不斷。此識亦爾，雖遇眾緣，起眼識
等，而恒相續。又如瀑流，漂水下上，魚、草等物，隨流
不捨。此識亦爾，與內習氣、外觸等法恒相隨轉。（大31.12c）

這裏繼續解釋阿賴耶識的性格。「恒言遮斷，轉表非常」所說的「恒」
是說明此識具有持續性，不會斷絕；「轉」表示此識不是常一的，
它會不斷地轉變。所以說第八識是非斷非常。這種非斷非常的狀態
就好像瀑流（augha）一般。瀑流的每一部份都不會有一瞬間停留，
都是不斷地因滅果生，此一瞬間的瀑流為因，帶引出下一瞬間的瀑
流為果，因與果之間已有所改變，不會恒常如一。而且，這種因果
不斷地生起，此一瞬間的因，帶出下一瞬間的果，此果又作為因，
又帶出另一瞬間的果，如此不斷地持續，此謂之「因果法爾」。第
八識亦是一樣，以這種因滅果生的方式延續下去。瀑流的水不會斷
絕，亦沒有一點水可停住不動，第八識亦好比瀑流的水，非斷非常。
瀑流的水長時相續，人置身其中，會沉溺於水中。第八識亦是一樣，
從無始時來已是相續地存在，非常非斷，亦由於此識的染污性，令
有情生命沉溺於其中，不能脫離這種困局，這困局就是生死輪迴。
瀑流雖經常遇到風等影響而擊起波浪，但其本身仍然不斷地往下流
動，沒有一刻停止。第八識亦是一樣，它的種子遇上適當的條件就
會現行，生起眼、耳、鼻、舌、身等識的作用，然此第八識本身仍
然保持恒時相續，沒有因其他作用的影響而停止。瀑流的水不住地
由上往下流動，而水中魚、草等東西亦跟隨著水流由上而下，而不
能離開水流。第八識亦如水流一樣，識中的種子以及其外的種種「觸

等法」，即種種心所，都是隨著此識的洪流，不斷地流轉，而沒有
間斷。

　　以上這段文字將第八識描繪成瀑流的現象，這種比喻相當生動
傳神，最能顯出第八識恒時流轉的性格。

　　《成論》繼續說：

> 如是法喻意，顯此識無始因果，非斷、常義。謂此識性，
> 無始時來，剎那剎那果生因滅。果生故非斷，因滅故非常。
> 非斷非常，是緣起理。故說此識恒轉如流。　（大31.12c）

這裏提出緣起的觀念，來詮釋第八識這種恒轉如流的作用。這裏說，
以上的比喻，是要顯出第八識從無始時來一直保持著因滅果生的狀
態，由於因滅，所以它是非常的；由於果生，所以它是非斷。由於
因會滅去，不能常住不變，故此是非常；而因滅去後，並非一無所
有，卻是有果隨之生起，故此它不會斷滅。在這種因滅果生的情況
下，此識的作用非常非斷。就著非常非斷這種狀態，便確立起緣起
的義理。緣的聚合令事物生起，故非斷；緣起的另一面是性空，性
空就是無自性，即無常住不變的自性，故非常。緣起是非斷，性空
是非常，可見第八識的這種非斷非常的作用是依緣起性空的義理而
建立的。[1]「恒」表示非斷，「轉」表示非常，所以說「此識恒轉

---

[1]　這裏以非斷非常來說緣起，很符合中觀學的緣起正義。可見唯識學和中觀學
　　在關鍵處還是一致的。不過，龍樹在《中論》裏是以「非無非有」來說緣
　　起，但意趣還是一樣。非無即是非斷，非有即是非常。這個意趣，三論學者
　　僧肇在他的《不真空論》中也把握得很穩固。

如流」。

接著解釋本偈頌的第四句「阿羅漢位捨」，《成論》說：

> 此識無始恒轉如流，乃至何位當究竟捨？阿羅漢位方究竟
> 捨。謂諸聖者斷煩惱障，究竟盡時，名阿羅漢。爾時此識
> 煩惱麁重永遠離故，說之為捨。（大31.13a）

這裏先提出，第八識這種染污的作用要到阿羅漢的階位才能脫離。
「究竟位」表示徹底地捨棄、脫離。阿羅漢位（arhattva）指修行者
斷除一切煩惱障，即一切煩惱種子徹底清除時所達到的境界。這裏
對阿羅漢位的解釋稍嫌簡單，我們試看佛教一般怎樣解釋阿羅漢
位。阿羅漢是小乘佛教中聲聞乘所證得的第四果。聲聞的修行者所
證的果有四個階位，第一是須陀洹（srota-āpanna），第二是斯陀含
（sakṛdāgāmin），第三是阿那含（anāgāmin），第四就是阿羅漢
（arhat）。須陀洹又譯作預流，意即開始進入聖道，這是聲聞四果
中的初果。斯陀含又譯為一來，證得此果者將再一次還生於天或人
間，此後便證入無餘涅槃，不再還生了，故稱為一來，此為聲聞四
果中的第二果位。阿那含又譯作不（an）還（āgāmin），證得此果
者斷盡了欲界的煩惱，來世不會再生於這個迷妄的欲界，只會生於
色界或無色界，故稱為不還，此為聲聞四果中的第三果位。阿羅漢
又譯作應供，意思是應該得到供養、尊敬的聖者。在小乘，阿羅漢
是最高階位的聖者，他們斷除了一切煩惱，是最理想的人格。

阿羅漢位的修行者不會再受分段生死的困擾。何謂分段生死
呢？分段生死通常是相對於變易生死而說。此兩者的詳細意義，在
佛教中亦未有精確的描述。大體上，在這個迷妄的世界中，凡夫所

經歷的生死就是分段生死，這種生死在體形和壽數方面是有限制的，故稱爲分段，分段就是限制的意思。阿羅漢超越了這種分段生死，而達到變易生死的狀態。變易生死指能夠遠離迷執、超越輪迴的聖者的生死，他們雖然遠離迷執、超越輪迴，但仍有生死的狀態，這就是阿羅漢的生死的狀態。變易指在體形、壽數方面可以自在地變更，不受限制。在大乘佛教來說，阿羅漢雖然已斷除煩惱，但仍未證得普遍法身，即佛所證的境界，所以阿羅漢仍然未達最終極的境界。[2]

在阿羅漢的階位中，一切煩惱已經遠離，而「阿賴耶」之名，是就染污的第八識來說，所以到了阿羅漢果位就捨棄了「阿賴耶」之名，即表示此識脫離了染污的狀態。

《成論》繼續說：

> 然阿羅漢斷此識中煩惱麁重，究竟盡故，不復執藏阿賴耶識爲自內我。由斯永失阿賴耶名，說之爲捨，非捨一切第八識體。（大31.13c）

這裏再詳細地補充「捨」的意義。所謂「捨」並非指第八識完全消失，而是說，阿羅漢斷除了此識中一切煩惱粗重的種子，在此情況下，第七識不再執持第八識爲一個常住不變的自我，即捨棄了我執，由於捨棄了我執，故捨棄「阿賴耶」之名。因爲阿賴耶有執藏的意思，即被第七識執持爲自我，現在第八識已斷除一切煩惱，不再被

---

[2] 關於分段生死與變易生死，也可參考竹村牧男《唯識の探究》，東京：春秋社，1992, pp.161-163.

執為自我，所以失去了執藏的意義，由此亦不再名為「阿賴耶」。所謂「捨」，是指捨棄「阿賴耶」這個稱號。「非捨一切第八識體」這句非常重要，這表示雖然阿羅漢已清除了第八識中一切煩惱種子，但不表示整個第八識都消失。第八識先前具有煩惱種子，是一個妄識，稱為「阿賴耶」。當識中的煩惱種子都斷除了，此識仍然存在，只是從妄識轉變為另一種狀態，這種轉變就是唯識學所說的轉識成智，而「阿賴耶」這個表示妄識的名字亦要捨棄掉。3

《成論》說：

> 然第八識雖諸有情皆悉成就，而隨義別，立種種名。謂或名心，由種種法熏習種子所積集故。或名阿陀那，執持種子及諸色根，令不壞故。或名所知依，能與染淨所知諸法為依止故。或名種子識，能遍任持世出世間諸種子故。此等諸名通一切位。或名阿賴耶，攝藏一切雜染品法，令不失故，我見、愛等執藏以為自內我故。此名唯在異生、有學，非無學位、不退菩薩，有雜染法執藏義故。或名異熟識，能引生、死、善、不善業異熟果故。此名唯在異生、二乘、諸菩薩位，非如來地，猶有異熟無記法故。或名無垢識，最極清淨，諸無漏法所依止故。此名唯在如來地有，

3　即是說，在轉識成智之前，第八識是虛妄的心識，它們的種子是有漏的，這虛妄的心識稱為「阿賴耶」。在轉識成智之後，第八識被轉成清淨的智慧，它的種子是無漏的。重要的是，在第八識中，轉識成智前後的倫理性質是不同了，但第八識的識體，在內容的構造上還是不變，即都是以種子作為它的體性。

菩薩、二乘及異生位，持有漏種，可受熏習，未得善淨第
八識故。（大31.13c）

這段文字主要是補充解釋第八識的性格。第八識有很多不同的名
稱，透過這些名稱，我們可對它有進一步的了解。這裏說，雖然第
八識是一切有情生命都具備的，但各有情生命所具的第八識卻有不
同的情況。根據不同的修行階位，第八識有著不同的名稱。第八識
名「心」（citta），這個心與意和識區別開來。唯識所說的八識，
其中的前六識稱爲「識」；第七識稱爲「意」，第八識則稱爲「心」。
第八識稱爲「心」，主要是就種子來說。種種事物以種子的模式留
於第八識中，由於種子的積集，故將此識稱爲「心」。實際上，《成
論》在這裏並未有清楚解釋何以稱此識爲「心」。爲什麼基於種子
積集就稱此識爲「心」呢？這裏未有交代。引文繼續說，此識的另
一個名稱是「阿陀那」（ādāna）。「阿陀那」意思是執持，此識
執持事物的種子和諸色根，諸色根相當於神經系統。因爲神經系統
相當幼細，故稱爲「淨色根」。第八識執持著種子和神經系統，使
之不會壞滅。第八識又稱爲「所知依」。「所知依」是《攝大乘論》
採用的名稱。「所知」指一切作爲對象的東西，由於一切對象都是
依止於第八識，所以稱第八識爲「所知依」。爲何說一切對象都依
於第八識呢？因爲生起一切對象的種子都是藏於第八識中。這些作
爲對象的東西，包括雜染的和清淨的，它們的種子都藏於第八識中。
第八識又稱爲「種子識」，因爲此識攝藏著一切種子，包括經驗界
的，即世間的種子，以及超越界的，即出世間的種子。以上名稱的
內容其實是有重複的，例如「種子識」攝藏種子的意義在「阿陀那」

中亦已包含了。此外,「所知依」、「心」等名稱都是跟種子有關等等。這幾個名稱都可以用在一切階位中的眾生之上。

引文繼續說,第八識又稱為「阿賴耶」(ālaya),「阿賴耶」是倉庫的意思。由於此識攝藏一切雜染之法,使它們不會失去,故稱為「阿賴耶」。由於阿賴耶識是被第七識的我見、我愛等作用執為內在的自我,所以此名稱只用在異生和有學這兩個階位中。異生(pṛthay-jana)指異於聖者的眾生,即是凡夫;有學(śaikṣa)是小乘四果中的前三果,即是仍要繼續學習的階位。異生和有學階位的眾生仍執持雜染,故他們的第八識可稱為「阿賴耶」。但到了無學和不退菩薩階位的,就不能稱為「阿賴耶」。無學是小乘最高的果位,即阿羅漢果。不退菩薩是菩薩的第七地(第七個階位)以上的階位。到達此階位的菩薩不會退墮變回雜染的眾生,故稱為「不退菩薩」。無學和不退菩薩已脫離雜染,故他們的第八識不再稱為「阿賴耶識」。第八識又稱為「異熟識」,因為此識以作為無記的一個總體,引生出善、不善的果報,就果報的善、不善性異於作為因的無記性這一點,而稱為「異熟」。此名稱只用於異生、二乘、諸菩薩位的眾生,而不用於如來階位。二乘是聲聞和緣覺。在這些階位中的眾生的第八識仍有異熟無記法,會引出善、不善果,故他們的第八識可稱為「異熟」。到了如來階位,因與果無異,都是清淨的,沒有異熟的情況,故不稱此識為「異熟」。第八識又稱為「無垢識」(amala-vijñāna),音譯為「阿摩羅」。由於此識為一切清淨的無漏法所依止,故稱為「無垢識」。此名稱只用於如來的階位,因為如來是完全清淨無雜染的。而菩薩、二乘和異生階位的眾生的第八識,由於仍藏有有漏種子,可受熏習,未能轉為善淨的第八識,故

不能稱爲「無垢識」。

這裏要留意一點，在護法的系統中已經有無垢識的觀念，這是一般人所忽略的。一般人多認爲護法所說的第八識完全是在染污方面，如果要建立清淨的識體，就要別立第九識，即是要脫離護法的系統。但在這裏可以見到第八識又可稱爲「無垢識」，即表示第八識已潛伏著無垢識的可能性，這是預設了轉識成智的可能性。第八識透過徹底的轉化，可成爲清淨的無垢識。[4]歐洲著名學者法勞凡

---

[4] 以上是說阿賴耶識。這是八識中最重要的心識；整個唯識的學說，亦可以說是由這阿賴耶識所引出的，因為它攝藏一切法的種子，亦即是一切存在的潛在狀態。它的機能有多方面，橫山紘一概括為以下五點：

一、維持作為感覺器官的肉體，使不腐壞。

二、維持一切存在物，作為它們的可能態、潛在態。

三、作為生命存在的輪迴主體，使生命的輪迴能持續下去。

四、通過藏在其中的種子，以變現自然世界（器世間）。

五、為第七末那識所執持為自我。

　　（橫山紘一：《唯識の哲學》，京都：平樂寺書店，1994, p.126.）

關於第一點，橫山以為，維持肉體的，是心、心所，這即是識。而在生理上維持肉體的，並不是表層的六識，而是作為六識的根本的阿賴耶識。如果不設定阿賴耶識，則當六識不運行的時候，誰去維持生命體使不死滅呢？這便是問題的所在。我們必須設定無間滅的阿賴耶識，作為生命的維持者，這個問題才得解決。（《唯識の哲學》，pp.129-130.）

關於第二點，這自然是就種子來說。橫山提到，種子是一種精神的力量，所謂功能（sāmarthya, śakti）。（《唯識の哲學》，p.150.）

關於第三點，橫山以為，阿賴耶識是由中有過渡到生有的媒介體，亦是引發新的生命身體的原動力。它與父母的精血結合，開始一期的生命活動，而形成最初的生命體，所謂羯羅藍（kalala）。跟著，順著所謂「胎內五位」的五階段，次第具足完整的身體，而生長發展成胎兒。（《唯識の哲學》，pp.160-163.）

關於第四點，橫山紘一引唯識的瑜伽行者的說法，以為自然世界不能離開心而存在，自然世界由阿賴耶識所生起，同時也是阿賴耶識的認識對象。橫山特別強調，阿賴耶識的學說能免去主觀觀念論的弱點。主觀觀念論以一切都不離自己的觀念。它認為當我們覺知眼前的事物時，這事物是存在的。但當我們對事物沒有覺知時，它們是否存在呢？主觀觀念論便不能回答這個問題。阿賴耶識說便能解答這個問題。即是，當我們對事物沒有覺知時，仍然能說事物是存在的，它們存在於阿賴耶識中，為阿賴耶識所認識。即是說，事物對意識可為不存在，但對下意識的阿賴耶識則為存在。（《唯識の哲學》，pp.164-170.）橫山的這個見解與我在三十年前寫唯識學的碩士論文時的看法相若，這是阿賴耶識說的精采所在，它能理性地解釋事物在不現前時的持續狀態，不會讓人發展至虛無論或斷滅論。參看筆者論文〈唯識宗轉識成智理論之研究〉，載於拙著《佛教的概念與方法》，修訂本，臺北：臺灣商務印書館，2000. pp.98-208.

關於第五點，涉及末那識的對象問題。這對象一般都說是阿賴耶識。但末那識以阿賴耶識的哪一部份為對象呢？橫山紘一留意到，據《成唯識論》，此中有四說法：

一、難陀以為，末那識以阿賴耶識的識體為我，以它的相應法為我所。

二、火辨以為，末那識以阿賴耶識的見分為我，以其相分為我所。

三、安慧以為，末那識以阿賴耶識為我，以其種子為我所。

四、護法以為，末那識以阿賴耶識的見分為我。

（《唯識の哲學》，pp.191-192.）

橫山的歸納，相當細微完備，可以參考。另外，查達智也分析過阿賴耶識的作用，也有參考價值。查達智說：

阿賴耶有兩種作用：它吸收過去經驗的印象和藉著這些印象的成熟而生起更多的經驗。這孖生的活動在一個循環的次序中持續著：在阿賴耶中有習氣（vāsanā）的再充滿，它們又發展出更多的心識；這些心識又在阿賴耶中播下自己的種子。這樣，程序便接續下來。這兩種活動稱為因轉變（hetupariṇāma）和果轉變（phalapariṇāma）。由於阿賴耶不停地轉變，是剎那性質的，因此這兩者都是轉變（pariṇāma）。習氣是動機力量，

爾納（E. Frauwallner）曾寫過一篇論文，專門探討阿賴耶識與無垢識的關連的，可以參看。[5]

在這裏，我們要就胡塞爾的現象學對阿賴耶識說作一總的回應與論述。首先，唯識學以一切對象，包括心理對象與物理對象，都有其種子，藏於第八識中。故識是一切對象的根源。對於這點，胡塞爾的老師布倫塔納（F. Brentano）則認爲只有心理的對象是由意向行爲所構成，物理的對象則不存在於意識中，不是由意向行爲所構成。胡塞爾則認爲實在的世界（包括物理對象）是主體際的設定，世界的客觀性和實在性是由意向行爲所構成。即是說，一切對象都是由意向行爲所構成。又，我們可說布倫塔納是經驗的觀念論，因他的意向行爲是心理學的意識所發的。胡塞爾則同時有經驗的觀念論與超越的觀念論之意。在唯識學，識流行是經驗的觀念論，轉依後成智則是超越的觀念論。

它推動那轉變。這動機力量本身有兩種：異熟習氣（vipākavāsanā）與等流習氣（niḥṣyandavāsanā）。前者使一個個體的生命繼續下來，由死亡到新生。後者則通過現前經驗的發展成果實，在同一生命中生起新的心識（染污末那kliṣṭa manas和多種的現行識pravṛttivijñāna）。

（A.K. Chatterjee, *Readings on Yogācāra Buddhism*, "Introduction", Banaras: Banaras Hindu University, 1970, pp.18-19.）

實際上，阿賴耶識可以說是相當於有情眾生的自我、靈魂或個體生命。在這一點上，有學者把它與康德（I. Kant）的超越的統覺（transcendental apperception）比較，認爲兩者有很多相似之點。參考玉城康四郎的〈カントの認識論と唯識思想：先驗的統覺とアーラヤ識を中心として〉，同氏編《佛教の比較思想論的研究》，東京：東京大學出版會，1980, pp.301-393.

5　E. Frauwallner, "Amalavijñānam und Ālayavijñānam." *Beiträge zur indischen Philologie und Altertumskunde*. Hamburg (ANIST vol.7), S. 148-159.

　　另外，阿賴耶識不斷納入行爲（業karman）所熏習而成的種子，豐富自身的精神內涵。這如同胡塞爾的自我以流動的統一模式（Einheitsform des Strömens），不斷地吸納意識的新的元素，成爲一個持續地充實自身內涵的自我。阿賴耶識貯藏一切種子，而現起整個世界。胡塞爾亦有相類的說法，他以意向性的成果的系統是各種層級的對象所存在的地方，而這些存在又是對自我而言的。就護法的情況來說，他以識轉變說識變現見分與相分而開出自我與世界。這是對現象世界的形成的一種宇宙論式的交代。胡塞爾則缺此一環。他只說意識生意向性，意向性開出能意與所意，而所意（對象）有內容（Inhalt），這內容以一致性（Einheit）爲主。對象如何由意識開出爲立體的、具體的東西，則沒有解說。

　　再來是，阿賴耶識內有世界一切事物的種子，這些種子現行的組合，便成世界。阿賴耶識作爲概括世界一切存在的心識，很像胡塞爾所說的「世界意識」（Weltbewuβtsein）。這也令人想起胡塞爾的「境域意向性」（Horizontintentionalität），表示一切境域或世界事物不能遠離人的意識的意向性。即是說，阿賴耶識作爲根本的心識，它把內藏的種子投射向外面而成就存在世界，與胡塞爾言意識開放意向性向外而成現象世界很相似。具體地說，阿賴耶識的種子隨緣而現起，成就外境的世界。在胡塞爾，他說綜合意識（synthetisches Bewuβtsein）向外投射自己，而指向對象。「指向」（richten sich）字眼很值得注意。在這裏，宇宙生成論的意味很弱，指向只是在方向上有作用相應，並未有創造、創生的意思，也沒有種子現起而成現實事物之意。實際上，這指向已預認了對象已在那裏了，綜合意識只是指向它，和它成一種意指關係。在這點上，胡

塞爾的態度並不很明朗、一致。他曾說綜合的整個對象爲綜合意識
所建構，又說綜合意識只是指向對象。「指向」並不等於建構。建
構是從無變爲有，指向則表示事物本來已存在在那裏。胡塞爾在論
意識時，認爲意識可建構對象，在論意向性時，則說意向性只能指
向對象，聯繫到對象所能及的範圍，但不能建構對象。如我們在《胡
塞爾現象學解析》論述胡塞爾的現象學中所表示的，他在前期說指
向，稍後則改說建構。單就指向而言，胡塞爾也把它分成兩種：單
一意識沿著一條射線指向對象。若很多單一意識聚合而成一綜合意
識，則沿著很多射線指向對象。

　　這裏有一重要之點，順便一提。唯識學只說一個意識，胡塞爾
則說單一意識外，更說多數的單一意識，它們可聚合而成一綜合意
識。這綜合意識作爲一個總體看，便是自我。

　　進一步說，每一眾生都各自有其阿賴耶識。他們的阿賴耶識互
相將內藏的種子投射出來，甚至投射向對方，而各對象也在主體的
投射下成立，在投射之光之下映現出來。在胡塞爾，各個主體都可
互相包涵，互相把自己的存在性投射向對方，而成「超越的交互主
體際性」（transzendentale Intersubjektivität）。各種對象都可以在
這種情況中被建構被映現出來。我們可以說，一切他我的種子都藏
在阿賴耶識中，因而每一眾生都涵蓋他我於自身中，而自身又涵蓋
於他我中，這便形成一種眾生之間的交互連繫，他們各自投射種子
而成的世界，都有對方的存在性在內。這在胡塞爾現象學來說，是
主體際性（Intersubjektivität）。即是說，自我與他我交互相關相對，
合起來共同構架一個世界。就主體自身來說，每一主體都在其他主
體的關係網絡（relational network）之內，沒有一個主體較其他主

體具有優越性。

　　進一步就內容看，阿賴耶識概括一切法。同樣，胡塞爾對意識有非常廣泛的理解，視它為一切理性和非理性、法則和非法則、實在和構想、價值和非價值、行動和非行動的來源，可以說是概括一切正反意義（Sinn, Bedeutung）、真假存在（Sein）和正負價值（Wert）的事物。這合起來正是一切法。若說唯識學是徹底的唯識論，則現象學可說是徹底的唯意識論。

　　就自我方面來說，阿賴耶識作為一個靈魂主體，穿插於多個生命世代之間，儼然有一自我同一性（雖然不能說真我，因它始終是虛妄的）。胡塞爾的多束的意識流，有一個核心來統領，使意識流可匯聚成一同一的、統一的主體。這同一的主體可回應具有多個面相的現象，在認同上來說，在某一程度下不會產生混淆的情況。又阿賴耶識可依於其同一性（某程度的同一性）而成為一個總的自我，它含藏著一切事物的種子，一切事物都離不開阿賴耶識，若說它是自我，則便可以說「唯自我」。在胡塞爾，如上所說，意識流的匯聚，是一個統一的主體，或意識的總體，則亦可籠統地被視為自我。這自我可說是意識主體，經歷了意識的一切體驗。故胡塞爾也可說有「唯自我」思想的傾向。實際上，他曾有對象是為我而有的說法。故他的「唯自我」的「唯」（梵文為mātratā），是很明顯的。不過，這個自我是超越的，不是阿賴耶識那樣是經驗的。

　　關於心所問題，我們已說過，心所即是心理狀態，是附屬於心識自身的，心識自身稱為「心王」。阿賴耶識有一些心所和它相應，和它同時作用。有一些心所，特別是觸、作意、欲、念、尋、伺等，都有胡塞爾所說的意向性的意味。所謂意向性（Intentionalität），

據法國現象學家利科（P. Ricoeur）所說，指意識向自身顯示的基本特性。胡塞爾自己也說意向性是一種從純粹自我投射出來的視線，它指向某一與意識相關連的事物，對這些事物有一些特別的意識。關於這點，我們在《胡塞爾現象學解析》中已有清楚交代，讀者可以細味這些心所與意向性的關連。

至於種子六義的問題，依據唯識學（不單是護法，也包括前此的無著 Asaṅga他們的說法），心識的種子現起變現見分與相分，都要依據「種子六義」所表示的規則。在胡塞爾來說，意識或超越自我構架對象，也有規律（Regel）可循。不過，他未有進一步闡釋這些規律。但對象雖為意識或超越自我構架，它應具有一定程度的客觀性，對於其他的自我都是有效的。對於這一點，胡塞爾便提交互主體際性（Intersubjektivität）。這意味在主體的相互交往的關係中，由主體而生的對象可以由該主體傳遞開來，而達於和它交往的另外的主體，在它裏面留下一定的印象，而徐徐成為那另外的主體的對象，由此對對象成立一定的客觀性。我們也提過，種子六義是在交代存在世界的生成變化的宇宙論脈絡下說的，它表示這方面的一些規則。胡塞爾則只就意識來探討事物存在之理，視之為事物的根源，未有這樣的宇宙論義的種子六義或相類的說法。不過，他認為自然世界、文化世界和社會世界都基於規律而得成就，但沒有對這些規律發揮下去。

種子的範圍無所不包。過去的存在以種子方式存於阿賴耶識中。現在的存在和未來的存在，都由種子現行而開出。在胡塞爾而言，由意識的意向性或意向作用生起對象世界。這意向作用可不斷敞開，亦可無所不包，包括時、空下的事物、心理、物理的本質、

人的生命存在、一切社會架構及群體結集、文化成果，以至花草樹木山河大地世界的一切。它更可及於那些在現前不出現但在將來可能出現的事物。故就發展的範限而言，意向作用與種子都是沒有限定的。兩方面都可概括一切存在，而成就一套存有論。一切存在的可能性（Seinsmöglichkeit），用胡塞爾的詞彙，都可收在這套存有論中說。

關於種子的作用樣態，唯識學的《解深密經》和《三十頌》都以「瀑流」來說。胡塞爾對意識也有「流」的說法，他有「意識流」（或「流的意識」strömendes Bewuβtsein）或「意識生活流」（或「流的意識生命」strömendes Bewuβtseinsleben）的字眼，由此說「綜合統一的意識」（synthetisch-einheitliches Bewuβtsein）。意識流是實在的、多元的；和它相對比的單一的意識，主要是分析義，現實存在的意味比較淡。在唯識學，亦有單一的種子與種子流。前者類似萊布尼茲（G.W. von Leibniz）的單子（Monad），後者則是多個種子聚合而成一流。（這裏用「個」，只是取譬意味，種子是精神性的，不是物質性的，不是一個個的，讀者切勿生起誤會。）

種子六義中的待眾緣一義，其中有一緣是所緣緣，指對象這種條件。這又分親所緣緣與疏所緣緣。前者是直接為感官所對的對象，後者則指這直接對象後面的承托者。這兩者分別相應於胡塞爾的意向對象（intentionales Objekt）與現實對象（wirkliches Objekt）。意向對象是意識所建構的，這是容許的，不必施以懸置（Epoché）。現實對象則是假設性格，作為支持意向對象的東西，缺乏明證性，應該懸置，放入括號（einzuklammern）。它實是人們依自然的想法擬設的，與疏所緣緣的依意識被推想出來的情況相似。

　　特別要注意的是，疏所緣緣不能與胡塞爾的本質（Wesen）相提並論。疏所緣緣是消極義，我們不能對它有密切的連繫。本質則是我們要認識的東西。胡塞爾提醒我們要回到事物本身（sich nach den Sachen selbst richten），這事物本身（Sachen selbst）可以本質說，起碼與本質有密切關係；它的意義不是消極的，而是積極的。

　　換一些術語來說，親所緣緣相當於胡塞爾的意義（Sinn, Bedeutung）；疏所緣緣相當於客體事物。客體事物是被間接設定的，不能改動。意義則是可被改動的（modifiziert）對象，是以意義言的、對於意向性而言的對象。它有一種來自意識的意義性。

　　最後，關於見分、相分及自證分的問題，這些所謂分，都是識的作用，識的自己的分化。這見分、相分與自證分，是陳那的分法。見分了解相分，自證分認取這種了解，護法又提證自證分來認取自證分。但這證自證分又需有高一層次的認知能力來認取，理論上可不停推移上去。這個問題沒多大意義，反正都是識自身的作用，因此說到證自證分便停下來了，因自證分亦可倒轉過來，認取證自證分。這四分中，自證分比較值得留意。瑞士現象學者耿寧（Iso Kern）將之比作胡塞爾的意識。在這一點上，胡塞爾自己則多提到知覺（Wahrnehmung）。他的知覺與一般說的不同，有認識抽象的東西的功能。例如，對意義的知覺。這可說相當於自證分。他的知覺也有意識的一些作用，如記憶、思想、想像等。他有時又提出反省（Reflexion），這可說是對於知覺的知覺，有指向（Richtung）作用。知覺可指向對象，又可指向自身。

五、第五頌

【梵　文　本】tasya vyāvṛttir arhattve tadāśritya pravartate/

tadālambaṃ manonāma vijñānaṃ mananātmakam//

【梵本語譯】這識的轉捨在阿羅漢位中。至於名爲意的識，則依止
這識，以它爲所緣而生起。這是以末那作爲其性格的
東西。

【玄奘譯本】次第二能變，是識名末那，

依彼轉緣彼，思量爲性相。（大31.60b）

在玄奘譯本的第四頌的最後一句「阿羅漢位捨」，在梵文本中出現
在第五頌的開首，即「這識的轉捨在阿羅漢位中」這句。這是梵文
原本跟玄奘譯本的不同之處。

這首偈頌說，「名爲意的識」即末那識，依止於第八識，並且
以第八識爲所緣。這所緣表面上是認識的對象，但這認識並不是理
性的認識。因第八識是下意識，而末那識亦是介乎意識與下意識之
間，故不可能有理性的認識。這無寧是一種情執，末那識執取第八
識爲自我也。此識以「末那」（manas）作爲性格，即是思量。《成
論》解釋說：

次初異熟能變識，後應辯思量能變識相。是識聖教別名末

> 那，恒審思量勝餘識故。……諸聖教恐此濫彼，故於第七，
> 但立意名。又標意名，爲簡心識，積集了別，劣餘識故。
> 或欲顯此與彼意識，爲近所依，故但名意。 （大31.19b）

這裏說，討論過初異熟能變識後，現在應討論思量能變識的相狀了。「聖教」指瑜伽行派早期最重要的典籍，一般認爲是《瑜伽師地論》。此論稱第七識爲「末那」，是思量之意。《成論》則稱此識爲「恒審思量」，目的是要區別於第八識和第六識。較寬鬆地說，第六、七、八識皆具有思量的作用。第八識的思量在於執持種子；第六識對外境進行分別，有很明顯的思量作用。第七識則是恒審地思量，有別於其餘二識。恒指無間斷，第七識基於這點而簡別於第六識。第六識是有間斷的，例如在惛睡當中，第六識便會停止作用。審是精細的分別，這簡別於第八識。第八識不能對種子進行精細的思量。所以恒審思量就只有第七識。

此外，第七識又稱爲「意」，爲恐怕與第六意識混淆，《成論》再提出清楚的區別：首先是「於第七，但立意名」，即是將第七識立名爲「意」，其餘各識皆不用此名。第二是「標意名，爲簡心識，積集了別，劣餘識故」。即是標榜「意」的功能，以區別於第八識；而在積集了別的功能上，意則比前六識較爲低劣，故能以此區別於前六識。第三是「欲顯此與彼意識，爲近所依，故但名意」，即是突顯出第七識是第六識的近所依。何以稱第七識爲第六識的近所依呢？此二識的關係非常密切，兩者都具有「我識」的性質，分別只在於第六識屬於意識（consciousness）的層面，而第七識則屬於下意識（sub-consciousness）的層面。我們一般所能察覺到的一種自

我意識，是屬於第六識的作用，而這種作用是基於背後預設的一種在意識層面之下的我執。由於第六識的我識的作用是依於第七識的我執，故稱第七識爲第六識的近所依。第六識除了依於第七識外，由於它的種子藏於第八識，故亦依於第八識，而相對於第七識，第八識應可稱爲第六識的遠所依。

接著是要解釋此偈頌中最重要的一句「依彼轉緣彼」，《成論》說：

> 依彼轉者，顯此所依。彼謂即前初能變識，聖說此識依藏識故。有義此意以彼識種而爲所依，非彼現識。此無間斷，不假現識爲俱有依，方得生故。有義此意以彼識種及彼現識，俱爲所依，雖無間斷，而有轉易，名轉識故。必假現識爲俱有依，方得生故。轉謂流轉，顯示此識恒依彼識取所緣故。（大31.19b）

這段文字主要解釋「依彼轉」，梵文爲tadāśritya pravartate。tat（tad的本來狀態是tat）解作那東西，āśritya解作依止，兩字併合起來成爲tadāśritya，解作依於那東西；pravartate解轉生。整個詞的意思是依於那樣東西而轉生出來。那樣東西是指第八識。引文說「依彼轉者，顯此所依」，意思是說，「依彼轉」是用以顯示此第七識的所依。此所依就是「前初能變識」，即第八識。這樣說是根據《瑜伽師地論》所說：第七識是依於藏識的。對於「依彼轉」的解釋，還有另一個說法，就是此第七識依於第八識的種子，作爲因緣依而生起，而不需以彼現識，即現行的前六識作爲俱有依而生起。以第八識種子作因緣依，表示種子是先在的，而第七識是以這些種子作爲原因

而生起的。若前六識是第七識的俱有依，則第七識必須依於前六識而與之一同生起。但由於第七識是無間斷的，而前六識卻有間斷，即表示在前六識的間斷當中，第七識仍能生起，所以第七識不可能是依著前六識作爲俱有依而生起的。另外還有一種說法（這是護法的說法），就是第七識同時以第八識種子以及現行的前六識作爲所依。因爲第七識雖然沒有間斷，但是有轉易，故亦稱爲「轉識」。既然第七識有轉易，就必須假託現起的前六識作爲俱有依才能生起。對於這點，筆者有所保留。因爲前六識有間斷，若第七識必須假託在現起中的前六識才能生起，則於前六識沒有現起之時，例如在惛睡當中，第七識就不能生起，這即表示第七識亦跟隨前六識有間斷，這樣就不應稱之爲「恆審思量」。所以這點是不能理解的。引文繼續說，「轉」表示流轉，這顯示出此第七識是恆常地依於第八識的種子作爲所緣。

　唯識學認爲，包括末那識在內的諸識的生起，都要有所依。所依有三種：第一是因緣依，又名種子依，是以種子作爲所依。第二是增上緣依，此範圍很廣泛，包括一切沒有障礙生起的因素，這又是俱有依。第三是等無間緣依，即開導依，所指的是前刹那事物的滅去。任何事物的生起必須依於前刹那事物的滅去，因爲只有這樣，才能提供空間讓後刹那的事物生起。所以說前刹那事物的滅去開導出後刹那事物的生起，故稱前者爲後者的開導依。

　關於「緣彼」的解釋，《成論》說：

> 所緣云何？謂即緣彼。彼謂即前此所依識。聖說此識緣藏
> 識故。（大31.21c）

「緣彼」梵文爲tadālambam，tat（tad的本來狀態是tat）解作那東西，即「彼」，ālambam解作緣。「彼」指前面所說的所依識，即第八識。《瑜伽師地論》說此第七識緣藏識，即是以第八識爲執持的對象。再確切地說是第七識執持第八識的見分，以它爲常住不變的自我。

《成論》繼續說：

> 應知此意但緣藏識見分，非餘。彼無始來，一類相續，似常一故，恒與諸法爲所依故。此唯執彼爲自內我。（大31.22a）

這段文字進一步解釋「緣彼」的意義。這裏說，我們應知此第七識只緣第八識的見分，而不緣其餘部份，即相分。第八識的相分包括種子、根身和器界，第七識不以這些爲所緣。由於第八識從無始以來，以同一類屬相續著，似是常住整一的自體，又恒常地作爲一切事物的所依，故第七識便執持第八識的見分，以之爲自身內部的一個常住不變的我體。這裏有一點要注意，在唯識學上，一般有這樣的理解：第七識執取第八識中的種子，以之爲常住不變的自我。種子是第八識的相分的一部份，故第七識執取第八識的相分爲自我。這種理解，與護法在這裏所說的意思，並不協調。

跟著看「思量爲性相」的解釋。《成論》說：

> 頌言思量爲性相者，雙顯此識自性行相。意以思量爲自性故，即復用彼爲行相故。由斯兼釋所立別名，能審思量，名末那故。未轉依位，恒審思量所執我相；已轉依位，亦審思量，無我相故。（大31.22a）

這裏說，偈頌所說的「思量爲性相」顯示出此第七識的自性和行相兩方面。自性並非指一種常住不變的性格，而是指第七識本身；行相是指此識的作用。此識以思量作爲自性，即此識的本質就是思量；同時又以思量作爲其作用。思量指第七識緣境時的見分的作用。由此亦解釋了此識的另一個名字——末那（manas）。因爲此識以思量作爲自性和行相，而末那的意思就是恒審思量，故稱此識爲「末那」。[1]引文繼續說，當有情仍在凡夫的階段時，此識就對於所執取的我相恒審思量；當有情已到達轉依的階位時，此識的思量作用仍然存在，但所思量的則是無「我相」。當轉依後，第七識就不會執持我相作爲常住不變的自我，所以它所思量的不再有一個「我相」。當第七識轉爲平等性智時，第八識亦應同時轉爲大圓鏡智，此時，第七識的思量作用仍保留，但不會執取大圓鏡智爲自我。

某些日本學者在這裏解作思量一個「無我」的相狀，這是不合理的。[2]因爲既是無我，就不會有任何相狀，怎能說有一種「無我」的相狀作爲思量的對象呢？無我是空的境界，是無執的境界，不能說有「無我」的相狀。所以「無我相」應解作沒有「我相」，而不

---

[1] 思量的原意是manas，其動詞的語根是man，是思考、思慮的意思。manas是名詞形。關於這「思量」的詳細意思，參看橫山紘一《わか心の構造》，東京：春秋社，1996, pp.158-161.第六意識的mano-vijñāna，都是用manas一字。關於末那識，早期的唯識經典如《大乘阿毗達磨經》與《解深密經》並未有末那識思想。《瑜伽師地論》又如何呢？在日本佛學研究界，關於《瑜伽師地論》有無末那思想的問題，還在論爭中，此中最著名的，是宇井伯壽與結城令聞的論爭。另一學者舟橋尚哉則根據該論的西藏文翻譯，表示該論具有八識說的離原型，但說法並未完全，也沒有末那識的詞語。

[2] 渡邊隆生《唯識三十論頌の解讀研究》上，京都：永田文昌堂，1995, p.73.

是「無我」的相狀。這句的意思應是思量的作用仍然存在，但沒有執取一個我相。簡單來說，在凡夫的階段，第七識的思量作用是有執著我相的；而在轉依之後，第七識的思量作用是無執著我相的。

六、第六頌

【梵　文　本】kleśaiś caturbhiḥ sahītaṃ nivṛtāvyākṛtaiḥ sadā/

　　　　　　ātmadṛṣṭyātmamohātmamānātmasnehasaṃjñitaiḥ//

【梵本語譯】常與四種煩惱的有覆無記一齊，即是稱爲我見、我癡、

　　　　　　我慢、我愛的東西。

【玄奘譯本】四煩惱常俱，謂我癡我見，

　　　　　　並我慢我愛，及餘觸等俱。（大31.60b）

這首偈頌進一步介紹第七識的性格。此識恒常地與四種煩惱一起，分別是我見、我癡、我慢和我愛，而這四種煩惱或煩惱心所均是有覆無記的。要注意，在玄奘的譯本中，「有覆無記」要在下一首偈頌才出現，而在梵文本中，在此第六頌中已提到。此外，在玄奘譯本中的第四句「及餘觸等俱」，在梵文本第六頌中並沒有，這個意思要在第七首頌中才出現。由於「觸等」五個遍行心所亦恒常地與第七識在一起，所以總共應有九種心所恒常與此識俱在。

　　這裏主要提出四種常與第七識一起的煩惱心所，即：我見（ātma-dṛṣṭi）、我癡（ātma-moha）、我慢（ātma-māna）、我愛（ātma-sneha）。這些煩惱都是發生於下意識的層面，這實是一個我執的機制。必須先在下意識的層面中有我執，才會有意識的我執浮現出來。

《成論》說：

> 此意相應有幾心所？且與四種煩惱常俱。此中俱言，顯相
> 應義，謂從無始至未轉依，此意任運，恒緣藏識，與四根
> 本煩惱相應。其四者何？謂我癡、我見，并我慢、我愛，
> 是名四種。我癡者謂無明，愚於我相，迷無我理，故名我
> 癡。我見者謂我執，於非我法，妄計為我，故名我見。我
> 慢者謂倨傲，恃所執我，令心高舉，故名我慢。我愛者謂
> 我貪，於所執我，深生耽著，故名我愛。（大31.22a-b）

這裏說，此第七識與哪些心所相應呢？此識恒常地與四煩惱一同生
起。實際上，按照唯識所說，應有十種煩惱心所，而這裏所說的，
是四種最根本的煩惱。「四煩惱常俱」中的「俱」表示相應。從無
始時來，直至轉依之前，此識不停地作用，恒常地以藏識為對象，
執持著藏識的見分，以它為自我。此識亦恒常地與四根本煩惱相應，
即：我癡、我見、我慢、我愛。癡就是無明，我癡是對於自我的一
種無明的執見，取著我的相狀，以為在我當中有一個常住不變的自
體。這種情況是迷失了無我的真理。這裏的無我是指沒有一個具自
性的我體。我見即我執。「非我法」指第八識的見分，此見分原非
自我，但第七識誤將第八識的見分計度為一個常住的自我，這就是
我見。我慢是一種倨傲的心理狀態，自恃著所執取的第八識見分是
一個常住不變的自我。由於對自我起一種實在的感覺，故產生傲慢，
此謂之我慢。我愛即是我貪，對所執持的自我起一種貪著，這就是
我愛。

　　《成論》繼續說：

> 此四常起，擾濁內心，令外轉識恒成雜染，有情由此生死
> 輪迴，不能出離，故名煩惱。（大31.22b）

這裏說，以上四種煩惱恒常地生起，擾亂內心，令心生混濁。此心
指第八識，由於第八識本身變得混濁，以致從第八識轉生的前七轉
識亦成為雜染。由於這種雜染，有情被困於生死輪迴中，不能脫離。
這種生死輪迴的困局源於我癡、我見、我慢、我愛四心所，故稱此
四心所為「煩惱」。[1]

《成論》又說：

> 此意心所，唯有四耶？不爾，及餘觸等俱故。（大31.22b）

與此第七識相應的心所其實不單只以上所說的四煩惱心所，還有
觸、作意、受、想、思這五個遍行心所，但以四煩惱的作用為主。

由於第七末那識生起我癡、我見、我慢、我愛四者，這便讓人
生起這末那識是同一的自我的想法。這在胡塞爾來說，是意識流的
整體構成同一的自我。末那識是下意識層，它的具體作用，表現在
第六意識中，後者能作思考、想像、記憶、推理、判斷等作用。胡
塞爾的意識流也可有多種不同的活動，如知覺、想像、判斷、評價、

---

[1] 關於四煩惱各自的形成及其作用，橫山紘一在其《唯識の哲學》中有細緻的
闡述，參看該書，京都：平樂寺書店，1994, pp.193-198. 至於這四者的相互關
係，《攝大乘論》世親釋、《攝大乘論》無性釋與《唯識三十頌》安慧釋都
有論及。其中世親釋與安慧釋有少許差異，但兩者都以我癡作為根本原因，
順次生起我見、我慢，最後生起我愛。關於安慧釋，參看筆者另書《唯識現
象學２：安慧》。

意願等。另外，末那識對第六意識有根源的、引導的作用。而胡塞爾說的同一的自我，對意識的活動也有指引作用。不同的是，胡塞爾的同一的自我與意識沒有下意識與意識的不同層次的區分，唯識學則有此區分。另外，就價值特別是倫理方面言，胡塞爾的同一的自我基本上是正面意義，能統攝一切意識流而爲其主宰，致胡塞爾有「爲我」的目的論的（teleological）的說法。末那識則是負價值義，是惡的（evil）的根源，因它執第八阿賴耶識爲自我，而生起作爲一切煩惱的根本的我執。

七、第七頌

【梵　文　本】yatrajas tanmayair anyaiḥ sparśādyaiś cārhato na tat/
　　　　　　　na nirodhasamāpattau mārge lokottare na ca//

【梵本語譯】又隨著所生處而存在，及伴隨其他的觸等。這意在阿
　　　　　羅漢中變成無有。在滅盡定中亦無有。又，在出世間
　　　　　的道路中亦無有。

【玄奘譯本】有覆無記攝，隨所生所繫，
　　　　　阿羅漢滅定，出世道無有。（大31.60b）

我們要留意，在玄奘的譯本中的「有覆無記攝」，在梵文本第七首
偈中沒有，卻放在第六首偈的前半部。至於這首偈的其他部份，則
沒有大分別。梵文本說，此第七識隨著第八識受生的處所而存在。
第八識受生於哪種境界，第七識亦會隨之在該境界中作用。例如第
八識生於欲界，第七識亦會在欲界中作用。這部份相應於玄奘譯本
的「隨所生所繫」。梵文本繼續說，「伴隨其他的觸等，」這個意
思出現在玄奘譯本的第六首偈頌，上文已討論過。接著提到此第七
識作為一種妄識，它的作用在什麼情況下才會停止呢？這裏提出有
三種階位：阿羅漢、滅盡定和出世道。這個虛妄的第七識，在阿羅
漢（arhat）的階位中會失去作用。此外，在滅盡定（nirodha-samāpatti）
和出世道（lokottara-mārga）當中，作用亦會消失。此三種階位中，

以阿羅漢的境界爲最高。

現在再看《成論》的解釋：

> 末那心所何性所攝？有覆無記所攝，非餘。此意相應四煩
> 惱等，是染法故，障礙聖道，隱蔽自心，說名有覆。非善、
> 不善，故名無記。如上二界諸煩惱等，定力攝藏，是無記
> 攝。此俱染法，所依細故，任運轉故，亦無記攝。若已轉
> 依，唯是善性。（大31.23c）

這段文字主要是解釋何以第七識是「有覆無記」所攝。這裏先指出
末那識的心所是有覆無記（nivṛtāvyākṛta）所攝，nivṛta解作有覆，
avyākṛta解作無記。這裏要注意一點，在玄奘的譯本中，有覆無記
指整個第七識的性格，而在《成論》和梵本中則指末那的心所是有
覆無記，此處有一點差異。與末那相應的心所共有九個，其中的四
煩惱是有覆無記，而五遍行心所卻是無覆無記。然而末那以四煩惱
心所爲其獨有，而且勢用最強，故末那的整體性格與四煩惱心所的
性格相同，同爲有覆無記。所以玄奘譯本與梵本的少許差異不太重
要。引文所說「非餘」的「餘」指無覆無記。這裏特別強調第七識
是有覆無記，而不是無覆無記，主要爲區分第七識與第八識。第七
識是我執的中心，執著第八識的見分爲自我，因而產生四種煩惱，
而此四種煩惱能夠障礙我們對眞理的體會，隱蔽著自心，所以此識
是有覆。這裏說的「自心」，按照上文下理應是指清淨的智慧或清
淨心，因爲當清淨心爲煩惱所障蔽，我們就不能對眞理有所體會。
但唯識系統至護法爲止，都未有正式提出清淨心的觀念，所以這種
解釋似並非護法的原意。但由於《成論》沒有梵文可供參考，所以

這個問題暫時難以解釋。無論如何，與此識相應的四種煩惱能障礙我們對眞理的了解，所以是有覆。另一方面，由於此識的作用沉隱，不能確定爲善或不善，所以是無記。在上二界，即色界和無色界中，有情的煩惱爲定力所攝伏，致不能生起明顯的善或不善的作用，所以是無記。同樣，此識相應的染法，即四煩惱，由於所依的識體，即第七識本身的作用沉隱細微，而且是恒常不斷，亦不能生起明顯的善或不善的作用，所以亦是無記。但在轉依之後，此識去除了一切煩惱，故只能是善性。

《成論》繼續說：

> 末那心所何地繫耶？隨彼所生，彼地所繫。謂生欲界，現行末那相應心所即欲界繫。乃至有頂，應知亦然。任運恒緣自地藏識，執爲內我，非他地故。若起彼地異熟藏識，現在前者，名生彼地。染污末那緣彼執我，即繫屬彼，名彼所繫。或爲彼地諸煩惱等之所繫縛，名彼所繫。若已轉依，即非所繫。（大31.23c）

這段文字解釋「隨所生所繫」（jatrajas tanmayaih）這一句。「繫」指繫屬或繫縛，「所繫」是所繫屬的境界，該境界能限制和束縛此識。此第七識生於以及繫屬於哪一種存在境界呢？「隨彼所生，彼地所繫。」「彼」是指第八識。這在梵文原偈雖然沒有清楚說明，但就唯識義理的脈絡看，應是如此。即是說，此識跟隨第八識所受生的境界而生，亦隨之受該境界所繫縛。例如第八識生於欲界時，第七識與其相應的心所亦會生於欲界，以及繫屬於此。因爲第七識總是執取第八識的見分，以之爲恒常不變的自我，故第八識生於何

種境界，第七識亦總是追隨。這樣的追隨，從欲界以至「有頂」
（bhava-agra），即無色界的最高境界，都是如此。這第七識恒常
地執持與本身同一境界的第八識。若第八識生於與第七識相異的境
界，第七識就不能對它執持了。因為第七識緣第八識，而且執著它，
所以會同樣被繫縛於第八識的階位中。而被繫縛於某一階位，表示
會受著本身在該階位中仍帶有的煩惱所困擾。以上所說的繫縛，只
限於欲界以至無色界的最高階位，即有頂天而已，當轉依之後，就
不會再有繫縛。因為按唯識所說，當有情得到覺悟而轉依之後，第
八識就會轉成大圓鏡智，脫離輪迴，不再受生。既然第八識本身沒
有受生，第七識當然亦已轉成平等性智，不會再受生，更不會受繫
縛。

　　《成論》說：

> 此染污意無始相續，何位永斷或暫斷耶？阿羅漢、滅定、
> 出世道無有。阿羅漢者，總顯三乘無學果位。此位染意種
> 及現行俱永斷滅，故說無有。學位滅定、出世道中，俱暫
> 伏滅，故說無有。　（大31.23c）

這段文字討論第七識在何種階位中才會斷滅。這裏提出了三種階
位：阿羅漢、滅盡定和出世道。在這三種階位中，第七識將會斷滅。
我們要留意一點，《成論》將虛妄心識的斷滅分為兩種，一種是永
斷，另一種是暫斷。永斷是徹底的斷絕，不單是識的現行停止，甚
至現行的基礎，即生起現行的種子也斷滅。末那識的永斷是在阿羅
漢的階位。另一種斷是暫斷，這種斷是不徹底的，只是識的現行停
止，但種子未有斷滅。在滅盡定和出世道的階位，末那識的種子被

暫時壓伏，不能產生現行，但仍然存在，故仍有機會再現行，所以這種斷只是暫斷。當有情在出世道或滅盡定的階位中退轉，重墮於三界之中，先前被壓伏的種子就會再起現行，繼續末那識的作用。「無學果位」（aśaikṣa-phala）是無需再進一步修行的階位，表示已達到至高的階位。在小乘來說，阿羅漢就是最高的果位，故無學果位是指阿羅漢。在阿羅漢的階位中，染污的第七識種子以及現行都永遠斷滅。「學位」是仍需繼續學習修行的階位，即是指阿羅漢之下的果位。在這些果位中，修行者仍需繼續修行，直至達到阿羅漢果為止。滅盡定和出世道都屬於學位，在這兩個階位中，末那的染污種子會暫時被壓伏，不能起現行。但種子仍然存在，所以修行者仍需繼續學習修行，直至阿羅漢階位，將這些種子也徹底斷滅為止。這裏的「無有」，只是指末那識的現行停止，不一定連種子也斷滅。

　　《成論》繼而逐一解釋在以上三種境界中染污的末那如何被斷滅。先說出世道：

> 染污意無始時來，微細一類任運而轉，諸有漏道不能伏滅。
> 三乘聖道有伏滅義。真無我解違我執故。後得無漏現在前
> 時，是彼等流亦違此意。真無我解及後所得，俱無漏故，
> 名出世道。（大31.23c）

「一類」指保持某種形態，染污的末那從無始時來，作用都是微細的，而且恒常地保持著一種形態，相續地運轉。末那的這種作用，在有漏的階位中不能伏滅。有漏的階位指阿羅漢、滅盡定和出世道以外的較低層次的境界。在這類境界中，有漏種子仍然起作用，故

稱為「有漏道」。到了三乘聖道，即無漏的階位時，染污末那的作用就能伏滅。接著提出兩種無漏智。無漏智就是在無漏的階位中具備的智慧。第一種是根本無漏智，第二種是後得無漏智。根本無漏智是一種本有的智慧，而後得無漏智是從熏習得來的。「眞無我解」是根本無漏智對無我的眞實的、正確的了解。由於這種對無我的了解是排斥我執的，所以在這種無漏的階位中，染污末那的我執的作用便會伏滅。至於後得無漏智，當它現行時，所起的等流作用亦與染污末那相排斥。所以當後得無漏智現行時，染污末那的作用亦會伏滅。眞無我解這種根本無漏智與後得無漏智都是無漏的，此謂之「出世道」。可見出世道基本上是就無漏而言。按這種說法，「世」是有漏的，而超離這個世間，即「出世」是無漏的。所以出世道原文為lokottara-mārga，分拆開來是loka uttara mārga，loka是世間，uttara是超離，或是最高的、無以上之的，mārga是道，超離此世間之道就是出世道。

《成論》繼續解釋滅盡定：

> 滅定既是聖道等流，極寂靜故，此亦非有。（大31.23c）

滅盡定（nirodha-samāpatti）的境界比出世道為高。nirodha解作寂滅，指滅除了種種煩惱，samāpatti是一種禪定的境界。滅盡定就是滅除了一切煩惱的一種禪定境界。在這個階位中，心內一切煩惱都滅除。但心可分為粗心和細心兩種。在滅盡定中所滅除的只是粗心的煩惱，至於細心的煩惱，則要在阿羅漢的階位才能滅除。由於在這個階位中極為寂靜，第七識的作用亦停止，所以說第七識在此階位中非有。

《成論》繼續說阿羅漢的階位：

> 所有種子，與有頂地下下煩惱，一時頓斷，勢力等故。金
> 剛喻定現在前時，頓斷此種，成阿羅漢，故無學位永不復
> 起。二乘無學迴趣大乘，從初發心至未成佛，雖實是菩薩，
> 亦名阿羅漢。（大31.24a）

這段文字說明阿羅漢果的階位如何斷除第七識的煩惱。剛才已提
過，在阿羅漢的階位中，這些煩惱是永斷的，即是煩惱的現行和種
子都斷除。在這個階位中，所有種子與有頂地的下下煩惱都在一瞬
間斷除淨盡。「有頂地」是三界中最高的境界，在無色界的最高層
次。「下下煩惱」是最低劣的煩惱。這些種子與煩惱由於勢用相等，
所以在同一時間被斷除。這裏說的種子是指細心的種子。粗心的種
子在滅盡定中已斷除淨盡。到了阿羅漢階位，細心的煩惱種子亦同
時被斷除。「金剛喻定」（vajra-upama-samādhi）是阿羅漢的禪定，
在小乘，這是最高層次的禪定。金剛比喻極為堅硬且鋒利，能斷去
一切煩惱種子。小乘的修行者達到了金剛喻定時，頓時斷盡煩惱種
子，而成為阿羅漢。對於小乘，阿羅漢已是無學位，所以金剛喻定
是最高的禪定。但在大乘，此定只相等於菩薩的等覺心，仍然需要
繼續修行、繼續前進。由於在阿羅漢階位中，煩惱的種子已盡斷，
所以永不會再生起煩惱。「二乘」是聲聞和緣覺，即小乘。二乘修
行者到了無學階位，迴趣大乘，即轉向大乘的修行途徑。從開始發
心迴趣大乘，直至成佛之前的階段，此修行者實際已是大乘的菩薩，

但在小乘仍被稱爲阿羅漢。[1]

1 　以上是說第七末那識的作用及其伏滅。進一步有關末那識的探討，包括它的
　　我執、我執的對象，以至它的成立史，可參看橫山紘一《唯識の哲學》，京
　　都：平樂寺書店，1994, pp.186-222.

八、第八頌

【梵　文　本】dvitīyaḥ pariṇāmo 'yaṃ tṛtīyaḥ ṣaḍvidhasya yā/
　　　　　　viṣayasyopalabdhiḥ sā kuśalākuśalādvayā//

【梵本語譯】這是第二種轉變。第三者則是了得全部六種境的東
　　　　　　西。它是非二的，非善非惡。

【玄奘譯本】次第三能變，差別有六種，
　　　　　　了境爲性相，善不善俱非。（大31.60b）

在這首偈頌，玄奘譯本與梵本很接近，不同的只是梵本首先交代一
句，說以上所說的就是第二能變，而玄奘譯本並沒有交代，直接說
第三能變。這首偈頌最主要的地方在後半部，即「了境爲性相，善
不善俱非」。「了境」（viṣaya-upalabdhi）是六識的最主要的作用。
眼識依據眼根去認識色境；耳識依據耳根去認識聲境；鼻識依據鼻
根去認識香境；舌識依據舌根去認識味境；身識依據身根去認識觸
境；意識依據意根去認識法境。六識中的前五識，歸爲一類，稱爲
感識；而意識就獨立爲一類。關連著第八識時所說的「意」，通常
是指第七識；而與前五識關連，合稱爲前六識的意識，則是指第六
識。至於德性方面，此六識是「善不善俱非」，意思是非善亦非不
善。這裏所著重的是認識論方面的意義，就這方面來看，六識對六
境進行認識，是無善惡可言的，故爲非善非惡。但如果從另一角度

看，此六識了別六境而執取之，致產生煩惱，這就可說六識爲不善。現在的著重點只在認識方面。

現在看護法的解釋，《成論》說：

> 次中思量能變識。後應辯了境能變識相。此識差別，總有六種，隨六根境種類異故。謂名眼識，乃至意識，隨根立名，具五義故。五謂依、發、屬、助、如根。（大31.26a）

這段文字說，解釋過思量能變識之後，接著應說了境能變識。了境能變識共有六種，配合著六種根（indriya）和六種境（viṣaya）的分類。此六種識爲：眼識、耳識、鼻識、舌識、身識和意識，此六識依隨六根而立名。何以六識的名字需依隨六根呢？因爲六識共有五方面是依附於六根，分別爲：依、發、屬、助、如。對於這五方面，《成論》沒有進一步解釋，我們試就識與根的關係進行解釋。「依」表示六識依附於六根而起作用。「發」表示六識由六根所引發。「屬」表示隨屬、依靠，六識的種子跟從六根的種子起作用。「助」表示六識依靠六根的幫助而發揮作用。「如」表示六識與六根相類似，而類似之處是在成就整一的有情這一作用上。作爲一個有情整體，需具有種種認識能力，而識和根同樣是成就這種認識能力的因素。

《成論》繼續說：

> 或名色識，乃至法識。隨境立名，順識義故。謂於六境了別名識，色等五識唯了色等，法識通能了一切法。或能了別法，獨得法識名。故六識名，無相濫失。（大31.26a）

這段文字解釋六識都有它各自的作用，而各識的名稱亦跟它本身的作用相對應，不會混淆。六識中，認識顏色的稱爲色識；認識聲音的稱爲聲識，如此類推，以至認識法的稱爲法識，這叫做「隨境立名」。「順識義」表示順應識的作用。例如色識的作用是認識顏色，「色識」這個名稱亦可說是就這識的作用而立的。六識整體來說都有認識事物的作用，其中的「色等五識」，即色、聲、香、味、觸五識，亦稱爲眼、耳、鼻、舌、身五識，是以物質性的外境作爲認識對象。而第六意識，即法識，則不單能了別前五識的物質性的對境，亦能了別抽象的概念。所以第六識的作用是最廣泛的。

「法識通能了一切法」是什麼意思呢？「法識」即意識。對於物質性的外境的了別作用，此識與前五識不同。例如眼識能夠認識顏色，但意識卻不能直接對顏色進行認識，意識的作用是在於對概念的辨別、思考、推斷等。例如，當眼識攝取了某個顏色對境，意識的工作就是對於這個已爲眼識所攝取的影像進行辨別，因而能確定此爲紅色、白色、黃色等。對於耳識、鼻識等所攝取的外境的相狀，意識亦有同樣的辨別作用。所以說，意識能了別一切法，包括物質性的對境。但這種了別並非如前五識一般直接去攝取外境的相狀。因爲意識本身不是一種感識，故不能具備前五識那種感知的作用。但可以這樣說，對於一切法的認識，必須有意識的作用在其中，才能完成整個認識過程。因爲前五識只能攝取外境的相狀，而對於事物的了解，需關連到與事物相應的概念，這就必須依賴意識的作用。以上有關意識能通了一切法的解釋，是我們在認識論上所作的發揮。在《成論》中，對這個問題未有深入研究。甚至在佛教的典籍中，整體來說，亦未有詳細討論很多關於認識論的問題，例如意

識與前五識的關係，意識如何發揮認識作用等。[1]唯獨第六識稱爲
「法識」，除了由於這識能通了一切法外，引文繼續說，亦由於只
有這識能夠了別法。這個「法」應單指抽象概念，因爲色法爲前五
識所認識，唯有抽象概念只有意識才能認識。由於六識都有各自的
對境和作用，名稱亦根據各自的對境和作用而立，所以不會混淆。

《成論》繼續說：

> 次言了境爲性相者，雙顯六識自性行相。識以了境爲自性
> 故，即復用彼爲行相故。由斯兼釋所立別名。能了別境，
> 名爲識故。如契經說，眼識云何？謂依眼根了別諸色。廣
> 說乃至意識云何？謂依意根了別諸法。　（大31.26b）

這段文字解釋「了境爲性相」。概括地說，第三能變即前六識的性
（自體）和相（作用）就是了境。故說「了境」雙顯六識的自性和行
相。這六識都以了境爲自性，意思是這六識的本分都是了境。了境
作爲六識的本分，即自體，它發揮出的作用亦就是了境。「了境」
這種自性和行相亦能解釋六識個別的名稱，例如色識，基於這識的
自性爲了色境，而行相亦爲了色境，故稱爲「色識」。一般來說，
能夠了別境就稱爲「識」。例如契經中解釋何爲眼識時說：「謂依
眼根了別諸色。」即是依靠眼根來了別種種顏色的就是眼識。如此
類推，依靠耳根來了別種種聲境的就是耳識，以至依靠意根來了別
諸法境的就是意識。

1　這裏有一些例外，例如竹村牧男在他的《唯識の探究》中便談到前五識與意
　　識的關係。參看該書，東京：春秋社，1992, pp.122-125.

《成論》說：

> 此六轉識何性攝耶？謂善、不善、俱非性攝。俱非者謂無
> 記，非善、不善，故名俱非。能爲此世、他世順益，故名
> 爲善。人、天樂果雖於此世能爲順益，非於他世，故不名
> 善。能爲此世、他世違損，故名不善。惡趣苦果雖於此世
> 能爲違損，非於他世，故非不善。於善、不善益、損義中
> 不可記別，故名無記。此六轉識若與信等十一相應，是善
> 性攝。與無慚等十法相應，不善性攝。俱不相應，無記性
> 攝。（大31.26b）

這段文字解釋「善不善俱非」。這句牽涉到六識的善惡方面的德性。
德性有三種：善（kuśala）、不善（akuśala）、俱非（advaya）。
俱非即是無記，沒有明確的善或惡的標記。這種性格非善亦非不善，
故稱爲俱非。「能爲此世、他世順益，故名爲善，」所謂善，是對
於現世和來世都有順益的。五趣之中的人趣和天趣之中的樂果，雖
然爲此世帶來順益，但不能帶來他世的順益，故不算是善。「能爲
此世、他世違損，故名不善，」所謂不善，是爲此世和他世帶來違
損的。惡趣的苦果，即地獄、餓鬼、畜牲，雖然爲此世帶來損害，
但不會帶來他世的損害，故不屬於不善。按照這種說法，所謂善、
不善是決定於能否爲現世和來世帶來順益或違損。能爲現世和來世
帶來順益的就是善；能爲現世和來世帶來違損的就是不善。若只帶
來現世順益，卻不爲來世帶來順益，便不是善；只帶來現世違損，
卻不會爲來世帶來違損，便不是不善。就這六識本身來說，並沒有
帶來順益或違損，即非善亦非不善。所以單就六識了境這種性相來

說，是俱非，即無記。不過，這六識在某些情況下亦會牽涉到善或不善。當六識與信等十一種善心所相應時，就成爲善性；當六識與無慚等十種煩惱與隨煩惱心所相應時，就成爲不善。十一種善心所分別爲：信、慚、愧、無貪、無瞋、無癡、勤、輕安、不放逸、行捨、不害。十種煩惱與隨煩惱心所指：無慚、無愧、瞋、忿、恨、覆、惱、害、嫉、慳。當六識跟以上的善心所或不善心所俱不相應時，就是無記。

　　這裏的所說，與胡塞爾現象學的關係比較疏隔。就意識與感識的了境能力來說，唯識學認爲感識只能了別色境，不能有意識的功能，了別抽象的東西。而意識則可了別抽象的東西和色境。胡塞爾通常以知覺（Wahrnehmung）來說感識，但他的知覺所能了別的範圍，比唯識學的感識大。它除了能了別色境外，還有意識的功能，能作回憶、分別、想像、判斷等活動。在這一點上，我們可以說胡塞爾的知覺範圍鬆散，知覺遊離於感識與意識之間。但也可說他有意把知覺從感識中突破開來，把它提升到意識的層面，或接近意識的層面。故胡塞爾現象學的認識論肯定地是複雜的、難以處理的。

九、第九頌

【梵　文　本】sarvatragair viniyataiḥ kuśalaiś caitasair asau/
　　　　　　　saṃprayuktā tathā kleśair upakleśais trivedanā//

【梵本語譯】這是與遍行、別境與善的心所，與煩惱、隨煩惱的心
　　　　　　所相應。三受亦是一樣。

【玄奘譯本】此心所遍行，別境善煩惱，
　　　　　　隨煩惱不定，皆三受相應。（大31.60b）

由這首偈頌開始，至第十四偈頌都是討論心所（caitasa）的問題。[1]
現在先看這首頌的梵本語譯。「這」指前六識，因為上文正在討論
前六識的問題。前六識與遍行心所、別境心所、善心所、煩惱心
所以及隨煩惱心所相應。遍行心所（sarvatraga）是觸、作意、受、
想、思五個心所，此五個心所在一切情況下都現起。別境心所
（viniyata）是順著心王所了別的不同的境而在個別情況下生起的。
善心所（kuśaka）是傾向於善方面的。煩惱心所（kleśa）是一切染

---

[1]　心所（caitasa）即是心理狀態，所謂mental state，是伴隨著心自身而生起的心
　　的副作用。按在佛教中，說一切有部（Sarvāstivādin）與唯識學派都對存在世
　　界的各種事物有研究的興趣，它們各自把後者歸納為五個大類，這即是所謂
　　「五位」：心王、心所、色、不相應、無為。心所即為其中的一類，且為最
　　大的類。

污法生起的依據。隨煩惱心所（upakleśa）是依附著煩惱心所的一些影響力較次等的心所。「三受」指樂受、苦受和捨受。捨受即不苦不樂的感受。三受亦與上述的心所一樣，與前六識相應。

梵文本中未有提到不定心所，但在玄奘的譯本中卻有提及，這是原文與譯本的差異之處。現在再看玄奘的譯本。「此」指前六識，前六識相應的心所為：遍行心所、別境心所、善心所、煩惱心所、隨煩惱心所，以及不定心所。前五種心所已解釋過，最後一種是不定心所。「不定」表示善、惡的性格不固定，這種心所在不同的情況下會有不同的性格，故稱為「不定心所」。下文將再詳述。「三受」如上文所說，指苦受、樂受和捨受，其中的捨受指不苦、不樂，或無苦、樂性質的感受。前六識都與三受相應。

《唯識三十頌》提到，心所共有五十一種，現在先列出心所的名稱，以及作一概括的介紹：

心所
- 五遍行——觸、作意、受、想、思
- 五別境——欲、勝解、念、定、慧
- 十一善——信、慚、愧、無貪、無瞋、無癡、勤、輕安、不放逸、行捨、不害
- 六煩惱——貪、瞋、癡、慢、疑、惡見
- 二十隨煩惱——忿、恨、覆、惱、嫉、慳、誑、諂、害、憍、無慚、無愧、掉舉、惛沉、不信、懈怠、放逸、失念、散亂、不正知
- 四不定——悔、眠、尋、伺

大部份心所的意思都可從字面上粗略地了解到，但仍有少部份需作解釋。十一善心所中的「行捨」指一種平靜的心理狀態，什麼也不關心。「行」指心念，捨棄一切心念，處於一種平和的狀態就是行捨。隨煩惱心所中的「憍」即是驕，是驕傲的意思。「失念」是對於曾經歷過的事情不能清晰地記憶。四不定中的「尋」和「伺」都指對事物進行探索的一種心理狀態，其中，尋是較爲粗疏的，而伺是一種較細微的探索。

現在再看《成論》的解釋：

> 此六轉識總與六位心所相應，謂遍行等。恒依心起，與心相應，繫屬於心，故名心所。如屬我物，立我所名。心於所緣，唯取總相，心所於彼，亦取別相。助成心事，得心所名。（大31.26c）

這是對心所的總說。這六轉識總是與六種心所相應，即遍行、別境、善、煩惱、隨煩惱、不定。這些心所恒常地依附於心王，與心王相應。由於它們繫屬於心王，爲心王所有，故稱爲「心所」。正如我所擁有的東西稱爲我所。此外，心所此名還有另一個意義。心王對於所緣的境只取其總相，而心所則同時認識到對境的別相。舉例來說，眼識認識某種顏色時，比如數種濃淡不同的青色，這些青色爲眼識心王所認識爲青，青就是對境的總相；而濃淡不同的各種青色就是對境的別相，這些別相就要以心所的作用去認識。可以說，心所具有在心王之外，進一步仔細辨別對境的作用。由於心所輔助心王完成認識對境的工作，故被視爲屬心王所擁有，因而稱爲「心所」。

《成論》繼續說：

> 雖諸心所名、義無異，而有六位種類差別。謂遍行有五，
> 別境亦五，善有十一，煩惱有六，隨煩惱有二十，不定有
> 四。如是六位，合五十一。一切心中定可得故，緣別別境
> 而得生故，唯善心中可得生故，性是根本煩惱攝故，唯是
> 煩惱等流性故，於善、染等皆不定故。（大31.26c-27a）

這裏概括地介紹六位五十一種心所。這五十一心所都是伴隨心王而
生起的心理狀態，名稱在上文已一一列出。「一切心中定可得故」
是解釋遍行心所，這種心所伴隨所有心王生起。「緣別別境而得生
故」是指別境心所，這種心所的生起與否是基於對境的性質，遇到
適合的對境時才會生起。「唯善心中可得生故」指善心所在心王本
身是善性時才會生起。「性是根本煩惱攝故」是解釋煩惱心所，這
種心所構成有情的種種執著，是屬最根本的煩惱。「唯是煩惱等流
性故」指隨煩惱心所是煩惱心所引生出來，性質與煩惱心所相同。
「於善、染等皆不定故」指不定心所在善、染方面是不確定的，這
類心所可能一時為染，另一時為善。[2]

《成論》繼續說：

> 此六轉識易脫不定，故皆容與三受相應，皆領順、違、非
> 二相故。領順境相，適悅身心，說名樂受；領違境相，逼
> 迫身心，說名苦受；領中容境相，於身於心，非逼非悅，

---

[2] 哪些心所伴隨哪些心王（八識的心王）而生起，是一個複雜的問題。關於這
種心所與心王的相應關係，竹村牧男在他的《唯識の探究》中列了一個表格
詳細地表達出來，有參考價值。（《唯識の探究》，東京：春秋社，1992, p.16.）

名不苦、樂受。如是三受，或各分二。五識相應，說名身
受，別依身故。意識相應，說名心受，唯依心故。（大31.27a）

這六種轉識並非固定地與某種感受連結，而是能夠隨時脫離，故能
在不同時間與不同的受相應。順、違、非二這三種相能引出樂、苦、
捨三種受。六識中，前五識對應於身，第六識對應於心，故前五識
領順境相時，適悅於身；而第六識領順境相則適悅於心。這都是樂
受。當前六識領違逆的境相時，身、心受到逼迫，此則爲苦受。前
六識領中庸境相，即非順、非違的境相時，身、心既沒有適悅，亦
沒有逼迫，此爲不苦、不樂受。這三種受各自又可分爲兩方面。跟
前五識相應的三受名爲「身受」，這種受屬於感官方面；與意識相
應名爲「心受」，這種感受只在心靈方面。

　　本偈頌只是總體地介紹了心所的分類以及各類心所的特點，以
下幾首偈頌將逐一介紹個別心所。

十、第十頌

【梵　文　本】ādyāḥ sparśadayaś chandādhimokṣasmṛtayaḥ saha/
samādhidhībhyāṃ niyatāḥ śraddhātha hrīr apatrapā//

【梵本語譯】起初的東西是觸等。決定（別境）則與欲、勝解、念、
定、慧俱。善則是信、慚、愧、

【玄奘譯本】初遍行觸等，次別境謂欲，
勝解念定慧，所緣事不同。（大31.60b）

這裏要留意一點，在梵文本中，五十一心所是以連續幾首偈頌去介
紹的，所以每一首偈頌是沒有完結的，亦不是完整的句子。故此很
難逐首偈頌去理解，必須連結起幾首偈頌。現在先單看第十頌。首
先介紹的是觸等，即指觸、作意、受、想、思五個遍行心所。接著
是「決定」，即別境心所，這類心所有：欲、勝解、念、定、慧五
種。繼續提到善心所，但這裏只說了信、慚、愧三種，其餘的善心
所則在下一首偈頌中介紹，可見這首偈頌本身並不完整。而玄奘的
譯本則將每首偈頌寫成較完整的結構，大致上，每首偈頌皆能獨立
解釋，所以跟梵文本有點出入。玄奘在這首偈頌中，只介紹了遍行
心所和別境心所兩種，沒有提及善心所。而最末一句「所緣事不同」
則是玄奘加插的，表示別境心所是根據所緣的對境的不同性質而個
別地生起的。

以下根據《成論》，逐一解釋各種心所。《成論》說：

> 六位中，初遍行心所，即觸等五。如前廣說。（大31.28a）

這裏先交代五個遍行心所，前面已經解釋過。

《成論》說：

> 次別境者，謂欲至慧。所緣境事，多分不同。於六位中，
> 次初說故。（大31.28a）

這裏總說別境（niyata），由欲至慧共五種心所。根據心王所緣的不同的境，會有不同的別境心所生起。這類心所是在六位心所中，繼遍行心所之後而介紹的。以下將五種別境心所逐一解釋。

《成論》說：

> 云何為欲？於所樂境，希望為性。勤依為業。（大31.28a）

欲（chanda）是對於所喜好的對象有一種希望得到的性向，由此而生出的作用（業）是奮發地追求。《成論》解釋各種心所時，基本上以「性」和「業」兩個範疇來說。「性」指本身具有的性格，這裏是指心所本身的性質、傾向等；「業」是從性引伸出來的作用。基於心所某種性向而有某種作用產生出來，這種作用便是業。例如欲心所以希望為性，這心所的性向是對於對象有一種求取的傾向，基於這種傾向而引生去攝取對象的作用，這作用即是欲心所的業。

《成論》說：

> 云何勝解？於決定境，印持為性。不可引轉為業。（大31.28b）

勝解（adhimokṣa）是一種殊勝的、明確的理解。這種心所的性向
是對於確定的眞理堅決地持守。基於這種堅決地持守的性向而產生
的作用，就是對於眞理的不可退轉，即不會改變對於眞理的確信。

《成論》說：

> 云何為念？於曾習境，令心明記不忘為性。定依為業。（大
> 31.28b）

念（smṛti）的意思是對於曾經認識的境明記不忘，即是很清晰地
把握著而不會忘失。基於這種明記不忘的性向，引生的作用是透過
禪定的修習去達到明記的目標。

《成論》說：

> 云何為定？於所觀境，令心專注不散為性。智依為業。（大
> 31.28b）

定（samādhi）又稱「三摩地」，是令內心對於所觀的境專注不散，
這是定的性向。在作用方面，是以無漏智去認識境，使能達到專注。

《成論》說：

> 云何為慧？於所觀境，簡擇為性。斷疑為業。（大31.28c）

慧（prajñā）是對於所觀的境簡擇其善惡、對錯，作出明確的判斷。
在作用方面，慧是斷除種種疑惑，從而作出決定的勝解。按關於慧，
有惡慧與善慧的區別。惡慧會令人作顚倒的簡擇，以惡為善，以非
為是。善慧包括聞、思、修三慧，能使人作正確的認識與判斷。這
裏說的慧，指善慧而言。

十一、第十一頌

【梵 文 本】alobhāditrayaṃ vīryaṃ praśrabdhiḥ sāpramādikā/
　　　　　ahiṃsā kuśalāḥ kleśā rāgapratighamūḍhayaḥ//

【梵本語譯】無貪等三者、勤、輕安、不放逸及與它相俱的東西（即
　　　　　行捨）與不害。煩惱是貪、瞋、癡與

【玄奘譯本】善謂信慚愧，無貪等三根，
　　　　　勤安不放逸，行捨及不害。（大31.60b）

在梵文本的第十首偈頌已介紹了信、慚、愧這三種善心所，這裏繼
續介紹其餘八種，即無貪、無瞋、無癡、勤、輕安、不放逸、行捨
以及不害。本偈頌亦列出了貪、瞋、癡三個煩惱心所。而在玄奘的
譯本中則較整齊地排列，在本偈頌中列出了全部十一種善心所，而
未有涉及其他種類。這裏說：善心所是信、慚、愧、無貪、無瞋、
無癡、勤、輕安、不放逸、行捨、不害，總共十一種。經過了玄奘
的整理，此譯本與梵文本有了一點出入，但主要只在次序上的分別。
　　現在看《成論》的解釋。《成論》說：

　　　唯善心俱，名善心所。謂信、慚等，定有十一。（大31.29b）

這裏先總論善心所。善心所與善心，即善性的心王一同生起。善心
所共有十一種。以下逐一解釋。

《成論》說：

> 云何為信？於實、德、能，深忍樂欲，心淨為性。對治不
> 信，樂善為業。（大31.29b）

信（śraddhā）自身的性向是對於諸法，特別指善法的自體（實astitva）、性格（德guṇavattva）以及功能（能śakyatva）的「深忍樂欲」。實體指諸法的自體，德指三寶的淨德，能指生起世、出世間的善法的能力。「深忍」是對應於諸法的實體和性格，對之加以容忍和接受。「樂欲」是對應於功能而言，表示樂意得到諸善法的功能。深忍樂欲的目標是令心趨於清淨。引生的作用是對治不信，以及喜好善法。不信是對於佛教三寶的懷疑。相反地，信能夠克服對三寶的懷疑，以及令人趨於愛樂善法。

《成論》說：

> 云何為慚？依自法力，崇重賢、善為性。對治無慚，止息
> 惡行為業。（大31.29c）

慚（hrī）與愧經常一起提到。崇善為慚，拒惡為愧，意思是崇尚善法謂之慚，而拒斥惡法就謂之愧。詳細地說，慚是依著本身的教法而崇重賢者與善法。引生作用方面，慚是對治無慚這種不善心所，以及止息惡行。

《成論》說：

> 云何為愧？依世間力，輕拒暴、惡為性。對治無愧，止息
> 惡行為業。（大31.29c）

愧（apatrapā）是依著「世間力」拒斥、輕視暴、惡。世間力是世間眾生共同發出的力量，例如社會上的輿論壓力，或是眾人對某些事情的共同呵斥。依著這種世間的力量而拒斥殘暴、惡行，便謂之愧。對治無愧以及止息不正當的行為就是愧的引生作用。

《成論》說：

> 無貪等者，等無瞋、癡。此三名根，生善勝故。三不善根近對治故。（大31.30a）

「無貪等」指無貪、無瞋、無癡三種心所。這三者稱為三善根，是善法的根據。此三者能生起善法，對治三不善根，即貪、瞋、癡。

《成論》說：

> 云何無貪？於有、有具，無著為性。對治貪著，作善為業。（大31.30a）

無貪（alobha）是對於「有」和「有具」不貪著。「有」是存在的東西，這裏特別指在三界中的果；「有具」指三界中的因。無貪是對於三界的果和因，即種種存在的東西沒有愛著。而引生的作用是對治貪著，以及表現出種種善行。

《成論》說：

> 云何無瞋？於苦、苦具，無恚為性。對治瞋恚，作善為業。（大31.30a）

無瞋（adveṣa）是對於「苦」和「苦具」沒有怨恨。「苦」是苦果；「苦具」指苦的原因。對於苦果和苦的原因都沒有怨恨，謂之無瞋。

對治瞋恚以及表現出種種善行就是無瞋的引生作用。

《成論》說：

> 云何無癡？於諸理、事，明解為性。對治愚癡，作善為業。
> （大31.30a）

無癡（amoha）是對於種種教理和事情具有清晰的了解。教理特別指苦、空、無常、無我的道理，事情則指現前的現象。引生的作用是對治愚癡以及表現善行。

《成論》說：

> 勤謂精進。於善、惡品修斷事中，勇悍為性。對治懈怠，滿善為業。（大31.30a）

勤（vīrya）是精進不懈，求取進步。精進是大乘菩薩所修的六波羅蜜多中的一種。在修善斷惡的事情中勇往直前，是勤的本性。它的引生作用是對治懈怠，以及令生活充滿善性。

《成論》說：

> 安謂輕安。遠離麁重，調暢身、心，堪任為性。對治惛沉，轉依為業。（大31.30b）

安即是輕安（praśrabdhi）。它的本性是能遠離粗重的煩惱，令身體和心靈得到調和舒暢。引生的作用是對治惛沉，即消除迷惘的狀態，使人轉化煩惱、依止菩提。

《成論》說：

> 不放逸者,精進三根,於所斷、修,防修為性。對治放逸,
> 成滿一切世、出世間善事為業。（大31.30b）

不放逸（apramāda）跟精進心所很近似,它令三善根（無貪、無瞋、
無癡）不斷精進,在斷惡修善的過程中,能防止惡行,修習善行。它
的引生作用是對治放逸,令世間和出世間的善事完滿成就。

《成論》說:

> 云何行捨?精進三根,令心平等、正直,無功用住為性。
> 對治掉舉,靜住為業。（大31.30b）

行捨（upekṣā）是一種平靜的狀態,這種心所能令三善根精進地作
用,使內心停住於平等、正直、不會急於求取功利的狀態。它引生
的作用是對治掉舉,令心靜住。掉舉是一種輕佻浮燥、急功近利的
心理狀態。

《成論》說:

> 云何不害?於諸有情,不為損、惱,無瞋為性。能對治害,
> 悲愍為業。（大31.30b）

不害（ahiṃsā）是對於有情眾生不加以惱怒、損害,沒有瞋恚。它
引生的作用是對治傷害他人的心理,對有情加以慈悲憐愍。

十二、第十二頌

【梵　文　本】mānadṛgvicikitsāś ca krodhopanahane punaḥ/
　　　　　　　mrakṣaḥ pradāśa īrṣyātha mātsaryaṃ saha māyayā//

【梵本語譯】慢、見、疑。更之，隨煩惱是忿、恨與覆、惱、嫉，
　　　　　　又慳、誑、

【玄奘譯本】煩惱謂貪瞋，癡慢疑惡見，
　　　　　　隨煩惱謂忿，恨覆惱嫉慳。（大31.60b）

在梵文本，這首偈頌的意思是不完整的。在上首偈頌已提到貪、瞋、
癡三種煩惱心所，這裏繼續介紹其餘三種。此外又舉出部份隨煩惱
心所。而在玄奘的譯本中則較爲齊整，將六種煩惱心所都列舉出來，
此外又舉出了六種隨煩惱心所。六種煩惱心所中以貪、瞋、癡最爲
嚴重，合稱三毒，又稱三不善根，與無貪、無瞋、無癡三善根相對
反。玄奘譯本所說的惡見，比其他心所的意義較複雜。惡見共分爲
五種：身見、邊執見、邪見、見取見、戒禁取見。身見（satkāya-dṛṣṭi）
是最低層次的見，指對於自己的肉體以及自己所擁有的財物執著，
而生起我見和我所見。對於自己的肉體生起我見，以爲是一個常住
不變的自我；對於自己所擁有的東西生起我所見，以爲這些東西都
是常住不變的，這些都是身見。邊執見（antaparigraha-dṛṣṭi）是對
世間現象採取一種極端的、偏頗的看法。其中一種是認爲世間一切

・115・

現象都是一無所有的，形成一種斷滅論；另一種是以常住的角度看世間的事物，形成一種常住論。這兩種邊執見都是錯誤的見解。邪見（mithyā-dṛṣṭi）指否定因果法則、緣起正理的見解。見取見（dṛṣṭi-parāmarśa-dṛṣṭi）是執著自己的見解，以為自己的見解是至高的，超越其他一切見解。戒禁取見（śīla-vrata-parāmarśa-dṛṣṭi）是妄守外道的戒律，以為那些奇異的戒律可以令人得到解脫。

《成論》說：

> 此貪等六性是根本煩惱攝故，得煩惱名。（大31.31b）

貪、瞋、癡、慢、疑、惡見這六種是根本煩惱，亦是最嚴重的煩惱。

《成論》說：

> 云何為貪？於有、有具，染著為性。能障無貪，生苦為業。（大31.31b）

貪（rāga）是對於三界中的果（有）和三界中的因（有具），即三界中所有東西加以執取。它引生的作用是障礙無貪，以及產生苦痛。

《成論》說：

> 云何為瞋？於苦、苦具，憎恚為性。能障無瞋，不安隱性、惡行所依為業。（大31.31b）

瞋（pratigha）是對於苦痛和苦痛的原因（苦具）加以憎恚。在苦的因果上起憎恚。它引生的作用是障礙無瞋，以及作為不安隱性和惡行的所依。

《成論》說：

> 云何為癡？於諸理、事，迷闇為性。能障無癡，一切雜染
> 所依為業。（大31.31b）

癡（moha）是對於種種道理、事情迷妄不知。它引生的作用是障
礙無癡，以及作為一切雜染的所依。癡亦即是無明，所以它不單是
六種煩惱之一，亦可說是一切煩惱的根源，有著非常凝重的執著。

《成論》說：

> 云何為慢？恃己於他，高舉為性。能障不慢，生苦為業。
> （大31.31b）

慢（māna）是自恃比他者優越，高舉自己。以自己對於他者為有
所恃，因而侮辱、侮慢他者。它引生的作用是障礙不慢、謙虛之心，
以及生起苦果。

《成論》說：

> 云何為疑？於諸諦理，猶豫為性。能障不疑善品為業。（大
> 31.31c）

疑（vicikitsā）是對於諸法緣起的正理猶豫，不能確信。諦即是真
理，緣起正理之意。引生的作用是障礙由不疑而生的善業。

《成論》說：

> 云何惡見？於諸諦理，顛倒推求（度），染慧為性。能障善
> 見，招苦為業。（大31.31c）

惡見（dṛṣṭi）是一種顛倒真理的推度。推度本是慧心所的作用，但

這種顛倒的推度則是染污的慧。它引生的作用是障礙善見，以及招來苦痛。善見即是正見，由於正見被障礙，於是招來迷執和苦痛。護法跟著提出上面說的五種不正之見。

本偈頌的下半部份開始列舉隨煩惱。實際上，由第十二頌後二句至第十四頌上二句共二頌是用來解說二十種隨煩惱的。《成論》說：

> 唯是煩惱分位差別，等流性故，名隨煩惱。此二十種，類別有三。謂忿等十，各別起故，名小隨煩惱。無慚等二，遍不善故，名中隨煩惱。掉舉等八，遍染心故，名大隨煩惱。（大31.33b）

隨煩惱共有二十種，可分為兩大類，一類是煩惱的分位差別，另一類是煩惱的等流性。屬於煩惱的分位差別的隨煩惱，是依附於根本煩惱的作用，它們本身沒有獨立的自體。這類隨煩惱是在根本煩惱上分辨開來，再施設隨煩惱的名稱。屬於這類的隨煩惱有十三種，分別為：忿、恨、覆、惱、嫉、慳、誑、諂、害、憍、放逸、失念、不正知。另一類是煩惱的等流性隨煩惱，這類隨煩惱有獨自的別體。共有七種：無慚、無愧、掉舉、惛沉、不信、懈怠、散亂。這樣的劃分牽涉到很複雜的心理分析，而且相當繁瑣，這裏不作進一步研究。現在先了解隨煩惱的意義。隨煩惱（upakleśa）是枝末煩惱的意思。枝末煩惱對應於根本煩惱，根本煩惱的作用很顯著，而且有很強的獨立性，而枝末煩惱是隨順著根本煩惱而生起的，作用比較細微。

二十種隨煩惱根據它們的作用範圍的大小，又可分為三類：大

隨煩惱八種，中隨煩惱二種，小隨煩惱十種。現列舉如下：

> 小隨煩惱：忿、恨、覆、惱、嫉、慳、誑、諂、害、憍。
> 中隨煩惱：無慚、無愧。
> 大隨煩惱：放逸、失念、不正知、掉舉、惛沉、不信、懈怠、
> 散亂。

小隨煩惱可以各自生起，不一定隨著某種不善心或染心而生，亦不一定與其他隨煩惱心所一同生起。中隨煩惱周遍地隨順著不善心而生起，即是說，不善心生起時，兩種中隨煩惱就會相應地生起。大隨煩惱周遍地隨順著染心而生起，染心指有覆的心。當染心生起時，八種大隨煩惱就會相應地生起。以下再逐一解釋二十種隨煩惱。

《成論》說：

> 云何為忿？依對現前不饒益境，憤發為性。能障不忿，執
> 仗為業。（大31.33b）

忿（krodha）是對於現前不滿意的、於己無益的事情加以憤恨。它引生的作用是障礙不忿，即障礙一種平和的心境，以及對現前的事情進行攻擊。這種隨煩惱是根本煩惱中的瞋的分位假立，本身沒有別體。

《成論》說：

> 云何為恨？由忿為先，懷惡不捨，結怨為性。能障不恨，
> 熱惱為業。（大31.33b）

恨（upanahana）跟忿的意思很接近。忿是較為表面的，而恨則是

內在的，是一種內心的怨憤。當遇到不如意的事情時，先會產生忿，然後，這種忿會埋藏在內心，不願捨棄，以致結成怨懟，這就是恨。恨的引生作用是障礙不恨，在內心產生一種怒火，令內心不安。這種心所亦是依瞋而假立，本身沒有別體。

《成論》說：

> 云何為覆？於自作罪，恐失利譽，隱藏為性。能障不覆，悔惱為業。（大31.33b）

覆（mrakṣa）是對於自己所作的罪行加以隱藏，以免被他人得知而影響自己的名聲。它引生的作用是障礙不覆，而且會產生懊悔。這種心所是在貪和癡上的分位假立。

《成論》說：

> 云何為惱？忿、恨為先，追觸暴熱，狠戾為性。能障不惱，蛆螫為業。（大31.33b）

惱（pradāśa）是一種很深藏隱閉的隨煩惱心所，以忿和恨為基礎，亦比忿和恨更為深刻。內心先從忿、恨而生起怒火，惱就是繼續發展這種怒火，以致化為一種兇狠暴戾的心態。惱引生的作用是障礙不惱，以及化為行動，如蛆螫一般去咬噬他人。這種隨煩惱是瞋的分位假立，不是另有別體。

以上幾種隨煩惱有著次序上的關係，先是有忿，繼而有恨，再以忿、恨為先而生惱，可見這三種隨煩惱的關係很密切。由此亦可見唯識學的心理分析相當細密，而且條理分明。

《成論》說：

> 云何為嫉？徇自名利，不耐他榮，妬忌為性。能障不嫉，
> 憂慼為業。（大31.33b）

嫉（īrṣyā）是一般所說的妬忌。具體來說，是為著自己的利益，不能接受別人比自己要強，對於別人的榮耀不能忍耐，而產生的一種不安的心理狀態。這種隨煩惱是瞋的分位假立。它引生的作用是障礙不嫉，使內心憂慼不安。這種心理很接近西方學者謝勒（Max Scheler）的著作*Ressentiment*中所說的憤恨（resentment）。這種憤恨從不能接受他人的功績而產生。在內心幻想一個價值世界，將他人的功績的價值貶抑，而顯出自己的崇高，將正常的價值標準顛倒過來。這正是魯迅筆下的阿Q精神。

《成論》說：

> 云何為慳？耽著財法，不能慧捨，祕悋為性。能障不慳，
> 鄙畜為業。（大31.33c）

慳（mātsarya）是耽著於寶貴的東西，不願意施予別人，要將一切財富收藏起來的一種心態。它引生出的作用是極為吝嗇，喜積聚財富。這種隨煩惱是貪的分位假立。

十三、第十三頌

【梵　文　本】śāṭhyaṃ mado 'vihiṃsāhrīr atrapā styānam uddhavaḥ/

　　　　　　āśraddhyam atha kausīdyaṃ pramādo muṣitā smṛtiḥ//

【梵本語譯】諂、憍、害、無慚、無愧、惛沉、掉舉、不信，又懈
怠、放逸、失念、

【玄奘譯本】誑諂與害憍，無慚及無愧，

　　　　　　掉舉與惛沉，不信並懈怠。（大31.60b）

現先看梵文本。這首偈頌繼續列舉了十一種隨煩惱心所，其中的諂、
憍、害是小隨煩惱；無慚、無愧是中隨煩惱；惛沉、掉舉、不信、
懈怠、放逸、失念屬大隨煩惱。而玄奘的譯本在本偈頌只列舉了十
種隨煩惱。

　　現按照玄奘的譯本逐一解釋。《成論》說：

　　云何為誑？為獲利譽，矯現有德，詭詐為性。能障不誑，
　　邪命為業。（大31.33c）

誑（māyā）是為著獲取名利而假扮成具有德行，以進行欺詐的一
種心態。它引生的作用是障礙不誑，以及奉行邪僻的生活。

　　《成論》說：

> 云何為諂？為網他故，矯設異儀，險曲為性。能障不諂，
> 教誨為業。（大31.33c）

諂（śāṭhya）是為著獲取別人的歡心而做出虛偽的行為，並且扭曲本身的個性的一種心態。它引生的作用是障礙不諂，以及教唆他人從而獲取歡心。誑和諂都是貪和癡的分位假立。

《成論》說：

> 云何為害？於諸有情，心無悲愍，損惱為性。能障不害，
> 逼惱為業。（大31.33c）

害（vihiṃsā）是對於有情眾生不存慈悲憐愍，而要加以損害的一種心態。它引生的作用是障礙不害，以及逼害他人，使他受到困擾。這種隨煩惱是瞋的分位假立。

《成論》說：

> 云何為憍？於自盛事，深生染著，醉傲為性。能障不憍，
> 染依為業。（大31.33c）

憍（mada）是對於自己所從事的事情具有染著的心念，執迷於這些事情中，自以為所從事的工作很偉大，而沒有清晰地、正確地評價這些事情。它所引生的作用是障礙不憍，依於染法而作出各種行為。這種小隨煩惱是從貪假立的。

以上介紹了十種小隨煩惱，這些小隨煩惱都是在根本煩惱上假立的，沒有獨立的體性。它們基本上都跟第六識相應，而不與前五識相應，所以它們都是依著第六識的作用而生起的。

　　接著是介紹中隨煩惱。中隨煩惱共有兩種，爲無慚和無愧。我們通常會將慚和愧結合起來運用，沒有詳細地劃分。但《成論》將慚和愧很詳細地區分開來，這在上文已解釋過。同樣地，論中亦區分了無慚和無愧。《成論》說：

> 云何無慚？不顧自法，輕拒賢、善為性。能障礙慚，生長惡行為業。（大31.33c）

無慚（ahrī）是不顧念自己的準則，輕率地拒絕賢者與善法的一種心態。它引生的作用是障礙慚，而且能生出種種惡行。

　　《成論》說：

> 云何無愧？不顧世間，崇重暴、惡為性。能障礙愧，生長惡行為業。（大31.33c）

無愧（atrapā）是不關顧別人的意見，崇尚暴力、險惡的事情的一種心態。它引生的作用是能障礙愧，以及產生各種惡行。

　　無慚是輕拒賢、善，以一種消極的、反面的方式遠離善法；而無愧則是以積極的、正面的方式接近惡法。兩者引生的作用都是生出惡行。按在佛教，運用類似「慚愧」這種詞彙的結構的例子還有「慈悲」。通常慈、悲是結合使用的，但佛教典籍則詳細地區分開來。悲是拔除痛苦，慈是施予福樂。前者是消極地去除違逆的事情，後者則是積極地求取順適的事情。

　　以下繼續介紹的是八種大隨煩惱。《成論》說：

> 云何掉舉？令心於境不寂靜為性。能障行捨、奢摩他為業。（大31.34a）

掉舉（uddhava）指一種輕佻浮燥的心態。當人處於這種心態時，內心會對於當前的事情不能保持平穩，以致胡亂地批評。它引生的作用是障礙行捨和奢摩他。行捨是寂靜；奢摩他（śamatha）是佛教修行的「止」，即是一種心念平靜的狀態。

與掉舉相對反的一種大隨煩惱是惛沉。《成論》說：

> 云何惛沉？令心於境無堪任為性。能障輕安、毗鉢舍那為業。（大31.34a）

惛沉（styāna）是對於當前的事情沒有覺識，內心對事物缺乏了解，不能輕鬆地處理。它引生的作用是障礙輕安和毗鉢舍那。輕安是安然放鬆；毗鉢舍那（vipaśyanā）是佛教修行的「觀」，即是將意識集中於某一對境，甚至沒有對境的狀態，只是將意識集中起來，不使向外消散。

《成論》說：

> 云何不信？於實、德、能不忍樂欲，心穢為性。能障淨信，惰依為業。（大31.34b）

不信（āśraddhya）是對於事情的「實」、「德」、「能」不願接受，而且內心污穢。「實」（astitva）指事物的自體；「德」（guṇavattva）是事物的性格；「能」（śakyatva）是事物的作用。不信是對於事物這幾方面的真理不接受，甚至拒斥。它引生的作用是障礙淨信，以及依於怠惰。淨信是對於正確的、清淨的事情加以信受。怠惰是自暴自棄、百事不理。

《成論》說：

> 云何懈怠？於善、惡品修、斷事中，懶惰為性。能障精進，
> 增染為業。（大31.34b）

懈怠（kausīdya）是在修善和斷惡的實踐中的一種懶惰的心態。它引生的作用是障礙精進，以及增加染濁。

十四、第十四頌

【梵　文　本】vikṣepo 'saṃprajanyaṃ ca kaukṛtyaṃ middham eva ca/
　　　　　　　vitarkaś ca vicāraś cety upakleśā dvaye dvidhā//

【梵本語譯】散亂、不正知、惡作、睡眠與尋、伺。兩者各各有二
　　　　　　種。

【玄奘譯本】放逸及失念，散亂不正知。
　　　　　　不定謂悔眠，尋伺二各二。（大31.60c）

這首偈頌繼續列舉其餘幾種心所。梵文本在這首偈頌中列舉了最後
兩種隨煩惱心所，這兩種都屬於大隨煩惱。此外又列出四種不定心
所。而玄奘譯本就在這首偈頌中列舉出最後四種隨煩惱以及四種不
定心所。

　　現在看《成論》的解釋，《成論》說：

　　　云何放逸？於染、淨品不能防、修，縱蕩為性。障不放逸，
　　　增惡、損善所依為業。（大31.34b）

放逸（pramāda）是不能防止雜染的事情，又不懂修習清淨的善法
的一種放縱蕩逸的心態。它引生的作用是障礙不放逸，作為增進惡
法、損害善法的事情的所依。

　　《成論》說：

> 云何失念？於諸所緣，不能明記為性。能障正念，散亂所
> 依為業。（大31.34b）

失念（muṣitā-smṛtiḥ）是對於所認識的事物不能明確地記憶。它引生的作用是能夠障礙正念，以及使內心散亂，不能集中。

《成論》說：

> 云何散亂？於諸所緣，令心流蕩為性。能障正定，惡慧所
> 依為業。（大31.34b~c）

散亂（vikṣepa）是內心不能專注於對境。這種心所令內心對於所緣的對境流蕩，不能停下來注視。它引生的作用是能夠障礙正定。正定是佛教修行中的止，即令心思集中。此外，散亂又作為惡慧的所依。惡慧是一種邪惡的判斷。

《成論》說：

> 云何不正知？於所觀境，謬解為性。能障正知，毀犯為業。
> （大31.34c）

不正知（asaṃprajanya）是對於所觀的對象作出錯誤的理解。它引生的作用是障礙正確的理解，以及對於賢、善加以毀謗侵犯。

以上介紹了八種大隨煩惱心所，這八種心所跟一切染心相應。由於作用範圍廣闊，故稱為大隨煩惱。接著是介紹四種不定心所。

《成論》說：

> 論曰：悔、眠、尋、伺於善、染等，皆不定故。非如觸等，
> 定遍心故。非如欲等，定遍地故。立不定名。（大31.35c）

這裏先解釋「不定心所」這個名稱的意思。所謂不定，基本上是就這些心所的倫理性格來說。由於這些心所的倫理性格不能確定是傾向染或是傾向淨，所以稱爲不定心所。若詳細地分析，悔、眠、尋、伺這四個心所之所以稱爲「不定」，共有三個意義：第一、這四種心所不確定是善、是惡或是無記。對於這點，下文會再解釋。第二、這四種心所不像觸等五種遍行心所般確定地相應於一切心王而起，而只是間歇地生起。所以，某些心王不一定具有這種心所伴隨著，由此稱爲「不定」。第三、這四種心所不像欲等五種別境心所般，能在三界九地中任何境地生起，而只能在部份的境地裏生起。由於在某一個境地中不一定會生起這些心所，所以稱這四種心所爲「不定」。總括來說，「不定」這個名稱的主要意義是在善、惡、無記的性格方面不定。除此之外，還附帶兩個意義，就是只能與部份心王相應生起，亦只能在部份境地生起。以下再逐一解釋這四種不定心所。

《成論》說：

> 悔謂惡作。惡所作業，追悔爲性。障止爲業。（大31.35c）

悔（kaukṛtya）又譯爲惡作。惡作是對於曾經做過的事情，主要是惡業，生起後悔的心理。它的副作用是令一種定止的心理狀態不能生起。由於惡作是一種擾動的心理狀態，所以令心不能靜止下來。

《成論》說：

> 眠謂睡眠。令身不自在，昧略爲性。障觀爲業。（大31.35c）

眠（middha）令身體不自在。所謂不自在，指身體失去警覺性，而

處於一種惛昧的狀態。「昧略爲性」的「昧」指闇昧，即失去光明；
「略」是輕略，即處於休息的狀態。闇昧和輕略是眠的主要作用。
它的副作用是障礙觀照，令觀慧的心不能生起。當人在睡眠的狀態
中，前五識已停止作用，而第六識仍間中會起作用。例如夢境生起
時，就是第六識起作用的時候。這時，眠與第六識相應而起作用。
但在熟睡時，沒有夢境產生，這時，第六識就不與眠相應地作用。

《成論》說：

> 尋謂尋求。令心忩遽於意、言境，麁轉爲性。伺謂察伺。
> 令心忩遽於意、言境，細轉爲性。此二俱以安、不安住身、
> 心分位所依爲業。（大31.35c~36a）

尋和伺都是內心進行推敲的狀態。尋是較爲粗疏的，而伺則較細微。
尋（vitarka）是一種推求。通常我們找尋東西可有兩種層次：一種
是行動上的推求，例如到處尋找東西；另一種是內心上的推求，透
過思考去尋找。尋是指後者，即一種內心上的推求。「令心忩遽於
意、言境」的「忩」等於「匆」，「忩遽」指內心處於一種逼迫的
境況。這句的意思是，對於意念和言說所指向的境進行逼切的推度，
使內心有一種逼迫的感受。「麁轉爲性」是作出一種較爲粗略的決
定，即是未有經過細密的深思就作出決定。另一種推度是伺。伺
（vicāra）是一種很細微的推度、伺察，亦是對意念和言說的境逼
切地追尋，令心感到壓逼。「細轉爲性」是作出一種很精密的決定。
相比之下，尋是一種粗疏的推度，而伺則是一種較精細的推求作用。
尋和伺在不同的分位，會令身、心有不同的感受，或是安樂，或是
不安。如果以體和用的角度來說，這兩種心所可以說是同體同用。

它們是同一個事體，亦是同一種作用，只是作用的程度不同。尋是較爲粗疏的，而伺則是深思熟慮的。兩者都是與第六識相應而生起。

　　總括來說，唯識在這裏提出的心理狀態的學說，可以說是包含了相當細微的觀察和分析，在心理學上亦有相當的價值。如果以西方心理學作爲背景，對唯識所說的心所理論進行研究，會是很有價值的工作。

　　這首偈頌的最後三個字「二各二」（dvaye dvidhā）的意思相當費解。《成論》對此提出了三種解釋，我們現選取第三種來參考，這亦是較爲合理的一個解釋。《成論》說：

> 二者顯二種二：一謂悔眠，二謂尋伺。此二二種，種類各別，故一二言顯二二種。此各有二，謂染、不染。非如善、染，各唯一故。（大31.36a）

這裏的解釋很簡略，須要細心分析。「二者顯二種二」中的「二者」指「二各二」的頭一個「二」，意思是兩種對分。這兩種對分是悔眠以及尋伺。「二種」即兩種。這句的最後一個「二」表示對分。這句的意思是：「二各二」中的頭一個「二」是表示有兩種對分。「此二二種」中的「此二」指這兩種對分；「二種」表示各自分爲兩種，即「悔眠」分爲悔和眠；「尋伺」分爲尋和伺。這句的意思是：這兩種對分各自又分爲兩種。「種類各別，故一二言顯二二種」表示這些心所的種類各別不同，故以一個「二」字（「二各二」中的頭一個「二」）來顯出兩種對分，即悔眠的對分和尋伺的對分。「此各有二」解釋偈頌中「二各二」的「各二」，意思是兩種對分中，各自有兩類。這兩類是就性質來說。悔眠和尋伺這兩組對分，各自

都具有染和不染兩類性格。亦由於具有兩類性格，故稱爲不定心所。
「非如善、染，各唯一故」指這四種不定心所並非如善法或染法一
般，確定地只有一類性格。不定心所可爲善性，亦可爲染性。總括
地說，「二各二」中的頭一個「二」，指悔眠和尋伺這兩種對分，
當中包括了悔、眠、尋、伺四種心所；而後一個「二」則指善和染
兩類性格。整個意思是：兩種對分各自都有兩類性格。由於這些心
所的性質可爲善亦可爲染，所以稱爲「不定」。

　　《唯識三十頌》的心所學說共用了六首偈頌來介紹，到此已經
完結。跟著的第十五首偈頌，是承接著前面所說的六識的問題，一
方面提到六識的所依，另一方面又提到前五識生起的狀況。[1]

　　以上花了很多篇幅論述心所問題。唯識學的心所思想非常複
雜。在胡塞爾的現象學來說，則由於心所是心理學或經驗心理學的
課題，胡塞爾的那一套是超越現象學，其重點在確立超越的主體性，

---

[1]　上面我們說過，說一切有部與唯識學派都把一切法歸納爲五類，即所謂「五
　　位」，這即是心王、心所、色、不相應、無爲。對於說一切有部來說，五位
　　共該攝七十五種存在，所謂「五位七十五法」。這七十五法都各有自體
　　（svabhāva），所謂「法體恒有」，故不能說唯識。唯識學派則不同。它是說
　　「五位百法」。而這百法，除了心王和心所是屬於心識之外，其他的法都不
　　能離開心識而成立，故是唯識。即是說，色法是心王、心所的相分；不相應
　　法是在色、心的現象上假立的，故不具有實在性；而無爲法則可概括在真如
　　之下，而真如正是諸法的無自性性，或唯識實性，這是心王、心所的本性，
　　故不能離心王、心所而獨自存在。這樣，五位百法都不能離開心王、心所而
　　成立，故是唯識。
　　以上對於唯識的心所學說的論述，主要是依據《成唯識論》而作的，但略嫌
　　簡單。較詳細的闡述，參看竹村牧男《唯識の探究》，東京：春秋社，1992,
　　pp.231-300.

不是心理學的範圍，故少談心所問題。實際上，胡塞爾在其早年著作《邏輯研究》（*Logische Untersuchungen*）中已著手破斥經驗心理學，要建立超越現象學了。不過，他的系統中的能意（Noesis）有意識流（strömendes Bewuβtsein）的作用，其中有注視、想像、欲望、怨恨、愛護等等，都有心所的意味，表示心靈的某些狀態。不過，佛教所說的不相應行法，或心不相應行法（citta-viprayukta-dharma），或分位假法，表示思想上的分位或模式，依色、心等法的分位而立，如時、空、數等，唯識學以為有二十四種；這些分位假法有強調原理、規範方面的，或條件意味的，則有點像胡塞爾說的本質（Wesen）的意思。後者的軌則義很濃厚。不過，胡塞爾認為本質存在於事物之中，不在事物之外，需以意識直覺來接觸。唯識學的分位假法的根源則在意識，不在事物本身，這點則不同。但再進一步來說，從胡塞爾的唯意識論來看，一切事物都是意識所構架的，其意義是意識所賦與的；或一切事物都是意識的意向性所指向的。若這樣看，本質存在於事物之中，由於事物不離意識，故本質也不能離意識。若說到這裏，唯識學與現象學還是相通的。

十五、第十五頌

【梵　文　本】pañcānāṃ mūlavijñāne yathāpratyayam udbhavaḥ/
　　　　　　　vijñānānāṃ saha na vā taraṅgānāṃ yathā jale//

【梵文語譯】五識在根本識中隨緣而生起。或是一齊，或不是一齊。
　　　　　　這像在水中種種波浪的生起那樣。

【玄奘譯本】依止根本識，五識隨緣現，
　　　　　　或俱或不俱，如濤波依水。（大31.60c）

《唯識三十頌》依次描述第一能變，即阿賴耶識；第二能變，即末
那識。現在所說的是第三能變，即前六識。這首偈頌基本上是說第
三能變的所依，以及前五識的生起狀況。在這首偈頌中，梵文本與
玄奘的譯本相當吻合，意思可說是完全無異。在《唯識三十頌》中，
梵文本與玄奘譯本完全相同的情況是較少見到的。這裏只提到五
識，其實第六識的情況也是一樣，所以，可以視爲對整個第三能變
識的描述。這裏說，第三能變識依止於根本識而存在以及發揮其作
用。根本識（mūla-vijñāna）指第八識。第三能變識的種子都藏於
第八識中，故必須依止於第八識。以第八識中的種子作爲主要的因
素，再加上其他的條件，六識就能生起。前五識生起的情況是「或
俱或不俱」，意思是五識可能會一同生起，亦可能個別地生起。這
種情況就好比水中的波浪，有時此起彼滅，有時卻一同生起。

現在再看《成論》的解釋，《成論》說：

> 根本識者，阿陀那識，染淨諸識生根本故。依止者，謂前
> 六轉識，以根本識為其親依。五識者，謂前五轉識，種類
> 相似，故總說之。隨緣現言顯非常起。緣謂作意、根、境
> 等緣。謂五識身，內依本識，外隨作意、五根、境等眾緣
> 和合，方得現前。由此或俱或不俱起。外緣合者，有頓、
> 漸故，如水濤波，隨緣多少。（大31.37a）

這裏說，根本識是指阿陀那識（ādāna）。阿陀那的意思是執持，
即執取而持守。第八識執持種種法的種子，故又稱為「阿陀那識」。
這識是染和淨的種種識生起的根本。我們認為，這裏的說法有點問
題，因為照唯識學所說，在轉識成智之前，第八識是屬於染污方面
的，由此引致生死流轉，這識亦成為生死的所依，並沒有清淨的意
味。這識必須在轉識成智之後才能關連到清淨的質素。但這裏說阿
陀那識是染、淨諸識生起的根本，即包括了轉識成智之後的情況，
所以不符合義理。

「依止根本識」中的「依止」表示仗託。前六識仗託第八識，
並以它為親依。親依是就種子來說，以種子作為其所依就是親依。
親依又稱為因緣依，因為在現起的事物中，種子是最重要的因緣，
故種子稱為因緣依。「五識隨緣現」的「五識」指前五識。由於此
五識種類相似，故總稱為五識。如果詳細地分析種類相似的意思，
可分為四方面。第一、此五種識同樣地以作為色法的根為其所依，
即是同樣地以物質性的根為所依。第二、五識的認識對象都是物質
性的外境。第三、五識都是以現前的東西為對象，過去和未來的東

西都不能由五識去認知。前六識中，只有意識不受時間限制，能夠認識過去、現在和未來的東西。意識的回憶作用，是以過去的東西為對象；而推想的作用，則用以認識未來的東西。但前五識卻被時間所限，只能認識現在的東西。第四、五識都是有間斷的，它們的作用有時生起，亦有時停止。而第七和第八識則是無間斷的。

「隨緣現」表示隨順著適當的條件而生起，並非恒常地生起。緣（pratyaya）指作意、根、境等。作意是一種心念，當認識外物時，必須有認識的心念生起，才能產生認識的作用。根是感官系統，認識活動必須依賴感官系統才能產生。境是認識的對象，認識活動中必須有被認識的對象。五識身即五種識體，此五種識體內在方面依於第八識，外在方面依作意、五根、五境等眾緣的和合才能生起。其實這裏所舉的作意、五根、五境還未足以構成認識作用。這些都是必需條件。此外，在某些情況下，還需空間、光線等條件才能構成認識。例如眼識認識外物時，就需有光線和一定的空間才能進行。耳識則只需空間，無需光線亦可進行認識。鼻、舌、身則更不需空間。五識或是一同地、或是各自地生起。當兩種或更多識體一同地生起，便謂之俱起。當個別識體獨自生起時便謂之不俱起。俱起或不俱起往往基於作意的強或弱。通常當作意強時，就會不俱起。例如眼識很集中地看著一些東西時，其他識體就不會生起。相反地，當作意較弱時，識體就會俱起。

接著是描述五識生起的情況。外緣的聚合有頓、漸的情況。通常說頓、漸，是就了解事物的方式來說的。在一瞬之間便了解到事物的整體，這謂之頓；要經過不同階段才達到了解便謂之漸。但這裏說的頓、漸是就認識的條件的聚合來說的。認識條件的聚合有不

同情況，如果在一瞬間，各種認識條件都聚合起來，認識立刻生起，這謂之頓。如果各種條件分階段地聚合，這謂之漸。這種頓、漸的情況，好像水中的濤波（taraṅga）一般，有時在瞬息間一齊湧起，有時卻一個跟著一個湧起。在這個比喻中，海水喻作第八識，波浪喻作前五識，其餘因素，例如風則喻作各種緣。以第八識的種子為依止，加上各種緣，便會產生五識，好比在海水之上，有風等因素出現，便會產生波濤。

十六、第十六頌

【梵　文　本】manovijñānasaṃbhūtiḥ sarvadāsaṃjñikād ṛte/
　　　　　　　samāpattidvayān middhān mūrchanād apy acittakāt//

【梵本語譯】在一切時中，意識都會現起。除了無想果、二定、無
　　　　　　心的睡眠與悶絕之外。

【玄奘譯本】意識常現起，除生無想天，
　　　　　　及無心二定，睡眠與悶絕。（大31.60c）

這首偈頌仍然在描述第三能變識，主要是說第六意識的生起和滅去
的情況。這偈頌的梵文本與玄奘譯本的意思無異，都表示在一般情
況下，意識會經常現起，只有在五種情況下，意識才會停止作用。
這五種情況合稱「五位」。這五位不同於唯識所說的修行的五種階
位。該五種階位指資糧位、加行位、通達位、修習位和究竟位。而
這裏的五位是意識停止作用的五種情況。照玄奘譯本所說，這五位
是無想天、無心二定、睡眠和悶絕。其中的無心二定指無心定和滅
盡定。梵文本的意思亦大致相同。

　　現在看護法的解釋，《成論》說：

　　　由五轉識行相麁動，所藉眾緣，時多不俱，故起時少，不
　　　起時多。第六意識雖亦麁動，而所藉緣無時不具，由違緣

故，有時不起。第七、八識行相微細，所藉眾緣一切時有，
故無緣礙令總不行。又五識身不能思慮，唯外門轉，起藉
多緣，故斷時多，現行時少。第六意識自能思慮，內外門
轉，不藉多緣，唯除五位，常能現起。故斷時少，現起時
多。由斯不說此隨緣現。（大31.37a）

這段文字是描述第六意識現起的情況。這裏說，五轉識的行相粗動。
何以這樣說呢？此五種感識所認識的對象都是感覺經驗的對象，這
些都是粗動的東西。此五識所藉以現起的種種條件不是經常都具備
的，所以感識生起的時間較少，不起的時間較多。而第六意識所認
識的對象並非現前的境象，而是以往出現的，或是未來的境象，而
且是概念性的。這些屬於意識層面的東西，若與下意識的對象相比，
仍是屬於粗動的。然而，第六識現起的條件在一般情況下都是具足
的，所以此識生起的時間較多。但在有「違緣」的情況下，意識亦
會不生起。「違緣」是與意識的生起相違的條件，亦即是剛才提到
的五位。至於第七和第八識，由於它們的作用非常微細，而且生起
的條件時常具足，所以沒有任何條件令這兩種識不生起。

在這裏可以提出一個問題：這八種識各自需要什麼條件才能生
起呢？個別識體生起所需的條件有什麼不同呢？我們試參考一位日
本學者渡邊隆生在《唯識三十論頌の解讀研究》中所作的分析。[1]試
看下表：

1　渡邊隆生《唯識三十論頌の解讀研究》上，京都：永田文昌堂，1995, p.116.

識體	生起所需的緣								
眼識	空	明	根	境	作意	第六	第七	第八	種子
耳識	空	X	根	境	作意	第六	第七	第八	種子
鼻識	X	X	根	境	作意	第六	第七	第八	種子
舌識	X	X	根	境	作意	第六	第七	第八	種子
身識	X	X	根	境	作意	第六	第七	第八	種子
意識	X	X	根	境	作意	X	X	第八	種子
末那識	X	X	根	X	作意	X	X	X	種子
阿賴耶識	X	X	根	境	作意	X	X	X	種子

這裏所提出的可以作爲參考，但其中某些地方仍是有疑問的。由於
在唯識學的文獻中，未有很清晰地列出各識生起所需的條件，所以
對於這個問題，我們只能基於對唯識的基本了解而作出判斷。這裏
分別列出了八識生起的條件。先看眼識，這裏列出了九種生起的條
件。首先是空，即空間。第二是明，即光線。第三是根，即眼根，
指視覺的神經系統。第四是境，即對象。眼識的對象是顏色，這識
必須以顏色爲對象才能生起。第五是作意。所謂作意，是進行認識
活動的意念。這相當於亞理士多德所說的目的因，即是促成某一個
活動的動機。第六項條件是第六識，這表示眼識的生起須依仗意識。
當眼識生起，構成一種認識作用時，是要依仗第六識去判斷對象是
什麼。例如對於不同的顏色，我們用不同的概念去表述，如紅、黃、
綠等，要判斷對象是屬於哪一個概念的範圍，就要依靠意識。所以，
眼識的認知活動須依靠意識才能完成。眼識的生起又要依仗第七
識。這種說法是渡邊隆生提出來的，但欠缺詳細的解說。眼識如何
依靠第七識而生起呢？這個問題在一般唯識典籍亦沒有說明，所以
對於這點應有所保留。眼識的生起又要依賴第八識，但這種依賴只

可說是一種間接的依賴。眼識的現起需依靠種子，而種子藏於第八識，所以需要第八識作為眼識現起的條件。至於種子，則是一切心識現起的必需條件。

耳識的現起亦需要空間，但不需要光線，即使在完全漆黑的環境中，耳識仍能現起。至於其餘條件，耳識跟眼識一樣。

鼻識、舌識、身識都不需空間和光明，其餘條件就跟眼識和耳識無異。所以這三種識需要七種條件便能現起。

意識生起不需空間和光明，但需有意根、意境。意境就是概念，或是過去和未來的意象。此外又需要作意、第八識和種子。所以意識現起的條件只需五種。

末那識不需要空間和光明，但需要根。至於境，渡邊隆生認為這識不需境亦能生起，但我們認為末那識以第八識的見分為對象，若沒有這對象，末那識就不會有我執，所以末那識的生起應該需要境。此外，作意亦是必須條件。第六和第七識不是所需條件，這應無疑問。至於第八識，我們認為末那識應需要第八識作為生起的條件，因為末那識的種子藏於第八識，而且第八識的見分正是末那識所執持的對象。最後，種子是每種識都必需的生起條件。按照渡邊的列舉，末那識只需三種條件。但我們認為應加上境和第八識，共需五種條件。

阿賴耶識不需要空間、光明，但需要根、境、作意。它的境是種子、根身、器界。這識的作意可以說是一種下意識的作意。第六、第七和第八識都不是這識的生起條件。最後的種子是每種識體都必需的條件。渡邊這樣的列舉實令人產生一點迷惘，因為阿賴耶識就是種子的倉庫，一切種子都藏於這識中，而他又認為這識需要靠種

子來現起。這即是說，生起這識的種子本身亦是藏於這識之中。那麼，這識與生起這識的種子的關係是怎樣的呢？它們兩者誰依賴誰呢？這問題現時仍未能弄清，所以對於渡邊所列舉的條件，我們只能作爲參考。

現在再回到上面的引文。引文說，前五識屬於感覺的機能，沒有思慮的作用。它們只能認識身外的對象，不能認識內境。所謂內境，指自我本身、概念、種子等東西，這些都是第六、第七和第八識的對象。前五識只認識外在的東西，所以是「外門轉」。如果以內境爲對象，則是「內門轉」。五識的生起需要較多條件，這從上表可見。由於這些條件不是經常具足，所以這五識斷時多而現行時少。至於第六識，它有思慮的作用，一方面協助五識認識外在事物，另一方面又能認識內境，所以是「內外門轉」。而這識現起的條件又較前五識少，除了五種情況外，其餘時間都能現起。所以這識現起的時間多，停斷的時間少。由於前五識需要較多條件才能現起，所以說「五識隨緣現」。而意識現起所需的條件較少，所以不說這識隨緣現。但實際上，除五識之外，其餘三識亦是隨緣現的，分別只是五識隨的緣較多，而其餘三識隨的緣較少。所以不應說意識不是隨緣現。

意識在五種情況下不生起，這五種情況合稱爲「五位」，現在逐一詳細解釋。《成論》說：

> 五位者何？生無想等。無想天者，謂修彼定，厭麄想力，生彼天中，違不恒行心及心所。想滅爲首，名無想天。故六轉識於彼皆斷。（大31.37b）

這裏首先概括地介紹五位。五位就是「生無想等」。「想」即念想，是意識的作用。「無想」就是不生起念想。引生無想這種情況的五種境界就是「生無想等」，這包括了五位：第一位是無想天（āsaṃjñika）。無想天是修習無想定而達到的境界。無想定是一種滅除所有念想的禪定。一般外道以為佛教所說的涅槃概括了一切無想的境地，所以說無想天就是涅槃，即是最高的精神境界。而說一切有部（Sarvāstivāda）和經量部（Sautrāntika）則較為精細地劃分。他們認為無想天就是廣果天，是屬於色界的第四禪，即是色界的禪定中的第四個階位。無論如何，無想天都是一種滅除了一切念想的境界。以上引文解釋說，無想天是修習無想定、厭離粗想力而達到的一種境界。粗想力是前六識的認識作用，這名稱相對於第七、第八識的細想力。所以在無想天中已捨棄了前六識的認識作用。這種境界跟「不恒行心及心所」相違逆。不恒行心指會間斷的心，即前六識；相反地，恒行心是指無間斷的第七和第八識。所以，「不恒行心及心所」是指前六識和六識的心所。這些心和心所都跟無想天相違逆。「想滅為首」意思是以滅除一切不恒行的念想作為首要的工作。這樣的一種境界就是無想天。人若能達到這種境界，就會斷除前六識的作用，所以意識不能現起。

　　第二、第三位是無心二定。《成論》解釋說：

> 無心二定者，謂無想、滅盡定。俱無六識，故名無心。無
> 想定者，謂有異生伏遍淨貪，未伏上染。由出離想，作意
> 為先，令不恒行心、心所滅。想滅為首，立無想名。令身
> 安和，故亦名定。（大31.37b）

「無心二定」指無想定和滅盡定。爲何稱爲「無心二定」呢？在這兩種定中，前六識都不現行，由於沒有意識，所以稱爲無心。首先說無想定。無想定（āsaṃjñi-samāpatti）是「有異生伏遍淨貪，未伏上染」。「異生」指眾生。「遍淨貪」據佛教所說是在第三禪的遍淨天中仍然存在的一種微細的貪念。即是說，修行者在無想定中能夠滅除遍淨貪。「未伏上染」意思是仍未伏滅第三禪以上，即第四禪或更高階位中仍存在的惑染。眾生伏滅了遍淨貪，但仍未伏滅更高階位中的惑染，就是到達了無想定的境界。「由出離想，作意爲先，令不恒行心、心所滅，」表示在這種定中會生起出離世間的念想，由此生起一種作意，要令六識和六識的心所滅除。「想滅爲首」即是以滅除念想爲首要任務。所以稱這種境界爲無想。「令身安和，故亦名定」表示這種修行境界令身、心都處於安和的狀態，所以稱爲「定」。

另一種稱爲無心的定是滅盡定。《成論》解釋說：

> 滅盡定者，謂有、無學，或有學聖，已伏或離無所有貪，
> 上貪不定。由止息想，作意為先，令不恒行、恒行染污心、
> 心所滅，立滅盡名。令身安和，故亦名定。（大31.37c）

「滅盡定」（nirodha-samāpatti）是無學或有學的聖者已伏斷或遠離了無所有貪，但未能確定地滅除在更高階位仍存在的貪時所達到的禪定境界。照佛教所說，無所有貪是在無色界中無所有處的境界裏仍存在的一種貪念。上貪是更高階位仍存在的貪，指在非想非非想的層次中仍存在的貪念。聖者在滅盡定的境界中，雖然斷除了無所有貪，但仍具有某些在更高階位仍未能斷除的貪念。這種說法其

實只是大乘的見解。若從小乘來說，在無學，即阿羅漢的階位中，已滅除了所有煩惱，包括一切貪念。引文繼續說，在滅盡定中，由於止息了一切念想，致作意的作用最顯著。這種作意的作用令不恒行以及恒行的染污心和心所，即前六識和第七識的染污心和心所都全部滅除，故此稱爲滅盡。這種修行境界亦能令心處於安和的狀態，所以稱爲定。

最後兩種令意識不現起的狀態是睡眠和悶絕。《成論》解釋說：

> 無心睡眠與悶絕者，謂有極重睡眠、悶絕，令前六識皆不現行。疲極等緣所引身位，違前六識，故名極重睡眠。此睡眠時雖無彼體，而由彼似彼，故假說彼名。風、熱等緣所引身位，亦違六識，故名極重悶絕。或此俱是觸處少分。除斯五位，意識恒起。（大31.38a）

「無心」指意識不現起的狀態。在無心睡眠和無心悶絕的狀態中，意識都不能現起。睡眠（middha）指一種熟睡的狀態；悶絕（mūrchana）是一種失去知覺、惛迷的狀態。在極重的睡眠和悶絕中，前六識，即不恒行心和心所都不能現起。睡眠和悶絕的狀態有輕有重，必須到達很深沉的睡眠和悶絕的狀態，前六識才能停息。在某些睡眠狀態，例如在夢中，以及一種半惛迷的狀態，意識仍起著作用，這就不能稱爲極重睡眠和悶絕。極重睡眠是由「疲極等緣」所引生的身心狀態。在一般情況下，外界事物刺激人的識心而生起作用。當外緣在很疲弱的狀態時，例如光線昏暗、空氣混濁的情況下，很容易令人入睡。這種身心狀態跟前六識的作用相違離，令六識不能生起，這就是極重睡眠的狀態。並不是由於有一種稱爲睡眠

的自體產生作用，而是由於外緣令六識的作用停止。雖然睡眠沒有本身的自體，但由於睡眠能自我牽引，使這種狀態逐步加深，令身心疲上加疲，所以以睡眠這個名稱作爲假說，去指謂這種狀態。極重悶絕則是由風寒或暑熱等因素所引生的。這些外緣令身心處於惛迷的狀態，六識不能生起。這種情況在日常生活中亦常遇到，例如在地鐵車廂中擠滿乘客，空氣混濁，氧氣不足，就會令人惛暈，出現這種悶絕的狀態。

整體來說，睡眠和悶絕這兩種狀態的生起，都是由於「觸處少分」。「觸」指觸心所。前六識的觸心所的作用主要由接觸外緣而產生，「觸處少分」就是這個心所的作用極之微弱的時候。由於觸的作用微弱，令人陷於極重的睡眠和悶絕的情況，在這種情況中，六識都不能生起。除了上述的五種情況，即無想天、無心二定、睡眠和悶絕的時候，意識都是不斷地生起的。

頌文說「意識常現起」，表示意識在我們日常的生活中通常都現起和產生作用的。這儼然有成爲一種「流」的情況，我們可說「識之流」。這識之流可與胡塞爾的意識之流比較。不過，這裏說比較，只是就意識時常現起作用因而與胡塞爾的意識之流有相似處而已，在具體的地方，仍有不同。胡塞爾的意識之流是由多數刹那意識所組成，爲了使這些多數刹那意識組合起來，而具有單一性，以作用於同一對象，於是胡塞爾便提出「純粹自我」（reines Ich）來統合多數刹那意識。這樣，這純粹自我便成了意識流的統一體，所謂「綜合意識」（synthetisches Bewuβtsein）。在唯識學，第八阿賴耶識藏一切種子，包括意識的種子。意識只有一個，無所謂多數意識，因而無所謂多數意識集成意識流。但意識時常作用，與胡塞爾以意

識不停地流動（strömen）相似。但胡塞爾的意識是一束一束的，是多數的，由自我統率。

對於唯識學的第六意識，胡塞爾可以知覺、回憶、想像、反省、判斷、情緒變化、欲望等活動說的自我來對應。實際上，胡塞爾的自我可概括身體的我、經驗性意識的我和超越的我。與唯識學的第六意識最相近的，是經驗性意識的我。他的超越的我則相當於轉識而成的智，或《攝大乘論》系統的眞諦（Paramārtha）提的第九識解性賴耶。

這裏我們不妨進一步探討意識、末那識與我的問題。唯識學的我，在第六意識與第七末那識中說。第七末那識是下意識，當它有我癡、我見、我慢、我愛而成我執時，即在意識層中確立自我意識了。但這自我意識缺乏動感（Dynamik）。胡塞爾的自我意識則是一種活動（Aktivität），它恆常地起用，起創發作用，而無所謂不起用的休止的靜態狀態。它的創發作用是構架對象，也可創發道德行爲。

但有一點必須弄清楚。唯識學說我，不管是就第六識或第七識言，都是一種虛妄的我執。胡塞爾說我，則分兩層。其一是經驗的我（empirisches Ich），在時空中受範疇作用所拘限。另一則是超越的我（transzendentales Ich），超越時空與範疇，有絕對自由性格。經驗的我是要被還原的、被懸置的、被加括號的。經過這種操作，便成超越的我。這超越的我可構架現象世界，而又能透過自我統覺（Selbst-apperzeption）以保持自我的同一性。這種作用有存有論意義，不光是康德式的認識論的。它能幫助自我探索心靈中的各種具體表象，爲這些心理經驗的東西定位，以鞏固自我的同一性。

　　超越的自我的進一步發展是純粹自我（reines Ich），它具有「自由的存在性」（freies Sein）或「自由的本質」（freies Wesen）。這存在性或本質表示自我的自發性（Spontaneität），能自由活動，亦可有感受作用，而不是康德評笛卡兒的我只是形式的、思想性的。這種自我觀是唯識學所沒有的。勉強可以說的，是轉依後而得的智（jñāna）。

　　胡塞爾早期了解自我，仍偏於康德的超越的統覺的認識論意義。其後確定自我的本質的存在意涵，這便接近睿智的直覺義，能本著存有論的有效性授與世界以存在性，因而具有睿智的直覺的創生作用。進一步，他更以自我是一種開放的和無限的場域，這便有京都哲學家西田幾多郎的絕對無的場所的意味。這種自我是絕對義的意識空間，能統合一切存在。這頗有唯我論的意味。由於這自我的統合存在的作用，因此具有敞開的無止境的多樣性（offen unendliche Mannigfaltigkeit），同時也是具體的（konkret）。這配合著它的作為開放和無限的場域所表示的普遍性，有集普遍性與具體性於一身的主體自我的意味。這種自我觀，無疑是相當成熟的，境界也很高。這種自我肯定地是超越了知性（Verstand）或純粹理性（reine Vernunft）的較高層次的主體。它是真正終極的、不能被還原成更基本的質體。它自然也不在現象學的排除或懸置的範圍之內，它具有確定不移的明證性（Evidenz）。整套唯識學，包括轉依後所成立的智在內，都沒有這種具有成熟意涵的主體觀念。

　　至於感識方面，唯識學的見解近乎一般的說法或常識。它認為前五識或與它們相當的知覺，沒有意識的思想、記憶、想像的作用，這些作用只限於第六識。但胡塞爾論知覺，則賦與它多方面的功能。

除了感識或感性作用外，它還有思想、分別、回憶等作用，與意識相近。他甚至提出「知覺意向對象」（Wahrnehmung-Noema），表示知覺有意向性，並認為這知覺意向對象的最底層有「知覺的意義」（Wahrnehmung-Sinn），這指被知覺的東西自身（Wahrgenomene als solches），這便把知覺與意義連結起來。他又提出「知覺體驗」（Wahrnehmung-Erlebnis），來指謂判斷、愛好等作用。又說在這知覺體驗中，內在地具有「意向相關物」（noematisches Korrelat），這又是把知覺與意向或意義相連的例子。即是說，在知覺上，每一意向對象都在底層有它的意向意義，兩者有密切關係。而知覺體驗中的意向相關物亦以意義為主。總之，在他的現象學中，就功能言，知覺是很接近意識的。這是唯識學所沒有的思想。

　　至於他論現象（Phänomen）、論本質（Wesen），表面上似可視為相當於唯識學的親所緣緣、相分和疏所緣緣以至真如。即是，現象相當於親所緣緣或相分，本質則相當於疏所緣緣或真如。實際上並不是如此，他的現象是關連著本質來說的，是具有本質、能呈現本質的現象，因而有勝義諦義，不會被執取。親所緣緣和相分都是在世俗諦層面說的，是被執取的。他的本質也限於是和現象相結合的本質，不能離現象而說的。故它既不是被擬設而無實證性的疏所緣緣，也不是傾向抽象性格的真如。他甚至說本質是具體物（Konkreta）。這種現象與本質都可對著超越的我或絕對意識（absolutes Bewuβtsein）說，不是唯識學的意識或末那識的對象，也不是近乎知覺的五感識所能把捉的。

十七、第十七頌

【梵　文　本】vijñānapariṇāmo 'yaṃ vikalpo yad vikalpyate/
tena tan nāsti tenedaṃ sarvaṃ vijñaptimātrakam//

【梵本語譯】這識轉變是虛妄分別。一切由它而來而被虛妄分別的
東西，都不是實有。因此，這一切是唯識。

【玄奘譯本】是諸識轉變，分別所分別，
由此彼皆無，故一切唯識。（大31.61a）

這首偈頌相當重要。現在先看梵文本的意思。偈頌說，這種識轉變
是虛妄分別。識轉變是從心識變現為我、法，這些我、法原本是沒
有的，都是從心識變現而成的。一切源自識而被虛妄分別的東西，
都沒有實在性。所以，一切都是唯識。玄奘譯本的意思與梵文本很
相近，分別只在於玄奘譯本中提出了「分別」和「所分別」，這兩
個概念在梵文本中並沒有直接對比地被提舉出來。關於這點，我們
稍後再詳細討論。

　　現在先要提出很重要的一點，就是在這首偈頌中提出了唯識的
立場。前面十多首偈頌雖然都是講述與唯識有關的問題，但在這裏
才正式提出這個觀念。「唯識」在梵文有兩種寫法，一是vijñapti-
mātraka，另一是vijñapti-mātratā，兩者的意思都是一樣。唯識是就
境來說的，表示相對於識，一切境都沒有獨立性，全都是由識所變

現，即全部是識的表象。由於一切境的根源都在於識，所以稱爲唯識。

　　另外還要留意一點，這裏再提出了識轉變的觀念。在第一首偈頌中已提過識轉變（vijñāna-pariṇāma），我們亦已交代過護法和安慧對識轉變的觀念的分歧。照安慧的了解，識轉變指識在前刹那至後一刹那間的轉變。這種了解是就識本身經過不同刹那的轉變來說。而護法就不同，他從見分和相分來說識轉變。他認爲識現起時產生一種分化的作用，在一個刹那中分爲見分和相分。相分是變現出來的對象，即客觀的現象世界；而見分則是認識對象的主體，即主觀方面的自我。這種識的分化就是識轉變。

　　玄奘譯本中提出了分別和所分別的對比。「分別」指由識變現出來的見分；「所分別」是識所變現出來的相分。這裏特別突出了相分和見分的對比，可見玄奘的翻譯很明顯受了護法的解釋的影響。梵文則以關係詞（relative）與相關關係詞（correlative）的對比模式，表示凡是被分別出來的東西都不是眞實存在（asti）。

　　現在再看《成論》的解釋。《成論》說：

> 是諸識者，謂前所說三能變識及彼心所，皆能變似見、相二分，立轉變名。所變見分說名分別，能取相故。所變相分名所分別，見所取故。由此正理，彼實我、法離識所變，皆定非有，離能、所取無別物故。非有實物離二相故。是故一切有爲、無爲，若實、若假，皆不離識。唯言爲遮離識實物，非不離識心所法等。（大31.38c）

從這種解釋可以見到，玄奘很嚴格地遵守護法的立場，特別強調相、

見二分的生起。引文說，頌中提到的「是諸識」指前面所說的三種
能變識以及它們的心所。這三種能變識和它們的心所都能變似見分
和相分。而所變出來的見分是認識的主體，即自我。這個認識主體
稱爲「分別」（vikalpa）。它的作用是攝取對象的相狀，即是對於
對象產生認識，例如認識對象的顏色、聲音等經驗性格。另一方面，
所變出來的相分是認識對象，稱爲「所分別」（vikalpyate）。這
個認識的對象是見分所攝取的對象。在這裏，能變與所變形成一種
二元對比。當中的能變是識，所變是見分和相分。再在所變中，又
形成分別和所分別的對比。見分是分別，相分是所分別。這兩重對
比的關係如下圖：

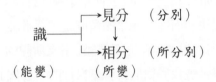

由於分別和所分別都是由識變現出來的，所以，它們的根源都在於
識。唯識學派提出「唯識」的觀點，就是基於這點。

　　一般人很容易將能變和分別混淆，以爲能變等於分別。實際上，
能變開出了分別和所分別，分別是見分，所分別是相分。這個分別
和所分別合共是所變，而與能變相對。所變的一方，無論見分或相
分，根源都在能變，它們本身沒有獨立性。而能變就是識。在這個
脈絡下，識成爲一切事物的基礎，所以「唯識」表示這種基礎的性
格。

　　引文繼續說，基於識轉變的眞理，那些表面上是實在的東西，

包括我和法，若離開了識的變現，全都是非有。因為這些被看成是
實我、實法的東西，實際都是識所變現的，它們本身都沒有獨立的
實在性，所以離開了識的變現，就不會有這些東西。在唯識這種架
構之中，一切事物都不外是能取和所取。除了能取和所取，再沒有
其他東西。這能取指認識事物的主體，即見分；所取指相分，是被
認識的客體。所以，能取是分別，所取是所分別。一切有為法或無
為法，若實、若假，都不離識。這裏的有為法主要指見分和相分概
括的東西，包括主觀的自我和客觀的世界。這些東西都是由識所變
現，不能離開識而獨立存在。至於無為法如何不離識呢？一般來說，
無為法是指真如、真理。這裏說無為法不離識，所指的是唯識的真
理。我們描述真如時，會從不同的面相來說。有從「空」來說真如，
這是很普遍的說法。而從唯識學的角度說，「唯識」本身就是無為
法，就是真如。所以說無為法亦不離識。引文所說的「若實、若假」，
當中的「實」表示被我們執取為有實自性的；「假」是被我們了解
為虛假的。一切法，無論被認為是有實自性的或是被了解為虛假的，
全都不離識。這裏說的「若實」，其實是一種錯誤的認識，這些東
西本不是實，只是被錯誤地認為是實。「若假」的字面意思與「真」
相反，有一種負面的意義。實際上認識到事物是虛假的，這才是正
確的認識。我們這種理解的方式是緊貼著《成論》的漢譯文本的意
思，至於原文是否這個意思，就不得而知，因為《成論》的梵文本
早已失傳。

　　引文繼續說：「唯言為遮離識實物，非不離識心所法等。」「唯
識」中的「唯」字，是用以遮除離開心識的實在性，顯示離開了心
識就別無實物。而不是要遮除不離識的心所法等。這句引文省略了

一個「遮」字，若完整地寫出來應如下：

「唯」言為遮離識實物，非（遮）不離識心所法等。

這樣的意思就較暢順。「唯」這個字是要遮除、否定離開心識的實物，而不是要遮除不離心識的心所法等。即是承認不離心識的世間事物，而否認心識以外還有實體。所以在現實環境中，我們若認識到事物都是不離識的，都是空的，我們都可以承認這些事物的存在。但若以為這些事物是離開識以外，本身具有實在性，這種想法就應排除。

世親在《三十頌》中論到在認識作用中，分別的主體與被分別的客體都被克服過來，而成唯識。這種克服作用，頌中的「無」，或否定，在胡塞爾現象學來說，即是排除（Ausschaltung）、加括號（Einklammerung）。這也稱為「懸置」（Epoché）、「判斷中止」（Urteilsenthaltung）。其意是擱置對存在世界的未經證實的肯定，中止這種自然的對存在世界真實性的肯定。一切由具有明證性的東西開始，對這些缺乏明證性的肯定作「反省的行動」（Akte der Reflexion）。這整套方法或程序，便是所謂「現象學還原」（phänomenologische Reduktion）。這相當於唯識學的轉依或轉識成智。

十八、第十八頌

【梵　文　本】sarvabījaṃ hi vijñānaṃ pariṇāmas tathā tathā/
　　　　　　yāty anyonyavaśād yena vikalpaḥ sa sa jāyate//

【梵本語譯】識實際上是具有一切種子的。這轉變，由更互的力，
　　　　　　這樣這樣地運行著。依於此，各自的虛妄分別便生起。

【玄奘譯本】由一切種識，如是如是變，
　　　　　　以展轉力故，彼彼分別生。（大31.61a）

這首偈頌的梵文本與玄奘的譯本的意思大抵相同。這裏有兩個概念
需要注意，一個是「識轉變」（vijñāna-pariṇāma），另一個是「展
轉力」（anyonyavaśa）。關於識轉變，如果依安慧的解釋，表示
識在每一刹那都轉變。照安慧的這個解釋，識轉變和展轉力都不涉
及相分和見分。若依照護法的解釋，識轉變則是指識本身產生的一
種分化作用。這種作用生起相分和見分，見分是認識的主體，了別
相分這認識對象。在這種認識當中，見分會執持相分，以爲相分具
有實在的自性。對展轉力的解釋，護法跟安慧是同樣的。他們的意
思大抵都是指種子生起現行，而在現行的活動中熏習成種子，種子
又再生起現行，這樣地反覆發展的動力。

　　現在先看梵文本的意思。識實際上是具有一切種子的，這個識
顯然是指第八識，因爲第八識又稱爲「一切種子識」。這種轉變是

由更互的力推動著而這樣地運行的。這裏所說的更互的力是指種子生起現行，現行又熏習成種子，這樣反覆地發展的一股動力。最後，依這種發展的狀況，各自的虛妄分別便生起。虛妄分別是從識的現行來說。種子本身是處於一種潛藏的狀態，沒有分別的作用。這裏所說的「各自」，是指前七識。基於種子的現行，前七識各自產生虛妄分別的表現。

再看玄奘的譯本。這裏的意思跟梵文本很接近。「一切種識」是指第八識。「如是如是變」當中的「變」若依護法的理解，是就識變現成相分和見分來說的。「展轉力」是指種子由潛藏的狀況變成現行的狀況，再由現行的活動熏習成種子，這樣展轉地發展的動力。「彼彼分別生」表示依著這種展轉的發展，前七識各自生起分別作用。這種分別作用是指種子變現成各種識，識分化為相分和見分，再由見分了別相分，並且執著相分為具有自性的實體。所以這種分別作用是一種虛妄分別。這首偈頌本身相當完整，而且意思亦很清晰。如果依安慧的解釋，便無所謂相分和見分。

現在看護法的解釋。《成論》說：

> 一切種識，謂本識中能生自果功能差別。此生等流、異熟、士用、增上果，故名一切種。除離繫者，非種生故。彼雖可證，而非種果，要現起道、斷結得故。有展轉義，非此所說，此說能生分別種故。此識為體，故立識名。種離本識，無別性故。（大31.40a）

平心而論，這裏的解釋實在頗為艱澀，若從世親的原偈看，意思反而更清晰。可見護法的解釋雖然詳細，但是過於冗贅。這段文字解

釋「一切種識」。一切種識指第八識，由於這識的內容是種子，所以這裏扣緊著種子來作描述，並且集中解釋第八識爲什麼稱爲「一切種識」。文中指出一切種識是就本識中的種子來說，而種子是指有爲法的生起的因素而說。至於無爲法，由於它本身不牽涉到種子，所以不包括在這識中。種子本身有不斷生滅的性格，當種子轉爲現行時，仍是保持著這種生滅的性格。這種不斷生滅的性格是有爲法的一種特質，而無爲法則是常住的，無所謂生滅。

「能生自果功能差別」是就種子來說，以種子爲因，各自生起它們的結果，而這些結果亦各自有本身的功能。這裏的「功能」，是指由種子生起的結果之中所具有的作用。但是，在某些情況下，「功能」指種子本身。本識即是阿賴耶識，其中的種子能夠生起四種果，分別爲：等流果、異熟果、士用果和增上果。等流果和異熟果在前面已解釋過。簡單地說，等流果與它的因有相近似或相同的關係。異熟果則有兩個意思：一個是異類而熟，表示這種果與它的因有性質上的差別；另一個是異時而熟，表示這種果在因形成之後，經過一段時間才生起，因與果在時間上有差距。士用果（puruṣa-kāra-phala）是由人的行爲所引生的結果。puruṣa指人，即是士；kāra指某種作用；phala解作果。所以士用果即是從人的行爲而產生的果。增上果（adhipati-phala）是與增上緣有直接關係的結果。當增上緣在構成結果中起特別重要的作用時，這種結果就稱爲增上果。例如眼根是眼識的增上緣，而在形成眼識當中，眼根起很重要的作用，所以眼識就是眼根的增上果。第八識包含了能生起等流、異熟、士用和增上四種果的種子，所以稱第八識爲「一切種識」。

實際上，除了這四種果外，還有一種果稱爲「離繫果」，但這

種果不包含在種子之中。離繫果（visaṃyoga-phala）是關連到工夫修行方面，由修行而達致遠離種種煩惱，這種結果稱爲離繫果。就字面來說，「離繫」表示遠離煩惱的繫縛。這裏特別將離繫果區別出來，因爲這種果不是由種子直接生起，而是透過修行實踐而達致的。修行實踐指向眞如，而眞如本身並不是由種子生起的，它是無爲法，無所謂生起或滅去。所以眞如並不牽涉到種子。「彼雖可證，而非種果」中的「彼」是指離繫果，這種果是解脫的境界，可以透過實踐修行而證得。但它不是由種子生起的果。離繫果的證得，是要現起無漏的聖道，以及斷除種種煩惱的結。雖然這種果亦具有展轉的意義，但並不是這首偈頌中所說的展轉。離繫果的展轉的意思是在證取這種果的道路中，往往要曲曲折折地經過不同的階段，很少人可以直接達到這個果位。而這首偈頌所說的展轉是指種子生起現行，以及現行熏習成種子。而現行就是一種分別作用，所以這首偈頌所說的展轉能夠生起分別，以及熏習成種。但離繫果的展轉則沒有這些作用。

按照以上引文所說，護法似有意將四種果跟種子作比配，認爲由種子可以直接生起這四種果，而將離繫果區別開來。因爲離繫果牽涉到眞如或解脫的境界，這種境界超越了種子的範圍，所以不能由種子生起。從另一角度看，眞如是無爲法，而種子是有爲法，所以種子引伸的範圍不能達到眞如。一切種子識即阿賴耶識所藏的種子能引生一切果，但離繫果卻除外。從這裏可以引伸到阿賴耶識的作用範圍方面，這範圍不能包括眞如在內。所以阿賴耶識始終是一個妄識，不包含清淨的眞如。只有在第八識轉成大圓鏡智後才能體會到眞如。

引文繼續說：「此識爲體，故立識名。」意思是這個含藏著一切種子的東西具有一種基本的、作爲一個事體的性格，所以稱它爲「識」。這個識的所有內容就是一切種子，所以稱爲「一切種識」。「種離本識，無別性故。」表示種子若離開了第八識，它們就沒有體性，因爲種子本身就以第八識作爲它們的體性。但我們認爲，在這句說話中，如果將「種」和「本識」的位置對掉，意思就更爲暢順。即成爲「本識離種，無別性故」。因爲本識是一個倉庫，它的所有內容就是種子，若離開了種子，本識便再沒有其他的體性。

《成論》又說：

> 此識中種，餘緣助故，即便如是如是轉變，謂從生位轉至熟時。（大31.40a）

這段文字是解釋「如是如是變」，但這個解釋似乎太簡約，並沒有提到相分和見分。按照護法一貫的理解，識轉變必定從相分和見分來說，但這裏完全沒有提到。這裏說：「此識中種，餘緣助故。」表示這個一切種識之中的種子是最主要的因緣，但有其他條件作爲輔助。其他條件是因緣之外的其餘三種緣，即等無間緣、所緣緣和增上緣。簡單來說，因緣（hetu-pratyaya）是指最主要的因素。所緣緣（ālambana-pratyaya）是在分別作用中的對象，例如色、聲、香、味、觸等。等無間緣（samanantara-pratyaya）是作用的空間。例如當我們正在認識這裏的一部錄音機時，我們就不能同時認識另一處的一包紙巾，所以，必須有一個時間上的空間未被佔據，才能容納某一種認識活動的進行。這種時間上的空隙就是等無間緣。增上緣（adhipati-pratyaya）的範圍最廣泛，除了前面的三種因素外，

其餘所有直接或間接助成結果的都屬增上緣。引文繼續說，本識中的種子在其他因素輔助之下，便如是如是地轉變。這種轉變，照護法的解釋，是指種子生起現行，變現出相分和見分，再由見分執取相分。但這裏沒有提到相分和見分。引文最後補充一句：「謂從生位轉至熟時。」這裏的「生位」指種子，即作爲原因的位置；「熟時」指現行，即作爲結果的位置。這句補充了轉變的意思，指從種子的狀態現起成爲現行，現行又熏生種子，如下圖的情況：

$$\underset{（因）\qquad（果）（因）\qquad（果）}{種\ 子\ \xrightarrow{\ 現起\ }\ 現\quad 行\ \xrightarrow{\ 熏習\ }\ 種\ 子\cdots\cdots}$$

種子作爲因，現起成爲現行，這現行就是果；現行又可成爲因，熏習第八識而形成種子，這時種子就成爲果。然後，種子又可再成爲因而現起。這樣地反覆進行，就是展轉的意思。而在種子現起當中包含相分和見分的形成，以及由見分去認識相分。在這過程中，發生於本識中的種子身上的轉變就是識轉變。

對於這一小段文字，日本學者上田義文提出頗爲獨特的見解。他說這樣說轉變，是限於種子範圍，未及於識。種子由生位轉至熟位，都是種子自己的轉變，而且是前後的因果關係。[1]

《成論》又說：

　　展轉力者，謂八現識及彼相應、相、見分等。彼皆互有相

---

[1]　上田義文〈Vijñānapariṇāma の意味〉，《鈴木學術財團研究年報》，1965, pp.8-9.

助力故。即現識等，總名分別，虛妄分別為自性故。分別
類多，故言彼彼。（大31.40a）

這段文字解釋下半首偈頌「以展轉力故，彼彼分別生」。展轉力是
各種因素間互相推助的一股動力。這些因素包括八識以及它們相應
的心所，再加上相分和見分。這裏運用了相分和見分來解釋展轉力，
這是護法唯識學的特色。他集中在相分和見分的關係上來說展轉
力，以見分作為認識的主體，以相分作為認識的對象，而由見分去
認識相分，即是由認識的主體對認識的對象進行了別。這種結構形
成了主客對峙的認識關係。在這種對峙的關係中，主客雙方互相資
助而構成整個現行的活動，亦即認識的活動。照這種說法，展轉力
是就相分和見分在認識關係中的對峙狀態而說的。所以，這種說法
已預設了在種子現起時，識變現為相分和見分，而以見分去了別相
分。如果沒有設定相分和見分的生起，去解釋展轉力，就只能說為
由種子生起現行，現行又熏習種子，而在現行當中沒有牽涉到相分
和見分的生起。

引文繼續說：「即現識等，總名分別。」這裏的「現識等」指
現行的八識和相應的心所，以及相分和見分。這些東西整體來說就
是分別。「虛妄分別為自性故」這句可以作兩種解釋。首先，現起
的識變現相分和見分，再由見分去了別相分，並執取相分為具有實
自性的東西。當中見分對相分的這種分別就是虛妄分別。第二種解
釋是識以虛妄分別作為本身主要的職能。照這種解釋，引文中的「自
性」應解作主要的職能或作用。這兩種解釋之中，應以第二種較為
合理，亦較能回應上面的一句。所以，「即現識等，總名分別，虛

妄分別爲自性故」應解作：現行的八識、心所、相分、見分等整體稱爲分別，因爲它們以虛妄分別作爲主要的職能。引文最後解釋「彼彼分別生」。各種識等都稱爲「分別」，而且種類很多，所以用「彼彼」來指述。整句的意思是：各種各樣的「分別」生起。

以下再對這首偈頌作出總結。《成論》說：

> 此頌意說：雖無外緣，由本識中有一切種，轉變差別，及以現行八種識等展轉力故，彼彼分別，而亦得生。何假外緣，方起分別？（大31.40a）

這段文字說：這首偈頌的意思是，雖然沒有外在於識的緣，但是由本識中所具有的一切種子變現出種種差別，以及現行的八種識的展轉力，亦能夠令各種各樣的分別生起。所以，整個識轉變的活動都是內在於心識中而發生的，完全沒有牽涉到外緣。按照唯識學派所說，根本上就沒有外緣。即是說，離開了心識，沒有獨立存在的東西。按照這種立場，唯識學可以說是一種徹底的唯心論。事實上，唯識學派從世親，以至護法，都依著這個立場發展。但後來受到經量部的影響，逐漸傾向於認爲在識之外還有其他東西。

這裏有一點非常重要。《成論》說種子能生四種果：等流果、異熟果、士用果和增上果。另外有一種果，稱爲「離繫果」（visaṃyoga-phala），不由種子直接生起，而是透過修行而致。「離繫」表示遠離、克服種種煩惱的繫縛，達到自由自在的眞如境界。但眞如不是由種子生起，它超越種子範圍。眞如是無爲法，種子是有爲法，故種子不能生眞如。阿賴耶識雖有種子，但不能生眞如，故始終是虛妄性格。這樣提出離繫果的概念，以之指涉眞如，似表

示《成論》有跳出種子作為生滅法的意味，要突破種子六義，要建立一種超越的質體。這可與後面提出的轉依或轉識成智連起來說。可惜護法在這裏對離繫果發揮得很少，未能引起人們的注意。但就義理言，它與覺悟有關，不應忽視。

十九、第十九頌

【梵　文　本】karmaṇo vāsanā grāhadvayavāsanayā saha/
　　　　　　　kṣīṇe pūrvavipāke 'nyad vipākaṃ janayanti tat//

【梵本語譯】業的種種習氣伴隨著二取習氣。前此的異熟盡時，又
　　　　　　生起其他的異熟。

【玄奘譯本】由諸業習氣，二取習氣俱，
　　　　　　前異熟既盡，復生餘異熟。（大31.61a）

這首偈頌集中以習氣的概念去理解種子。此外，在下半首偈頌中提
到輪迴主體的問題。這首偈頌的梵文本與玄奘譯本的意思大抵上相
應，基本上都是透過二取習氣來交代輪迴主體的形成和持續性。二
取習氣（grāhadvaya-vāsanā）中的「二取」，是指兩方面的執著。
一方面執著客觀的存在世界，以爲它具有實在自性。另一方面執著
主觀的自我，以爲這個自我是具有自性的。在一切執著當中，以二
取習氣爲主，其他各種執著則以業來概括。由業所引生的習氣稱爲
業習氣（karma-vāsanā）。這些業習氣圍繞著二取習氣來作用。所
以梵文本說：業的種種習氣伴隨著二取習氣。在二取習氣和業習氣
的推動之下，有情的生命能夠持續，輪迴主體能夠繼續存留。這個
意思在下半首偈頌可以見到，梵文本說：「前此的異熟盡時，又生
起其他的異熟。」玄奘譯本說：「前異熟既盡，復生餘異熟。」意

思是：雖然前一期的物理軀體開始腐化，但異熟的主體，即輪迴的主體不會停頓下來，它會透過習氣的方式繼續存留下來，令整個輪迴的過程能夠成立。在輪迴過程中，前一期生命的輪迴主體結束了該一期生命之後，接著會投身於另一期生命，並且會這樣地持續下去，令以後的生命可以接續而來。

這裏特別提出「異熟」來表示輪迴主體，這異熟即是第八識。異熟的觀念在這裏被確立為輪迴的主體，必須特別注意。異熟（vipāka）舊譯為「果報」，從玄奘開始譯為「異熟」。它是用來指述阿賴耶識的一個概念。基本上，異熟有兩個意思：異類而熟和異時而熟。如果以哲學的角度來看，應以異類而熟的意思為主。按照這個意思，異熟是指依於過去的行為而得來的果報。這些果報在性質上與它的原因不同，所以稱為「異熟」。例如善業帶來樂果，惡業招致苦果，當中的原因，即善業和惡業有著明顯的善和惡的性質，但所帶來的樂果和苦果卻沒有這些性質。樂果並不是善性，苦果也不是惡性，這兩種果的性質都應是無記。以善性的業為因，產生無記性的樂果；以惡性的業為因，產生無記性的苦果。所以果的性質跟它的因是相異的，亦即是因與果屬於異類，這就是異類而熟的意思。異時而熟的意思較簡單，就是指因與果的出現時間不同，因在前而果在後。因出現後可以立刻產生果，亦可以隔多世才產生果，但無論相隔時間長或短，必定是先因後果，兩者在時間上必有所差別。

這首偈頌共指出了兩點。第一點是業的種種習氣伴隨著二取習氣，以二取習氣作為主流來產生它們的影響力。第二點是前生與後生有一種以異熟為基礎的延續性。這個異熟即是第八識，亦就是整

個生命的輪迴中的主體。透過這個輪迴主體，生命便能夠延續下去。

以下看護法的解釋。《成論》說：

> 諸業謂福、非福、不動，即有漏善、不善思業。業之眷屬，
> 亦立業名，同招引滿異熟果故。此雖纔起，無間即滅。無
> 義能招當異熟果，而熏本識，起自功能。即此功能，說為
> 習氣。是業氣分，熏習所成，簡曾現業，故名習氣。如是
> 習氣，展轉相續，至成熟時，招異熟果。（大31.43a）

這段文字主要是解釋諸業習氣。這裏說，「諸業」指福業、非福業
和不動業。福業能召感欲界中傾向於樂的異熟果報。非福業能夠召
感欲界中苦的異熟果報。不動業能夠召感色界和無色界的異熟果
報。由於種種不動業中包含了禪定的行為，而禪定能令人的內心不
動搖，所以稱這種業為不動業。引文進一步說，這些業都是圍繞人
的身業、口業和意業而確立的。而身、口、意三種業中，以意業或
稱「心業」為主。所以，這些業都可概括為有漏善思業和有漏不善
思業，這兩種都是心業。諸業亦包括一些「業的眷屬」，即一些附
帶的業。業本身是主要的行為，而業的眷屬則是由主要的行為引生
出的其他影響。例如偷盜本身是一種惡業，而由偷盜而引致的其他
影響，例如受害者的生活出現困難，這些影響是由偷盜這個行為引
發出的，稱為業的眷屬。無論是業或是業的眷屬，都同樣會招引充
足的果報，所以都能稱為「業」。引文繼續說，業不停地以纔生即
滅的方式而存在，不會保留在同一個狀態中，這即所謂「無間即滅」。
「無義能招當異熟果」當中的「無義」的意思較難確定。一個可能
的意思是，只有行為本身能夠招引當體的異熟果報，而業的眷屬則

不能。再以剛才的例子來說，偷盜的惡行本身能夠招引苦的異熟果報，而業的眷屬，即由偷盜而引致受害者生活上的困難，則不會召感這種異熟果報。即是說，只有業作爲行爲的當體，能夠召感異熟果報，而業的眷屬則不能。

引文繼續說，這些業能夠熏習本識，令本識生起功能。這功能（samartha）是就種子來說。爲什麼稱種子爲功能呢？因爲這功能令果報生起，是一種作爲因的功能，而種子的特性正是生起果報，所以稱爲功能。「即此功能，說爲習氣」表示就著功能的性質而稱之爲習氣。所以，種子、功能和習氣都是指同樣的東西，這種東西能夠以「因」的身份招引果報。由於在偈頌中提到習氣的問題，所以這裏再進一步解釋「習氣」這個名稱的意思。引文說：「是業氣分，熏習所成，簡曾現業，故名習氣。」由業造成的影響力，這裏稱爲「氣分」。這些氣分是由熏習所形成的。透過熏習本識，這些業的影響力保存了下來，成爲一種氣分。「簡曾現業，故名習氣」意思是爲要簡別這些氣分與曾經出現的業，所以稱這些氣分爲「習氣」。習氣本身的意思是熏習而成的氣分。由先前出現的業，熏習本識而成氣分。爲著要清楚分辨這些氣分與先前的業，所以稱這些氣分爲「習氣」。這實際上是本識中的種子。引文繼續說：「如是習氣，展轉相續，至成熟時，招異熟果。」這些習氣不停地以生滅變化的方式持續下來，到了成熟時，即具有適當的條件時，就會現行，招引異熟果。這異熟的意思包括了異時而熟和異類而熟。「至成熟時」顯然是從時間上說。經過了一段時間，等到條件具足，就招引異熟果。「招異熟果」顯出異類而熟的意思。所以這裏所說的「異熟」綜合了異時而熟和異類而熟兩個意思。

　　以上一段文字解釋了偈頌中所說的「諸業習氣」。而這些業習氣是圍繞著二取習氣，以二取習氣爲主體而產生作用的。以下要解釋偈頌的第二句：「二取習氣俱」。「俱」表示諸業習氣伴隨著二取習氣。《成論》說：

> 相、見，名、色，心及心所，本、末，彼取皆二取攝。彼所熏發，親能生彼本識上功能，名二取習氣。此顯來世異熟果心及彼相應諸因緣種。俱謂業種、二取種俱，是疏親緣互相助義。（大31.43a）

相、見，名、色，心及心所，本、末，這些取著都包含在二取之中。這裏提出了幾種對比，每種都是在一種二元對立的格局中，然後再將這些對比綜合在二取當中。相、見即對象和主體的對比。名是五蘊中的受、想、行、識，是精神性的東西；色是色蘊，是物質性的東西。名、色就是精神和物質的對比。心指心王，是一種能有；心所指心理狀態，是一種所有。心及心所是一種能、所的對比。本、末指阿賴耶識和種子的關係。阿賴耶識是能藏，是本；種子是所藏，是末。所以本、末指阿賴耶識和種子的對比。「二取」是一方面對自我取著，另一方面對存在世界取著。二取顯示出自我和存在世界的對比。以上所說的相和見、名和色、心及心所、本和末，都能夠被自我和存在世界的對比所概括。「彼所熏發，親能生彼本識上功能，名二取習氣。」這裏的「彼」，指上面所提的幾種對比，這幾種對比都爲二取所包攝，所以「彼」即是指二取。二取所熏發的作用，在第八識中熏習成種子。這些由二取熏習成的種子稱爲「二取習氣」。「此顯來世異熟果心及彼相應諸因緣種。」這裏正式提出

了輪迴主體，這就是異熟果心。以上的二取習氣顯出了來世的異熟果心以及相應的種子。異熟果心和相應的種子在以後的世代延續下去，這表示異熟果心就是輪迴轉世的主體。這裏與偈頌中的「前異熟既盡，復生餘異熟」，正式提出輪迴的主體互相呼應。「俱謂業種、二取種俱，是疏親緣互相助義。」這個「俱」指種種業習氣伴隨二取習氣而產生作用。就召感果報來說，二取習氣與諸業習氣都有感果的作用，但兩者有親、疏的分別。這裏將二取習氣視爲召感未來果報的親緣，而以諸業習氣作爲疏緣，由疏緣輔助親緣去召感異熟果報。即是說，以二取習氣爲主，而以諸業習氣爲客，兩者互相扶持而產生未來的果報。

最後解釋下半首偈頌。《成論》說：

> 前異熟者，謂前前生業異熟果。餘異熟者，謂後後生業異熟果。雖二取種受果無窮，而業習氣受果有盡……由感餘生業等種熟，前異熟果受用盡時，復別能生餘異熟果。由斯生死輪轉無窮，何假外緣，方得相續？（大31.43a）

「前異熟」指前前生業異熟果，即是以前無數世代的業的異熟果。「餘異熟」指以後無數世代的業的異熟果。前此無數世代與後世無數世代有一種連續性，這種連續性是由異熟果作爲一個輪迴的主體而確立的。「雖二取種受果無窮，而業習氣受果有盡。」前面提到二取習氣和諸業習氣都同樣有召感果報的作用，而以二取習氣爲主，諸業習氣爲客，在召感果報的能力和斷除的方式上，兩種習氣有很不同的影響。二取習氣是構成輪迴主體的基本，能夠無窮地召感果報，很難斷除。這種習氣必須要到成道解脫時，才得以斷除。

諸業習氣是輪迴主體在生活上的一些影響力，這種習氣較容易斷除。

接著正式提出「前異熟」與「餘異熟」的連續性，顯出一個輪迴主體。「由感餘生業等種熟，前異熟果受用盡時，復別能生餘異熟果。」這裏說，前生的輪迴主體能召感後生的種子成熟，前生的異熟果受用盡時，即前世的生命到了盡頭，肉身腐壞時，這個輪迴主體卻不會隨肉身消失，而能夠持續下去，延續到後世。這裏透過前異熟果和餘異熟果的延續的關係來解釋輪迴的可能性，這種關係如下圖：

前異熟果　　→　　餘異熟果
（前生）　　　　　（後生）

前異熟果屬前生，餘異熟果屬後生。這前生和後生是就生命的物理的軀體來說。生命軀體會壞滅，當前生的軀體壞滅後，後生的軀體接著成立。軀體雖然不同，但其中的生命主體，即第八識則不會斷滅，而能夠持續下去，由前異熟果發展為餘異熟果，以後再發展為接著的世世代代的異熟果。由異熟果的這種延續性，生命的生死輪迴就確立起來。在這整個現象中，完全是異熟果內部的作用。當中每段過程都是第八識的作用，在第八識外沒有其他因素影響這個輪迴的過程。這種說法回應唯識學一向所持的徹底的唯心的立場。輪迴生命完全是第八識內部的作用，無關於其他東西。唯識一向認為世間一切事物，全都不能外在於第八識，因為一切種子都藏於第八識之中。

最後對這首偈頌作出總結。《成論》說：

> 此頌意說：由業、二取生死輪迴，皆不離識，心、心所法
> 為彼性故。（大31.43a-b）

這首偈頌的大意是說：由業習氣和二取習氣構成的生死輪迴的作
用，全都不能離開第八識，因為心和心所法，以及由此變現的相分、
見分等，這一切事物的種子都藏在第八識之中。「心、心所法為彼
性故」當中的「性」應解作內容，意思是心和心所法都是第八識的
內容。

關於作為輪迴主體的第八阿賴耶識或異熟識說到這裏。下面展
開一新的主題。在《唯識三十頌》中，由第二十首偈頌開始提出三
自性的觀念。三自性（tri-svabhāva）指遍計所執性（parikalpita-
svabhāva）、依他起性（paratantra-svabhāva）和圓成實性
（pariniṣpanna-svabhāva）。關於三自性的理論，在唯識學中非常
重要，我們現在先作一般性的解釋。三自性是用來概括一切存在事
物的三種狀態。遍計所執性屬於染污方面。眾生對於緣起的東西生
起一種周遍計度，以為這些緣起的東西有實自性，而不知它們的本
質是空，由此對這些東西生起實體的執著，這種執著的狀態就是遍
計所執性。依他起性是就緣起來說事物的生起。依他起的「他」是
指因緣。事物從因緣和合而生起，這種生起狀態就是依他起性。圓
成實性是在依他起的東西之上，去除遍計所執，即是對於依他起的
東西不進行周遍計度，不執著有實體，而正確地以依他起的性格來
了解事物的依他起性，這即是一種對事物的如實的了解，這種如實
了解事物的狀態便是圓成實性。這種對三自性的理解，是符合傳統

唯識學的說法和《成論》的意思的。[1]

現在再進一步看三自性的意趣，這裏可提出兩點：第一點是三
自性中的「自性」的意義。這「自性」並不是佛教一般所指的自性。
通常人了解事物時，都會以一種實在的眼光去看，而不知道事物本
身是無自性的。一般人以為事物中具有一種實在性，這種虛構的實
在性，就是自性，即svabhāva。但三自性所說的svabhāva則不是指
實在性，而是指事物的三種存在形態。遍計所執、依他起和圓成實
只是事物存在的三種形態，而不是三種事物的實體。[2]第二點是這
三種事物的存在形態的地位並不是對等的。事物並不是分成三大
類，其中一類是遍計所執性，第二類是依他起性，第三類是圓成實
性。在三自性中，依他起性是根本的結構，這是就事物以緣起的方
式成立說的。然後，對於依他起的事物可以有兩種了解方式。如果
對依他起的事物有執著，不了解事物的依他起的性格，而執著它們
具有自性，對事物進行周遍的計度，由此產生種種煩惱。在這種情

---

[1] 關於三自性或三性，很多唯識典籍喜以繩與蛇的差異的比喻來說。在黑暗中，
人見繩而以為是蛇。蛇是沒有的，這不過是錯覺。繩亦是沒有的，它只是心
中的表象。我們的心二分化，在外在方面形成相分，這即是繩；心自身則以
見分來認識繩。以三性來說，蛇是決定不存在的，這是遍計所執性。作為相
分的繩與作為見分的心則是存在的，這作為相分的繩即是依他起性。最後，
就終極的觀點來說，蛇固沒有，繩亦是沒有，這便是圓成實性。參考橫山紘
一《わか心の構造》，東京：春秋社，1996, pp.248-250.

[2] 約實而言，三性中的「性」或「自性」（svabhāva），確容易使人誤以為表示
實在論的觀點。日本學者長尾雅人提議這「性」應譯為「實存」，三性即是
三種實存。（長尾雅人《攝大乘論：和譯と注解》，上，東京：講談社，1997,
p.24.）

況下執取的事物的形態，就是遍計所執性。如果對依他起的事物不產生遍計所執，而能如實地了解事物的依他起的性格，沒有產生顛倒的了解，這種如實地了解事物的狀態就是圓成實性。所以，依他起是最基本的，表示一切事物的緣起的性格，而遍計所執和圓成實是對於依他起的事物的兩種不同的處理方式。

　　由上面的理解說下來，可見依他起可以分成兩面。如果就依他起本身如實地了解，沒有進行周遍計度，這方面是清淨的依他起。如果對依他起的東西起周遍計度，以為它們具有實體，因而加以執著，這方面是染污的依他起。這兩方面可以下圖來表示：

染污依他	⇐	遍計執	⇐	依他起（中性）	⇒	圓成實	⇒	清淨依他

按照這樣的分析，三自性其實應只有兩自性。依他起是基本地存在的。對於依他起的事物可有兩種態度，一種是執著的態度，這會發展成染污依他。另一種是如實的態度，沒有執著，這會發展出清淨依他。照這種說法，事物是清淨依他或是染污依他，要視乎主體的態度怎樣。如果以執著的態度對待，就會傾向染污依他。如果對事物如實地了解，不起執著，那麼事物對於主體便有圓成實的性格。所以對於三自性的問題，我們不應以平面的、對等的方式來看，而應以一種立體的方式看，將依他起從一個對等的地位突破出來，確立成一個根本的構造。然後對於依他起的事物可有兩種處理態度：一種是執著的，這是遍計所執；另一種是無執的，這就是圓成實。

　　對於三自性的問題，很多外國學者都曾經作過研究。其中較重要的有俄國學者徹爾巴特斯基（Th. Stcherbatsky），他在《佛家邏輯》（*Buddhist Logic*）一書中多次提到三自性的問題。他基本上以觀念論（idealism）來看三自性所表示的唯識的立場。他提出，我們對事物採取的觀念有三種：第一種是absolutely fanciful，這相當於遍計執，表示這些事物完全是想像出來的，沒有客觀的根據。這種事物的存在基礎在於執著。第二種是relatively real，這相當於依他起。這表示事物之間有一種相對的關係，互為因緣而成立。第三種是absolutely real，這相當於圓成實，是一種絕對真實的境界。[3] 另外，徹氏再以另一個角度來說三自性。他以終極要素（ultimate element）的角度來說，將遍計執說為一種純粹的想像（pure imagination），沒有客觀的基礎。這種想像其實是執著。他將依他起說為一種偶然的真實或有條件的真實（contingent real）。他又將圓成實說為純粹的或絕對的存在（pure or absolute existence）。最後，他還補充一點，說依他起是介乎遍計執和圓成實之間，有一種中介的作用。[4] 至於徹氏有否將依他起視為一種根本的結構，將遍計執和圓成實視為對依他起的事物的了解方式，正如我們剛才所說的那樣，這就不能確定。按照徹氏所說，依他起是介乎遍計執和圓成實之間，這種理解可以進一步發展成我們剛才的說法，但徹氏沒有繼續發揮。徹氏又在另一處說到三自性的問題。在這裏，他以純

3　Th. Stcherbatsky, *Buddhist Logic*, Vol. I, Bibliotheca Buddhica xxvi, Leningrad: Izdatel' stov Akademii Nauk S.S.S.R., 1932, p.12.

4　Ibid., p.113.

粹的想像（pure imagination）來說遍計執，以純粹的實在（pure reality）來說圓成實，以交互依待（interdependence）說依他起。[5] 徹氏在《佛家邏輯》中以不同的方式來說三自性，總的來說都是大同小異。這些說法基本上都有梵文文獻的根據。

關於三自性的看法，印度學者查達智（A.K. Chatterjee）則認為，遍計所執性只是想像的，它是不真實的，因為其中不具有因果性。依他起性則投射出現象；它是真實的，但不是終極的。圓成實性則是絕對的、不染污的、不分化的、不二的心識。當依他起性不受遍計所執性的感染，便是圓成實性。[6]

以上是就三自性的問題作概括的介紹，接著看《唯識三十頌》怎樣說這個問題。

---

[5]　Ibid., p.197.

[6]　A.K. Chatterjee, *Readings on Yogācāra Buddhism*, "Introduction", Banaras: Banaras Hindu University, 1970, pp.30-31. 唯識學為甚麼會有這種三性的說法呢？或者說，三性的起源是怎樣的呢？這是一個思想史的問題，不是我們這裏所要探究的。可參考竹村牧男《唯識の探究》，東京：春秋社，1992, p.165. 另外，服部正明以存在形態說三性。他曾就思想史的角度，對三性說作出詳盡的闡釋。所涉及的文獻，包括《般若經》、《解深密經》、《中邊分別論》、《唯識三十頌》。參看服部正明、上山春平《認識と超越：唯識》，東京：角川書店，1974, pp.137-153.

二十、第二十頌

【梵　文　本】yena yena vikalpena yad yad vastu vikalpyate/
　　　　　　　parikalpita evāsau svabhāvo na sa vidyate//

【梵本語譯】不管甚麼樣事物依於甚麼樣的虛妄分別而虛妄地被分
　　　　　　別，這全是分別性。這不是實有。

【玄奘譯本】由彼彼遍計，遍計種種物，
　　　　　　此遍計所執，自性無所有。（大31.61a）

梵文本與玄奘譯本的意思大抵是相應的。但以梵文本的意思較爲清
晰。分別性（vikalpa）主要是第六識的作用，這識對種種事物進行
虛妄分別，讓我們以爲事物具有自性。無論什麼事物依於什麼虛妄
分別而來，而被加以虛妄分別，這些東西全是分別性。由這種分別
性而建立起的事物都不是實有。玄奘譯本說：「由彼彼遍計，遍計
種種物。」「彼彼」表示很多不同的做法。周遍的計度有很多種做
法，例如遍計一個蘋果，以爲這蘋果具有自性；又遍計一個菠蘿，
以爲這個菠蘿具有自性；又遍計一束菩提子，以爲它具有自性。這
種種遍計就是彼彼遍計。以這些遍計去遍計種種事物。「此遍計所
執，自性無所有。」意思是透過遍計作用去執取的事物的自性是不
存在的。

現在看《成論》的解釋。《成論》說：

> 周遍計度，故名遍計。品類眾多，說為彼彼。謂能遍計虛
> 妄分別，即由彼彼虛妄分別，遍計種種所遍計物。謂所妄
> 執蘊、處、界等，若法若我，自性差別。此所妄執自性差
> 別，總名遍計所執自性。如是自性，都無所有。（大31.45c）

這段文字解釋遍計所執自性。第六識對事物生起周遍計度的作用，
很廣面地對事物進行主觀的憶測、主觀的計度，以為事物具有實體，
對事物生起自性的執著，這謂之遍計。由於遍計的事物種類眾多，
所以說「彼彼」。「能遍計」指第六識的作用。在早期的唯識學說
中，對於意識常有負面的看法，認為意識基本的作用是產生周遍計
度，是我們對事物的顛倒了解的根源。所以稱這識為「能遍計」，
這名稱相對於被它遍計的種種事物，那些事物稱為「所遍計」。但
發展到中期的唯識學時，對第六識的看法則偏重於它建構知識的能
力，而不太強調它的虛妄分別的作用。特別是唯識學派中的因明學
者，他們以比量（anumāna）來看第六識，將之視為一種判斷、推
理的能力，這是對第六識的一種較正面的看法。

引文繼續說，第六識運用能遍計的作用，去周遍計度種種事物，
這種種被遍計的事物可概括為蘊、處、界，即五蘊、十二處、十八
界等法數。「若法若我」指作為客觀存在的法和作為主觀存在的我。
對於這些東西產生誤解，以為它們具有自性，因而生起分別，這便
是所謂「自性差別」。這個自性是就被妄執的諸法和自我的實體性
來說的，並不是說遍計所執本身具有自性。一般人很容易誤解，以
為遍計所執、依他起、圓成實都有本身的自性，以為這三種處理事

物的態度或方法，都有自性與它們相對應。「此所妄執自性差別，總名遍計所執自性。」表示以爲有自性的想法，總稱爲「遍計所執自性」。「如是自性都無所有」表示這種被執著、以爲是實有的自性，其實都是沒有的。但這並不是表示沒有遍計所執一事，而是指由遍計所執而引致的，以爲事物具有的自性，其實是沒有的。

以下總結玄奘譯本的這首偈頌。《成論》說：

> 或初句顯能遍計識。第二句示所遍計境。後半方申遍計所執，若我若法，自性非有。（大31.45c）

「初句」即偈頌的第一句，這句指出能遍計識。「第二句」指出被第六識遍計的種種事物。第三、四句申明依於遍計所執這種虛妄活動而被執取的事物的自性都是沒有的。這裏很清楚表明「自性無所有」所指的，是由遍計所執所引生的事物的種種自性是沒有的，並不是說遍計所執自性本身沒有。因爲遍計所執是第六識的活動，這種活動不能說是沒有。當識未轉化成智之時，這識一直具有這種執著的作用。當然，我們亦不能以自性來說這種意識活動。但這裏所說的自性無有，不是指意識這種活動無有，而是指由意識這種妄執的活動而生起的，以爲事物具有自性的一種想法，當中所指的事物的自性是沒有的。[1]

---

[1] 關於遍計所執性的詳細闡釋，參看橫山紘一《わか心の構造》，東京：春秋社，1996, pp.255-264.

二十一、第二十一頌

【梵 文 本】paratantrasvabhāvas tu vikalpaḥ pratyayodbhavaḥ/
　　　　　　 niṣpannas tasya pūrveṇa sadā rahitatā tu yā//

【梵本語譯】但虛妄分別是依他起性，由緣所生。然而，一切在這
　　　　　　 方面時常遠離前者的，是眞實性。

【玄奘譯本】依他起自性，分別緣所生，
　　　　　　 圓成實於彼，常遠離前性。（大31.61a）

這首偈頌的梵文本與玄奘譯本的意思是相同的。在這裏特別要留意
「分別緣所生」（vikalpaḥ pratyayodbhavaḥ）。在玄奘的譯本中以
「分別緣所生」來說依他起自性，意思是這種依他起的存在模式是
依於分別緣的。這裏爲什麼將「分別」和依他起關連著呢？當提到
依他起時，基本上應沒有肯定或否定的評價意味，只是指出一種情
況，就是事物依於因緣和合而生起。但如果對這些依他起的事物周
遍計度，執著它們具有自性，這就成爲遍計所執性。如果如實地了
解這些依他起的事物，就它們本身依他起的性格來了解，這便是圓
成實性。所以，依他起本身應是中性的。但一般人會傾向於將一種
分別性賦予依他起，而就這種分別性來指依他起屬於染污。基本上，
依他起應是中性的。「分別緣所生」當中的「分別」不能確定是哪
一種分別，而一般都會將分別說成虛妄分別。梵文本在這點就較爲

清晰，這裏指明「虛妄分別是依他起性」，這表示當我們的第六識
對依他起的東西進行了解時，都傾向於生起一種虛妄分別。這是就
現實情況中的第六識來說。這種說法跟我們所提出的，將依他起性
視爲中性的看法有點不協調。然而，《成論》亦有提到淨分依他和
染分依他，這顯示《成論》亦有意將依他起性視爲中性的。而事物
本身是傾向染分依他或是淨分依他呢？這就要視乎主體所採的態
度。如果對事物採取周遍計度的態度，就會傾向於染分依他；如果
如實地了解事物，這就是淨分依他。偈頌中說「虛妄分別是依他起
性」，是傾向於染分依他來說。我們一般對於依他起的東西，都會
傾向於以虛妄分別的角度來看，很自然地將依他起關連到染污方
面。但這種傾向並不代表依他起的全部內容。

下半偈說：「一切在這方面時常遠離前者的，是眞實性。」當
中「一切在這方面」指依他起，「前者」指前面所說的遍計執。在
依他起之上遠離遍計執的，就是圓成實性。這裏所說的依他起顯然
是指淨分依他，而上半偈所說的則是染分依他。所以，《唯識三十
頌》提到三自性時，表面上是從一個對等的角度來看三自性，將事
物的存在形態分成三類，有些事物是遍計所執性，一些是依他起性，
另一些是圓成實性。如果從這個角度看，則遍計執、依他起和圓成
實就是對等的。這種了解方式是平面的。但事物的存在狀態不應是
這樣的。依他起性應是所有事物共通的存在形態，無論我們以遍計
執或圓成實的態度去處理事物的存在，事物最基本都是以依他起的
形式存在。我們可以說事物只有兩性：一是遍計執，另一是圓成實。
而依他起則是事物的基本結構。主體在這種基本結構上採取執持的
態度，事物對於他便是遍計所執性；若主體採取如實了解的態度，

事物對於他便是圓成實性。唯識學基本上以依他起性來建構整個世界。三自性可以還原爲一自性，就是依他起性。而依他起性有兩面，一面是清淨依他，另一面是染污依他。清淨依他對應於圓成實性，而染污依他則對應於遍計所執性。

這首偈頌的上半部份指虛妄分別由緣所生。這是傾向於染污依他的。而下半部份指一切時常遠離前者，即遠離遍計執的，是眞實性。這部份是說清淨依他。而在《成論》的解釋中亦提到染分依他和淨分依他，我們可以說，染分依他對應於遍計所執性，淨分依他對應於圓成實性。我們剛才對三自性的理解，從這些文字亦可看出來。

現在再看《成論》的解釋。《成論》說：

> 眾緣所生心、心所體及相、見分，有漏、無漏，皆依他起。依他眾緣而得起故。頌言分別緣所生者，應知且說染分依他。淨分依他亦圓成故。或諸染、淨心、心所法，皆名分別，能緣慮故。是則一切染、淨依他，皆是此中依他起攝。
>
> （大31.46b）

這段文字解釋依他起性。這裏說，由眾緣所生的心和心所的體和相分、見分，包括有漏的和無漏的，都是依他起的。心和心所的體指心識本身，這偏於抽象的意味。心識要變現爲相分和見分，才有具體的意義。抽象的心識本身和具體的相分和見分，無論是有漏或無漏的，都屬於依他起性，因爲這些東西都是依於眾緣而生起的。依他起本身是中性的，是事物本身構成的形式。然而，《唯識三十頌》的玄奘譯本，以及《成論》都傾向於將依他起說爲虛妄的。這裏就

用了「分別緣所生」來描述依他起，這「分別」（vikalpa）就是虛妄分別。這裏所說的是染分依他。依他起性有兩方面，一方面是染分依他，另一方面是淨分依他。而世親和護法都傾向於強調依他起的染分方面。至於淨分依他，則是圓成實性。其實世親和護法不單對於依他起性以雜染的角度來說，對於八識亦著重討論它們的染污性格。從「分別緣所生」這句說話可以看出他們這種傾向。

引文繼續說，種種染和淨的心和心所都稱為分別，因為它們都具有緣慮的作用。這裏強調心、心所法的分別作用，而且將這種作用關連到染污方面。但事實上，分別或緣慮的作用，可以不是虛妄的，可以是中性的。例如對於一個錄音機進行分別、認識。但如果在這種分別之上，再進一步將所分別的東西執著為有實體，這就顯示出一種虛妄分別的意味。如果我們不加以執著，純粹只是辨別事物的形相，這就不算是虛妄分別。但這種中性的分別作用並沒有在護法的系統中強調出來。他每逢提到分別，都傾向於視之為虛妄分別。然而，在引文的最後一句，護法提出了很重要的一點。他把依他起分為兩個方位，一個是雜染的依他，另一個是清淨的依他。雜染的依他會發展成遍計所執性，而清淨的依他則會發展為圓成實性。[1]

---

[1] 關於依他起的詳細的闡釋，參看橫山紘一《わか心の構造》，東京：春秋社，1996, pp.264-279. 遍計所執是虛妄的，故要捨棄；依他起則表示事物的緣起性格，是事物的根本性格，故不需捨棄。《成論》似亦有這種意思。上田義文在論到這兩者時，也提到《成論》只說要遠離、空卻遍計所執，未說要遠離、空卻依他起，並認為這是值得注意的地方。參考上田義文《梵文唯識三十頌の解明》，東京：第三文明社，1987, p.79.

解釋完依他起性之後，接著是解釋圓成實性。《成論》說：

> 二空所顯，圓滿成就諸法實性，名圓成實。顯此遍、常，
> 體非虛謬。……於彼依他起上，常遠離前遍計所執，二空
> 所顯真如為性。說於彼言，顯圓成實與依他起不即不離。
> 常遠離言，顯妄所執能、所取性，理恒非有。前言義顯不
> 空依他。性顯二空非圓成實，真如離有離無性故。（大31.46b）

這裏說，圓成實性是由二空所顯示出來的。二空指我空和法空，我是主觀的自我，法是客觀的事物。如果我們能夠明白我空和法空的道理，對於諸法有一種圓滿的認識，認識它們是無實體性的，這就是圓成實。這顯示出圓成實性具有遍和常的性格。「遍」指圓成實性周遍地存在於一切法之中，即一切法皆是空的；「常」表示圓成實性這種無自性的眞理具有常住性、持久性，而不是變幻無常的。而且，圓成實性具有眞實的事體，是實在的，不是虛謬的。但這並不表示它具有自性，而表示這無自性的眞理是眞實不虛的。

接著是解釋偈頌的下半部份「圓成實於彼，常遠離前性」。「於彼」顯示出圓成實性與依他起性有不即不離的關係。「彼」是指依他起。怎樣才是不即不離的關係呢？「不即」表示兩者之間有分別。依他起是事物的根本結構。而對於這種依他起的結構有正確的理解便是圓成實。「不離」表示兩者不能分割開。圓成實性，或我、法二空的性格，顯示在以依他起性爲結構的事物之中，我們不能離開依他起這種根本結構而建立圓成實性。「常遠離」表示虛妄執著的能執和所執兩端都是無實在性的。能執和所執即能取和所取，兩者都是妄識所變現出來的。妄識變現見分和相分，由見分執取相分。

當中的見分是能執，相分就是所執。「前」指「不空依他」。「不空依他」指遍計所執。遍計所執是周遍計度事體，以爲事體是實在的、不空的。修行者如果能夠遠離遍計所執性，以空的眞理來了解事物的本性，這就是圓成實。引文中說：「性顯二空非圓成實。」這句是難以理解的，因爲二空是圓成實所表現的，爲什麼說二空非圓成實呢？偈頌所說的「常遠離前性」，當中的「前性」應是指遍計所執性，這裏爲什麼說「性」字顯示出二空非圓成實呢？引文接著又說「眞如離有無性故」。這「眞如」與「性」又有什麼關係呢？這句說話就字面來看是不能理解的。這可能是翻譯上的問題，但梵文本已失傳，故無法查考。[2]

2　關於圓成實的詳細的闡釋，參看橫山紘一《わか心の構造》，東京：春秋社，1996, pp.279-291.

二十二、第二十二頌

【梵　文　本】ata eva sa naivānyo nānanyaḥ paratantrataḥ/

anityatādivad vācyo nādṛṣṭe 'smin sa dṛśyate//

【梵本語譯】因爲這個原故，這與依他既不是相異，亦不是不相異。

這應說爲像無常等那樣。這個不見時，那個也看不到。

【玄奘譯本】故此與依他，非異非不異。

如無常等性，非不見此彼。（大31.61a）

照梵文本看，這首偈頌主要是說圓成實性與依他起性的關係。這兩
者的關係應是「非異非不異」，即是並非完全不同，亦非完全相同。
「因爲這個原故」當中所說的「原故」，就是前面所說的「圓成實
於彼，常遠離前性」。圓成實性是在依他起性之上，遠離遍計所執
而成就的。基於這個原故，圓成實與依他起的關係是非異非不異。
這「非異非不異」的意思，在《成論》中有詳細解釋，我們稍後再
說。現再看梵文本的意思。圓成實與依他起的這種關係，應說爲像
無常與諸行的關係。無常與諸行亦有非異非不異的關係。「這個不
見時，那個也看不到，」這句是說在修行實踐中圓成實與依他起的
關係。「這個」指圓成實性，「那個」指依他起性。意思是，如果
我們不了解圓成實性，也就不能了解依他起性。換句話說，我們要
先了解圓成實性，然後再去了解依他起性。這個意思在梵文本中非

常清楚，但在玄奘的譯本中就很模糊。他翻譯為「非不見此彼」，很難了解。這可能由於受偈頌的格式所限制，很難用五個字來清楚表示這個意思。

現在再看《成論》的解釋。《成論》說：

> 由前理故，此圓成實與彼依他起，非異非不異。異，應真如非彼實性；不異，此性應是無常。彼此俱應淨、非淨境，則本、後智用應無別。（大31.46b）

這段文字解釋圓成實與依他起的「非異非不異」的關係。「由前理故」中的「前理」，指上首偈頌所說的「圓成實於彼，常遠離前性」的道理。基於這個道理，我們可以說圓成實和依他起有非異非不異的關係。以下繼續解釋這種非異非不異的關係。這裏先假設兩者的關係為「異」，再指出這種假設會出現的問題，由此推斷兩者的關係並非異。這種論證方式，在佛教中很普遍。「異，應真如非彼實性」表示如果圓成實與依他起是完全不同的、隔斷的，則「真如」這個圓成實性就不能當體作為依他起性的真實性。換句話說，如果圓成實與依他起是完全隔絕的，我們就不能說真如或圓成實性是依他起的本質或本性。但事實上，真如或圓成實是依他起的本質或本性，所以我們不能說圓成實與依他起兩者是「異」，亦即是說，兩者的關係為「非異」。

引文接著假設兩者的關係為「不異」，然後指出這個假設會導致困難，由此推論兩者的關係是「非不異」。如果圓成實與依他起的關係是「不異」，則「此性應是無常」，以及「彼此俱應淨、非淨境，則本、後智用應無別」。這裏的論證較複雜。先看第一個困

難，如果兩者是不異的，則圓成實應跟依他起同樣是無常法。但圓成實不應是無常法，所以兩者「不異」的關係不能成立。第二個困難是，如果兩者是不異的話，則兩者應同時通於淨境和不淨境，而不能說依他起爲不淨、圓成實爲清淨。但《唯識三十頌》和《成論》一直是傾向於將依他起視爲不淨的，即爲染污依他，然後將染污依他與圓成實進行對比，認爲前者是不淨的，後者是淨的。如果圓成實與依他起有「不異」的關係，我們就不能說圓成實是淨的而依他起是不淨，只能說兩者都通於淨和不淨。再進一步，我們通常將圓成實視爲相應於本有智，而將依他起相應於後得智，如果圓成實和依他起都通於淨和不淨，則本有智和後得智就變成沒有分別。但兩種智基本應是不同的。本有智是對應於第一義諦（paramārtha-satya）的一種智慧，能了解圓成實性；後得智則是了解世俗諦（saṃvṛti-satya）的智慧，即對應依他起性。我們通常將圓成實關連到本有智，而將依他起關連到後得智。如果圓成實與依他起爲「不異」，我們就不能作出這種關連了。所以兩者的關係應是「非不異」。

接著再進一步討論圓成實和依他起的關係。《成論》說：

> 云何二性非異非一？如彼無常、無我等性。無常等性與行等法，異，應彼法非無常等；不異，此應非彼共相。由斯喻顯此圓成實與彼依他，非一非異。法與法性，理必應然；勝義、世俗，相待有故。（大31.46b）

這裏說，爲什麼說圓成實與依他起非異非一呢？「如彼無常、無我等性」這句相應於偈頌中的「如無常等性」。「行等法」指種種心念。圓成實與依他起的關係有如無常法與行等法的關係，兩種關係

都是非異非不異。如果無常法與行等法的關係爲異，則有「應彼法非無常等」的困難；如果兩者的關係爲不異，亦會有「此應非彼共相」的困難。由於假設兩者的關係爲異會出現困難，爲不異亦會出現困難，所以兩者的關係應是非異非不異。這是文中的論證結構。

現在看這兩種困難。首先，如果無常法與行等法是異，便互相隔絕，沒有任何相同點，則行等法就不能是無常。這違反了佛教的基本義理，即三法印中的「諸行無常」。所以不能說無常法與行等法是相異的。故此，兩者的關係應是非異。另一方面，如果兩者是不異，便是完全相同，則無常不能說是行等法的共相。但實際上，行等法本身是別相，而無常是行等法的共相，別相與共相是不同的，所以兩者的不異的關係亦不能建立。因此，行等法與無常的關係應是非異非不異。圓成實與依他起的關係亦是這樣，所以圓成實與依他起的關係亦是非一非異。最後結論是「法與法性，理必應然；勝義、世俗，相待有故」。「法」指依他起，「法性」指圓成實，法與法性的關係必定是非異非不異的。「勝義」指圓成實，「世俗」指依他起，兩者是相待而有的。相待而有一方面表示兩者是不同的東西，所以是非不異的；另一方面，兩者是相依待的，不可能完全隔絕、完全不同，所以兩者是非異的。勝義和世俗是相待而有，所以有非異非不異的關係。同樣，圓成實與依他起亦是相待而有，所以亦是非異非不異。

繼續是解釋偈頌的最後一句「非不見此彼」。玄奘譯本非常簡約，很難看出它的正確意思，但梵文本卻很清晰。這句的意思應是：這個不見時，那個也看不到。「這個」指圓成實，「那個」指依他起。若看不見圓成實，也會看不到依他起。即是說，必須看到圓成

實，才能看到依他起。我們再看《成論》的解釋。《成論》說：

> 非不證見此圓成實，而能見彼依他起性。未達遍計所執性
> 空，不如實知依他有故。無分別智證真如已，後得智中方
> 能了達依他起性。（大31.46b）

這裏說，不能不證見圓成實而見到依他起。即是說，必須先證見圓
成實，才能見到依他起。在實踐修行中，我們必須先徹底確認實踐
的極限，了解到諸法的圓成實的空如本性，然後再回頭看諸法的依
他起的構造。依他起好比一個歷程，而圓成實就是歷程的目標。從
邏輯上說，我們要先走過這歷程，然後才達到目標，即是要先經過
依他起的歷程，然後才達到圓成實的目標。但現在從實踐的角度看，
我們要先確認目標，然後再決定應走的途徑，去達到這個目標。即
是先要究明圓成實，然後再看依他起。「未達遍計所執性空，不如
實知依他有故。」這句的情況亦是一樣，若從邏輯上看，我們應先
了解諸法的依他起性或有性，然後再看遍計所執的事物是虛妄的。
但從實踐的角度看，我們先要通達虛妄的根源，認清遍計所執的性
格，然後再看遍計所執的對象，其真性應是依他起。這亦是著重於
實踐方面。引文繼續提到無分別智與後得智在實踐上的先後次序。
「無分別智證真如已，後得智中方能了達依他起性。」在大乘佛教
中提到兩種智慧，一種是無分別智（nirvikalpa-jñāna），另一種是
後得智（pṛṣṭha-labdha-jñāna）。無分別智是照見空理的智慧，照見
事物的本性是空，沒有個別的情狀。後得智則能照見各種事物的特
殊相狀，亦可說是一種世俗的智慧。這種智慧亦是照見科學的研究
對象的特性的智慧。無分別智則是照見終極真理的智慧。按照一般

的程序，我們先要把握世俗的智慧，然後才能進一步認識事物的空的真相。但從實踐的角度看，則先要照見第一義，然後再回頭看事物不同的相狀。所以，偈頌說如果我們不先了解圓成實性，就不能了解依他起性。

　　以上解釋了論三性的第二十至第二十二頌，《成論》接著對這三首偈頌作出總結，特別就這三首偈頌所說的三性問題作闡述。《成論》說：

> 此中意說：三種自性，皆不遠離心、心所法。謂心、心所及所變現，眾緣生故，如幻事等，非有似有，誑惑愚夫，一切皆名依他起性。愚夫於此橫執我、法、有、無、一、異、俱、不俱等，如空花等，性、相都無，一切皆名遍計所執。依他起上，彼所妄執我、法俱空。此空所顯識等真性，名圓成實。是故此三不離心等。　（大31.46c）

這裏所說的三種自性，即遍計所執性、依他起性和圓成實性，是事物的三種存在形態。這裏說，這三種存在形態都不遠離心。即是說，這三種形態都是依於心識而確立的。其中的依他起性是事物的基本的構造，事物都是依他起的。在依他起這個基本構造之上，如果我們對事物周遍計度，而執著事物為有自性，這是遍計所執性。相反，如果我們對事物不進行周遍計度，對事物的依他起性如實地了解，這就是圓成實性。[1]

---

[1]　這種以依他起性為根本結構，以遍計執性與圓成實性為在依他起性上或染或淨的表現，是我們對三性的基本理解。關於遍計執性與依他起性的這種關係，

「謂心、心所及所變現，眾緣生故，如幻事等，非有似有，誑惑愚夫，一切皆名依他起性。」這裏先解釋事物的基本構造，即依他起性。一切心、心所以及所變現都是眾緣所生的。「所變現」指由識變現的相分和見分。相分是客觀的現象世界，見分是主觀的自我。這些東西都是由因緣和合而生的，好像虛幻的事物，它們不是實有的，但表面上卻似是有。這些事物迷惑一般愚夫，讓他們以爲這些事物是眞實的。然而，一切都只是依他起的，都不是實有的。亦由於一切事物都是依他起，所以事物本身都是中性的，既不是虛妄，亦不是清淨。虛妄或清淨是在於我們怎樣去了解事物。倘若我們執著事物爲有自性的，則成爲虛妄；倘若我們如實地了解事物的依他起性，就成爲清淨。從邏輯上說，如果撇除了主觀上對事物的了解方式，就不會有所謂虛妄或清淨，所以說事物本身的依他起性是中性的。

「愚夫於此橫執我、法、有、無、一、異、俱、不俱等，如空花等，性、相都無。一切皆名遍計所執。」這兩句文字解釋遍計所執。這裏說，愚夫在依他起的事物上起執著，對我、法、有、無、一、異、俱、不俱等對立的概念加以執著，將主觀的自我和客觀的

橫山紘一亦有意識到。他認爲遍計執性以依他起性爲根據，是第二（層）次的存在物。（《唯識の哲學》，京都：平樂寺書店，1994, p.43.）這即是以依他起性爲第一層次的存在物，是根本結構。另外，橫山在說到「轉依」問題時，以「自己存在的基體」來說依他起性，表示在依他起自己存在的基體上，由虛妄的狀態（遍計執性）轉成眞實的狀態（圓成實性），而作質的變革，即是轉依。其結果即是獲得涅槃與菩提。（Ibid., pp.229-230）這亦與我們的理解相符。

事物對立起來；將實有和虛無對立起來；將同一和別異、事物的結合和分離等亦對立起來。這些東西都是我們的思想中的形式概念（formal concept），用以幫助我們去了解現象世界。如果我們以爲這些東西都具有實體而加以執著，就等同執著虛幻的空花。這些東西都是無性、相的。相狀是由心識變現的，而自性則是虛妄構想出來的。然而一般人都不了解這點，以爲事物都有自性，這就成了遍計所執。

「依他起上，彼所妄執我、法俱空。此空所顯識等眞性，名圓成實。」這句解釋圓成實性。在依他起之上，如果我們了解到我和法都是空的，則由這種空所顯示出的識等眞實性格，便是圓成實性。所以，事物的存在形態是屬於依他起。是遍計執或是圓成實，就要視乎主體的心識怎樣去看事物。事物的根本結構是依待各種緣而生起的，即是依他起的。如果心識在這種根本結構上周遍計度，執著事物爲具有自性的東西，這便成爲遍計執性。如果就依他起性如實地了解，不加以周遍計度，便成爲圓成實性。[2]

---

[2]　三自性的這種說法，即在依他起上，由遍計執轉成圓成實的轉化，其實即是八識的轉化：由染污的心識活動轉成對作爲眞理的唯識性（vijñaptimātratā）的體驗。關於這種轉化，印度學者查達智有很巧妙的描述，可以參考。他說：「我們要承認心識有阿賴耶識（ālayavijñāna）、染污末那（kliṣṭa manas）和現行識（pravṛttivijñāna）。心識的轉化在數目上是無限的，但理想的進展則經歷這三個層面。這三個心識並不是明晰的和靜態的範疇，而是宇宙進化的範域，是純粹心識在分化歷程中的不同層次。在這三者之中，沒有一個是終極的。實際上，進化歷程自身並不是終極的。不過，它是一個實在的、存在論的歷程，由虛幻的客體性觀念所投進來的挑引所推動。當這根本的幻覺被否棄，所有這三種心識會回轉到純粹心識的空寂方面去，那便是那絕對者的唯識性（vijñaptimātratā）。」（A.K. Chatterjee, *Readings on Yogācāra Buddhism*, "Introduction", Banaras: Banaras Hindu University, 1970, p.18.）

引文最後結論說：「此三不離心等。」這三自性都是心、心所作用的結果。以依他起爲一種中性的結構，心、心所就以這個結構爲基礎，再加以周遍計度，或是如實地了解。

以上幾首偈頌提出了三自性，接著要說的是三無性。這三無性可以作爲對三自性的義理的補充。以下兩首偈頌都是解釋三無性，以幫助我們對事物的存在形態的了解。

我們試參考一下長尾雅人的說法，以結束這三自性的探討。長尾認爲，三性說是唯識學派的世界觀。這個世界不是由三性這樣的三個部份集合而成。對於迷妄的愚者與開悟的聖者來說，世界只是一個現實的世界。倘若這個唯一的世界被歪曲，被妄想，則是迷界一色。倘若這迷界一色被拭棄，被轉化，完全地被成就，則同一的世界會變成聖者的悟界。[3]

三性顯然不表示世界同時分爲三個性質不同的存在領域，而始終只是那唯一的世界。它的性質，視主體對它的態度或處理方式如何而定，所謂心迷法迷，心悟法悟。這種思考與觀察，在佛教中亦相當普遍。如天台宗智顗大師說一念三千，表示三千諸法或存在世界都是隨心而轉，其心是一念無明法性心。若心向無明，則一念所涵攝的存在世界都在迷妄之中。若心向法性，則存在世界都在覺悟之中。都是同一的三千諸法，在迷在悟，只看一心的表現。[4]

這個同一的世界的結構是怎樣的呢？長尾提出「依他起」。他說：

---

[3]　長尾雅人《攝大乘論：和譯と注解》上，東京：講談社，1997, p.24.
[4]　關於一念三千的思想，參看拙著《天臺智顗的心靈哲學》，臺北：臺灣商務印書館，1999, pp.78-84.

> 「依他起」這種純粹緣起的世界，一方面經過轉換，在凡
> 情之前顯現為被妄想的世界；另方面，同樣的世界，展開
> 聖者所完全地成就的覺悟的風光。……同一的依他起的世
> 界，在某種觀點下是迷界，在某種觀點下表現為悟界。……
> 「依他起」的實存，是轉換進行的基底，依於這點，它是
> 由迷變成悟的媒介體。[5]

以「媒介體」、「基底」來說依他起，人迷，則依他起的世界為染
污；人悟，則依他起的世界為清淨。不管是迷是悟，依他起都是同
一的依他起，沒有為另外的東西取代。這與我們以依他起為存在的
根本結構，對於這種根本結構，可遍計執，也可圓成實，而分別形
成迷妄與真實的看法，是完全一致的。[6]

---

[5]　長尾雅人《攝大乘論：和譯と注解》上，東京：講談社，1997, pp.24-25.

[6]　這種對依他起和三性的理解，我在三十年前寫自己的碩士論文〈唯識宗轉識
　　成智理論問題之研究〉中，早已形成。在這篇論文中，我以依他起是根本結
　　構，遍計執與圓成實都在它上面說，對依他起的東西周遍計度是遍計執，如
　　實知其為依他起是圓成實。此文收入於拙著《佛教的概念與方法》，臺北：
　　臺灣商務印書館，1988, pp.98-208.又附記：上提的我的碩士論文，先是在臺
　　灣的佛光出版社印行，題為《唯識哲學》，1978.

二十三、第二十三頌

【梵　文　本】trividhasya svabhāvasya trividhāṃ niḥsvabhāvatām/
　　　　　　 saṃdhāya sarvadharmāṇāṃ deśitā niḥsvabhāvatā//

【梵本語譯】基於三種自性，因而有三種無自性。一切法的無自性
　　　　　　 便被說示了。

【玄奘譯本】即依此三性，立彼三無性。
　　　　　　 故佛密意說，一切法無性。（大31.61a）

這裏提出了「三無性」的觀念。三無性（trividhā niḥsvabhāvatā）
指三種無自性的眞理，即相無性、生無性和勝義無性。這三種無自
性都是對應三自性來說的。相無性或相無性性（lakṣaṇa-
niḥsvabhāvatā）指事物的形相是無實體性的。生無性性（utpatti-
niḥsvabhāvatā）指事物的依他而生的性格是無實體性的。勝義無性
性（paramārtha-niḥsvabhāvatā）指圓成實性本身亦無實體性。我們
要留意一點，無論三自性或是三無性，其中所說的「性」在原文中
都是使用svabhāva這個字眼，漢譯本亦一律譯爲「性」。但是在梵
文本以及《成論》中，這個字眼在不同情況下會有不同的解釋。所
以我們不能固定地將「性」這個字眼解作自性。尤其在提到三無性
時，將遍計所執性對應於相無性，依他起性對應於生無性，圓成實
性對應於勝義無性，在這當中運用了很多「性」字，但我們不能畫

一地都解釋為自性。例如三自性的「性」，是指存在的形態，這個
意思與自性沒有多大關係。這三種存在形態都是對應於主體的心識
而言。至於三無性之中的「性」則要分別處理。當就遍計所執性來
說相無性時，這個「性」代表實體的意思。這表示遍計所執的事物
的形相是無實體的。就依他起性而說生無性時，這個「性」亦是指
實體。但是，生無性有時表示依他起這種作用是無實體的，而有時
卻是指由依他起而生的事物是無實體的。從圓成實性來說勝義無性
時，這個「性」卻不是實體的意思。我們對於依他起的事物能夠如
實地了解其為依他起時，就能成就圓成實性。而圓成實性又稱作勝
義無性。這勝義無性有兩個意思。第一個意思是指圓成實性本身是
無實體的，它只是描述事物的真相，這個真相就是依他起的真相。
另一個意思是表示沒有一種實在的東西對應於勝義而存在。即是
說，由圓成實建立的勝義並非一種實在的對象，而能被我們所執取。
所以，我們必須分辨清楚，在不同的脈絡中的「性」所代表的意思。

　　現在看梵文本的意思。這首偈頌說，基於三種自性而提出三種
無自性。這裏提出三種無自性，無非是要令眾生對於諸法的無實體
性作進一步了解。這樣便宣示了一切法的無自性的性格。這樣宣示
了之後，在下一首偈頌將逐一述說三無性。玄奘譯本的意思亦與梵
文本很相近，但他強調，這種說法是佛的密意。而在梵文本中，並
沒有這種意思。

　　現在看《成論》的解釋。《成論》說：

> 即依此前所說三性，立彼後說三種無性。謂即相、生、勝
> 義無性。故佛密意，說一切法皆無自性。非性全無，說密

意言，顯非了義。謂後二性雖體非無，而有愚夫於彼增益，
妄執實有我、法自性，此即名為遍計所執。為除此執故，
佛世尊於有及無，總說無性。　（大31.48a）

這裏說，依據前面所說的三種自性而建立三種無性。這三種無性是
相無性、生無性和勝義無性。相無性對應於遍計所執性；生無性對
應於依他起性；勝義無性則對應於圓成實性。在這裏，我們除了要
注意「性」這個概念在不同脈絡中的不同意思之外，還要對「無性」
的意思特別留意。這裏提到的無性，在不同脈絡中亦有不同的意味。
例如遍計所執的無性和依他起的無性，都是傾向於說遍計所執的事
物和依他起的事物是無自性的，這兩種就是相無性和生無性。而圓
成實的無性或勝義無性則是指圓成實所顯示出來的真理，即勝義本
身是無實體性的。我們特別要注意，不能執取圓成實性或勝義，以
為在另一個世界中，有一個對應於圓成實性的對象存在著。這圓成
實性或勝義只是用以描述我們對於諸法的真相的一種正確的了解，
而不能執取為一個對象。從三自性建立三無性，再進一步說到一切
法皆無自性，這種說法是佛的密意。玄奘的《唯識三十頌》譯本中
的「故佛密意說」一句，大概是他根據《成論》的意思而加上的，
在梵文本中則沒有這個意思。

「非性全無，說密意言，顯非了義」這句不能簡單地就字面來
理解。這裏一方面說三無性，另一方面又說非性全無。「非性全無」
應從緣起性方面來說。若從終極的角度說，可以說相無性、生無性
和勝義無性。但若從緣起的現象來說，我們不能說這種緣起性完全
是無。所以三無性也不能完全拒斥緣起的性格。這是「非性全無」

的意思。佛所說的密意所顯的是非了義，而了義在於空所顯的義理。
這裏所說的是在緣起的現象界方面，是屬於世俗諦，所以是非了義。
「謂後二性雖體非無」這句中的「後二性」指依他起性和圓成實性。
這個「體」不能解作實體，只能解作眞理性。因爲若解作實體，就
是將依他起和圓成實視爲實體，這是不合理的。所以，這句應解作：
依他起性和圓成實性雖然具有眞理性。引文繼續說，但是愚夫對於
諸法有所增益，將實在性加於諸法之中，便以爲諸法具有實體，這
就產生了遍計所執。這遍計所執跟依他起和圓成實不同，後二者具
有眞理性，而遍計所執就完全是虛妄的。佛世尊爲了除去凡夫這種
執著，於是將有法和無法都總說爲無性。「有法」和「無法」都是
就相對世界而說的。「有法」指有實體的法；「無法」指虛無。佛
世尊爲使世人去除對有法和無法的執著，於是總說爲無自性。這裏
所說的正是圓成實性。如果能夠除去遍計所執，認識到所謂有法、
無法都是依他起的、都是無自性的，這就是圓成實性。這裏亦回應
了偈頌中所說：「一切法的無自性便被說示了」，以及玄奘譯本的
「一切法無性」（sarvadharmāṇāṃ niḥsvabhāvatā）的意思。

二十四、第二十四頌

【梵　文　本】prathamo lakṣaṇenaiva niḥsvabhāvo 'paraḥ punaḥ/
　　　　　　na svayaṃbhāva etasyety aparā niḥsvabhāvatā//

【梵本語譯】第一，就特質一點而爲無自性。其次，此中不是自有。
　　　　　　這樣所說的，是跟著的圓成實性的無自性。

【玄奘譯本】初即相無性，次無自然性，
　　　　　　後由遠離前，所執我法性。（大31.61a）

這首偈頌提出了三無性。前面已說過三自性，現在由三自性而建立
三無性。三自性和三無性在字眼上似有矛盾，但實際上，兩者是沒
有衝突的。它們的分別只在於各從不同的面相而說三性的問題，而
最後都一同歸結到唯識的根本立場。當說三自性時，有人會傾向於
執取三自性，以爲這三者是具有實體的。世親爲了去除這種誤解，
於是提出三無性。現先看梵文本。這首偈頌以三點來分別說明遍計
所執、依他起和圓成實的無性的意思。我們須要留意這裏以什麼角
度來說三性的無性的性格。

　　首先說遍計所執性的無性的性格，偈頌說：「就特質一點而爲
無自性。」這「特質」即是相（lakṣaṇa）。一般人對於依他起的東
西，會就其表現出來的相狀而加以周遍計度，以爲這些相狀具有自
性。偈頌中提出，這些遍計所執的相狀，其實是由識透過反照的方

·205·

式顯露出來的，它們本身沒有實體。這遍計所執的相無性，是就著相狀或特質而說的。一般被人們執取的相狀，其實都是無自性的。我們要注意一點，這裏並不是籠統地說遍計所執性爲無自性，雖然這樣說也沒有問題。但若更精確一點來說，相無性應是指我們對事物進行遍計，由此而執取的相狀本身是無自性的。

接著看依他起性的無性。偈頌說：「其次，此中不是自有。」這裏所指的是依他起的事物，這些事物不是自有。這裏並不是說依他起性不是自有，而是說在依他起性這種存在形態中的事物不是自有。「不是自有」表示無實體或無自性。

偈頌最後說：「這樣所說的，是跟著的圓成實性的無自性。」這裏所說的是圓成實性的無性。在依他起的事物上不起執著，而如實地就依他起的性格來了解，這便是圓成實性。這裏提出圓成實是一種無性，表示圓成實本身並不是一種實體。即是說，並沒有一種對象對應於圓成實性而存在。

這首偈頌提出三無性，來對應三性，但三無性的意義並不是平行地或對等地對應於三性的，亦不是籠統地指三性的無自性的性格，而是各有特定的重點。相無性是指遍計所執的事物的相狀無實體；生無性是就依他而生起的事物來說，指這些事物無自性；勝義無性所指出的，是圓成實性本身只是對於依他起的事物的一種如實的了解，而沒有一個實在的東西對應於圓成實性而存在。

關於三無性的意義，若將梵文偈頌與玄奘譯本作一對照，就會更加清楚。「初即相無性」所說的是遍計所執的無自性，著重點在「相」。我們周遍計度的事物的特性是無實體的。玄奘譯本在這裏是緊扣梵文原本進行翻譯的，所以兩者的意思相同。「次無自然性」

是說依他起的無自性。這裏利用「自然性」來與依他起對說。自然性（svayaṃbhāva）是指由自己生起的一種性格，即自己而然的性格。意思是，自己決定自己的存在的一種性格。偈頌說，這種自然性是不存在的。事物之中並沒有一種自己存在的性格。這個意義是指依他起。沒有自己決定自己存在的性格，即是要依賴他者而生起，所以沒有自然性就等於依他起。梵文本說：依他起的東西不是自有。這個意思與玄奘譯本的「無自然性」是相同的。最後，說到圓成實性的無自性時，玄奘譯本與梵文本的意思就有點出入。「後由遠離前，所執我法性」，當中的「後」，指圓成實性。圓成實性的成立，是由於遠離前面所說的遍計所執之中，所執著的我性和法性。照這個意思，這兩句偈頌並沒有說出梵文本的意思，只是複述了前面提過的意思，即在依他起上，遠離前面所說的遍計所執，而如實地了解事物。梵文本的意思是：跟著的圓成實性的無自性。表示沒有一個對象存在著而對應於圓成實性。這個意思在玄奘譯本中並沒有，亦沒有解釋為什麼說圓成實性是無自性的。

　　現在看《成論》的解釋。《成論》說：

> 云何依此而立彼三？謂依此初遍計所執，立相無性。由此體相，畢竟非有，如空華故。依次依他，立生無性。此如幻事，託眾緣生，無如妄執自然性故，假說無性，非性全無。依後圓成實，立勝義無性。謂即勝義，由遠離前遍計所執我、法性故，假說無性，非性全無。　（大31.48a）

這裏對三無性的解釋相當清楚。首先，為什麼依此三自性而建立三無性呢？按照世親原來的意思，是要透過三無性去補充說明三自

性，使人對三自性的意義更清楚了解。這裏首先解釋遍計所執性的無自性的意思。引文說：「依此初遍計所執，立相無性。」這裏提出了「相無性」，遍計所執之所以說為無自性，就是從相無性來說。我們一般會對事物的相狀起周遍計度，以為這些相狀具有自性，而實際上，這些相狀都是無自性的，這就是所謂相無性。我們要注意一點，這裏所說的相無性，是指遍計所執的相狀無自性，而不是說遍計所執本身無自性。在遍計所執的情況下，事物的相狀被執取，這些相狀就是「相無性」所指的「相」，它們都是無自性的。引文繼續說：「由此體相，畢竟非有，如空華故。」這裏所說的「體相」，意思不大精確。這裏的「體」只是一個附隨的用字，而不是指事物的實體。這裏的重點是在「相」字。這句的意思是：事物的相狀是沒有的。即是說，事物的相狀無自性、無實體，就好像空華一般，只是一種幻覺，不是實際存在的。

接著是解釋依他起的無自性。引文說：「依次依他，立生無性。此如幻事，託眾緣生，無如妄執自然性故，假說無性，非性全無。」這句是解釋「生無性」，即是說依他起是無自性的。「生無性」的確切意思是：由於依他起而生起的事物是無自性的，而不是說「生」這件事本身是無自性的。我們必須這樣地解釋生無性，才能配合自然性的意思。這些依他起的事物是無實自性的，如幻事一般，要依託眾緣而生起。「生無性」的「無」，表示無「自然性」。在依他起當中不可能容許自然性。這「自然性」指一種依於自己的存在而確立自己的性格。這「無自性」並不是從虛無主義來說，即是說，這些依他起的東西並不是一無所有。它們都是緣起的，所以都具有緣起的現象性，或是有一種由緣起而引生的存在性。所以說，這些

東西「非性全無」。這個「性」應指現象性或存在性，而不是指自性或實體。

　　引文最後說圓成實性的無自性。「依後圓成實，立勝義無性。謂即勝義，由遠離前遍計所執我、法性故，假說無性，非性全無。」這裏提出勝義無性。「勝義」（paramārtha）是用以描述諸法的終極的真相。「勝義無性」表示出諸法的真實的情況。即是說，我們不能以爲對應於勝義本身，在一個高層次的世界中，有一個實在的東西存在著。「勝義無性」是要指出，勝義本身是不能以一種實體來了解的。這勝義無性與般若和中觀所說的「空空」有點相似。「空空」表示對於「空」這種真理加以空卻。即是指出，「空」這種真理本身亦是無自性的。換句話說，我們不能以爲對應於「空」這種真理，在另一個高層次的世界中，存在著一個具自性的東西，稱爲「空」（śūnyatā）。「空」是勝義，「空空」（śūnyatā-śūnyatā）就相等於勝義無性。這「勝義無性」就是要指出勝義本身亦是無實體的。引文繼續說，這勝義是由遠離前面所說的遍計所執而確立的。遍計所執是執取事物的主觀和客觀方面，即我、法方面。沒有這種執著，而顯示出事物的依他起方面的真實情況，就是勝義。「非性全無」表示雖然勝義本身不是一個實體，但是它具有描述諸法的真相的作用或性格，所以「勝義無性」並不表示勝義本身是虛無的，它仍然具有描述諸法的作用存在。

二十五、第二十五頌

【梵　文　本】dharmāṇāṃ paramārthaś ca sa yatas tathatāpi saḥ/
　　　　　　sarvakālaṃ tathābhāvāt saiva vijñaptimātratā//

【梵本語譯】因此，這是諸法的勝義。另外，這是眞如。因爲在一
　　　　　　切時中，都這樣地是有。這正是所謂唯識。

【玄奘譯本】此諸法勝義，亦即是眞如，
　　　　　　常如其性故，即唯識實性。（大31.61a）

這首偈頌是總結，將以上所說的三自性和三無性總結爲勝義。而這
勝義的意義，最後是就唯識的義理而提出的。這裏從兩方面來說，
一方面是說一切法都是無自性的，這就是圓成實性。另一方面是在
諸法無自性的前提下，提出唯識的義理，來交代現象世界的種種存
在，使人不會執持一切法無自性這個大前提，而將由心識生起的種
種現象加以全面否定。

　　現在先看梵文本的意思。「因此，這是諸法的勝義。」這裏的
「這」是指第二十三首偈頌所說的「一切法無自性」（sarvadharmāṇāṃ
niḥsvabhāvatā）。即是玄奘譯本所說的「一切法無性」。這「一切
法無性」的義理，就是諸法的勝義，即圓成實性。我們一般所說的
眞如，就是指這種義理。這種義理是超越時間的。即是說，這種義
理不會在此時表現出一種狀態，在彼時又表現出另一種狀態。它恒

常地是如此，不會受到時間影響。這種義理就是唯識。對於這點，我們可以提出一點意見，從一切法無性至唯識，中間應有一個思想的推演過程。因爲一切法無性是從終極層次來說，而唯識則是照顧到事物的現象的性格。頌文中，從一個終極的層次，立刻就轉到一個現象的層次。在哲學上，這種急轉是值得質疑的。當我們說唯識時，是針對外境而說的，指出外境需要依賴心識，這心識才是根本的。外境是心識變現出來的，所以心識對於外境來說是根本的。唯識的主張就是在這個脈絡中提出的。所以，唯識是在某程度上肯定了現象世界的實在性的。從一切法無自性的思想，發展至唯識思想，中間應有一個思想推演的歷程，而不應一下子就從一切法無自性跳到唯識思想。一切法無自性是空宗的根本命題，而唯識則是有宗的根本命題。一切法無性強調性空，而唯識則強調緣起。性空和緣起當然沒有衝突，只是各有重點。性空從一個徹底的角度去說事物無自性的本質；而緣起則較著重事物在現象界生起的性格。但是，若從思想歷程的角度來說，這兩者就難以等同。即是說，性空的思想，應要經過一個思想的演化歷程，才能到達緣起的思想。

現在看玄奘的譯本。偈頌說：「此諸法勝義，亦即是眞如。」這「諸法勝義」即是指我們剛才所說的一切法無自性，這就是一般所說的眞如。眞如（tathatā）原文的意思應是「如性」。tatha解作如是或如實，tā是一個字尾，作用是將所附著的字轉成一個抽象名詞，所以，tathatā應解作如實性，即如性。這個詞一般都譯爲「眞如」，也大致上表達了原文的意思。對於「勝義」或「眞如」，這裏解釋爲「常如其性」，意思是恒常地如其本來具有的性格。而一切事物本來具有的性格是什麼呢？就是無性。所以說一切法都無自

性。這就是事物的如性，亦即是「一切事物無實體」這種真理性。偈頌繼續說，這「如性」或「真如」，就是「唯識實性」。即是說，事物的無自性的性格，或如性，就是唯識實性。在一切法無性與唯識實性之間，我們認為缺少了一個思想的推演過程。從一切法無性立刻轉到唯識實性，這個急轉，在哲學思想上似乎不太順暢。一切法無性的思想是很徹底的勝義諦，但唯識顯然涉及現象世界，即是在某程度上，牽涉到世俗諦的成份。我們當然不能將勝義諦與世俗諦斷然地割裂開來，兩者實際上是密切地關連著的。但我們亦不能走到另一個極端，將勝義諦完全等同於世俗諦，兩者之間應有著一個發展的歷程。

現在看《成論》的解釋。《成論》說：

> 此性即是諸法勝義，是一切法勝義諦故。然勝義諦略有四
> 種：一、世間勝義，謂蘊、處、界等；二、道理勝義，謂
> 苦等四諦；三、證得勝義，謂二空真如；四、勝義勝義，
> 謂一真法界。此中勝義，依最後說，是最勝道所行義故。
> 為簡前三，故作是說。（大31.48a）

這段文字解釋諸法勝義的意思，以及提出四種勝義諦。「此性即是諸法勝義，是一切法勝義諦故。」這裏的「性」，是指第二十三頌所說的「一切法無性」。一切法無自性就是「諸法勝義」。「勝義」表示殊勝的義理，亦即是終極真理。稱此性為諸法勝義，是因為它是一切法的勝義諦（paramārtha-satya）。勝義諦與世俗諦（saṃvṛti-satya）相對反。在佛教中，將諦分為兩個層次，一是勝義諦，另一是世俗諦。這種劃分是很常見的。在《中論》亦清楚地

說出了這樣的區分。而這裏主要是討論其中的勝義諦。引文中指出四種勝義諦：第一種是世間勝義，這是在世間上流行的一種眞理。實際上，這種勝義並不確切地具有勝義的意思，因爲它靠近於世俗諦。世間勝義是指蘊、處、界等。「蘊」指五蘊，即色、受、想、行、識五種積聚；「處」指十二處，即六根加上六境；「界」指十八界，即是六識、六根和六境。蘊、處、界是對世間事物的分析，是屬於世俗方面的眞理，所以嚴格來說，不算是勝義諦。蘊、處、界亦可說是科學的眞理，因爲科學研究的對象正是這些東西。第二種勝義諦是道理勝義，指苦、集、滅、道四諦。這道理勝義亦可說是道德、倫理方面的眞理。第三種是證得勝義，所指的是二空眞如。這是宗教方面的眞理。我們進行宗教上的修行，所要達到的目標就是這種眞理。所謂「二空眞如」，是指透過我空、法空二空而證得的眞如境界。第四種是勝義勝義，即是一眞法界。「勝義勝義」表示最高的、最圓滿的勝義諦，稱爲「一眞法界」。「一眞法界」這個概念經常在華嚴宗的典籍中出現，意思是由一種眞性來貫通整個世界的現象，能令我們了解到，即使是終極的眞理，亦不能離開現象世界。這種眞性就是二空眞如。「此中勝義依最後說」，意思是，這裏所說的勝義，指最後的一種勝義諦，即勝義勝義。這種勝義諦是最圓滿的境界。如果我們比較這四種勝義諦，可以這樣說，第一的世間勝義，與第二的道理勝義偏重於「有」的一方面；而第三的證得勝義則是偏重於「空」的一方面；最後的勝義勝義就可說是「空有相融」的境界。「空有相融」表示「空」這個眞理貫徹在「有」當中，即貫徹在世界上所有事物當中，而達到空和有互相圓融無礙

的境界。[1]

接著是解釋「此諸法勝義，亦即是眞如」這兩句。《成論》說：

> 此諸法勝義，亦即是眞如。眞謂眞實，顯非虛妄；如謂如
> 常，表無變易。謂此眞實，於一切位，常如其性，故曰眞
> 如。即是湛然不虛妄義，亦言顯此復有多名，謂名法界及
> 實際等，如餘論中，隨義廣釋。　（大31.48a）

「此諸法勝義」即一切法無自性的眞理，這種終極眞理就是眞如。
「眞謂眞實，顯非虛妄；如謂如常，表無變易。」「眞」指眞實，
表示不虛妄。眞實是無漏法，而虛妄則是有漏法。「如」表示恒常
地保持著一種狀態，不會變易。不變易的法是無爲法，所以眞如是
一種無爲法。「謂此眞實，於一切位，常如其性，故曰眞如。」這
句的意思是，這種眞實的理法，在一切處境中，都時常保持本身的
一種不變的性格，這種性格就是空，所以稱爲眞如。「湛然不虛妄」
表示眞如是光明的，沒有任何虛妄的性格。「亦言顯此復有多名，
謂名法界及實際等。」這個「亦」字，指「亦即是眞如」一句中的
「亦」。這「亦」字在偈頌中表示諸法勝義還有其他名稱，例如「法
界」和「實際」。「法界」（dharmadhātu）指諸法的本性的世界，
這名稱強調存在事物方面。「實際」（bhūta-svabhāva）指眞實的
邊際，這名稱強調不虛妄的性格。「如餘論中，隨義廣釋」表示這

1　這空有相融便是上面說的一眞法界的內涵。關於一眞法界，竹村牧男曾就唯
　識學作爲宏觀的背景予以闡釋。參看他的《唯識の構造》，東京：春秋社，1992,
　pp.208-221.

些名稱在其他論典中均有廣泛的解釋。

以下再就三性來說唯識。《成論》說：

> 此性即是唯識實性。謂唯識性，略有二種：一者虛妄，謂
> 遍計所執；二者真實，謂圓成實性。為簡虛妄，說實性言。
> 復有二性：一者世俗，謂依他起；二者勝義，謂圓成實。
> 為簡世俗，故說實性。 （大31.48a~b）

「此性」亦是指一切法無性。這一切法無性是由三無性歸結出來的
一種真理。引文說，這「性」就是唯識實性。但我們前面已提過，
從一切法無性至唯識實性，應要經過一個思想歷程，不應直接從一
切法無性就跳到唯識實性。再者，一切法無性是以遮詮的方式來說，
指出一切事物本身都沒有一種恒常不變的本質。而唯識實性則是以
表詮的方式來說，說明無自性的法是怎樣生起的；這些法在根本上
是什麼東西呢？答案就是唯識，即是一切法皆由識所變現。所以從
一切法無性這種遮詮的表述方式，至唯識實性這種表詮的表述方
式，中間應有一個思想歷程聯繫著，否則，一般人是難以理解兩者
的關連的。引文繼續指出，唯識性有兩種：一種是虛妄，即遍計所
執；另一種是真實，即圓成實。這裏基本上以遍計執和圓成實來說
唯識，而沒有提及依他起。這是因為依他起是一個根本的結構，無
論遍計執或圓成實，都要建立在依他起之上。第一種唯識性是虛妄
的遍計執，這是指心識的一種虛妄執著的表現。第二種唯識性是真
實，即圓成實性，這即是內心的一種圓明的表現。在這裏，如果將
圓成實說成是唯識，倒不如說成是唯智。因為識是指虛妄的心識，
在一般情況下，一切事物都是由虛妄的心識變現出來的。而當提到

圓成實時，表示對諸法沒有執著，只是就諸法本身的依他起的性格而如實地了解，這時識已經轉化成智。所以在圓成實的情況下，原來的唯識已轉化成唯智。故此，把圓成實說成是唯智，比起說成為唯識更加確切。圓成實性之所以稱為實性，是為了把它跟虛妄判別開來。虛妄的是心識，而實性則是一種智。

接著是就現象世界的安立而提出二性，引文說：「復有二性：一者世俗，謂依他起；二者勝義，謂圓成實。」這裏只提到依他起和圓成實，而沒有提及遍計執，因為遍計執不是安立世界的一種方式。它只是心識的一種虛妄的認識作用。就安立世界來說，只有依他起和圓成實。世界的基本結構是依他起，而對於世界的根本結構加以正確的認識，即是對於依他起的事物作出如實的認識，就是圓成實。這種如實的認識之所以稱為實性，是因為要跟世俗的依他起性區別開來。[2]

2　以上是有關三性和三無性的闡述。西方學者很有視三性為存在形態的看法。如可初末頓（Thomas A. Kochumuttom）的看法即為一例。（Thomas A. Kochumuttom, *A Buddhist Doctrine of Experience*, A New Translation and Interpretation of the works of Vasubandhu the Yogacarin. Delhi: Motilal Banarsidass, 1989, p.90.）對於三性，日本學者通常也視之為事物的存在形態，這應是屬於存在論的課題。對於這個課題，日本學術界有越來越重視的趨勢。結城令聞在其《世親唯識の研究》一巨著中，用了極多的篇幅來闡論三性的問題。他先泛論三性說與三無性說在唯識學中的地位，然後分別詳論《辨中邊論》、《大乘莊嚴經論》、《顯揚聖教論》、《攝大乘論釋》、《三自性頌》（按即《三性論》）的三自性說，最後集中在《唯識三十頌》方面，而加以論述。（結城令聞《世親唯識の研究》下，東京：大藏出版社，1986, pp.267-626.）而對三性問題的最詳盡的研究，則是竹村牧男的《唯識三性說の研究》。（東京：春秋社，1995.）這書本來是竹村的學位論文，對三性問題予以一文獻學、思想史與哲學幾方面的全面的探討。

以上總結了三自性和三無性，接著要進入另一個主題。《唯識三十頌》從第二十六頌開始，直至全文結束，是討論「五位」的說法。這五位是：資糧位、加行位、通達位、修習位和究竟位。以下剩餘的五首偈頌，每首會討論一個階位，這樣便結束整篇頌文。在正式討論五位之前，我們先要提出大乘佛教的種姓的問題，以及五位修行的頓、漸的問題。《成論》說：

> 如是所成唯識相、性，誰於幾位？如何悟入？謂具大乘二種姓者，略於五位，漸次悟入。何謂大乘二種種姓？一、本性住種姓，謂無始來，依附本識，法爾所得無漏法因。二、習所成種姓，謂聞法界等流法已，聞所成等，熏習所成。要具大乘此二種姓，方能漸次悟入唯識。　（大31.48b）

這裏討論到悟入唯識真理的種姓的問題。種姓的觀念在唯識學派中特別強調，指先天的一種氣質上的潛能。關於種姓，唯識提出了自己的一套說法：眾生並不是平等地都具有覺悟潛能的，而是個別生命體按其先天的不同條件而具有不同的潛能。「如是所成唯識相、性，誰於幾位？如何悟入？」我們特別要留意一點，這裏突然將唯識相和唯識性區分開來，而說「唯識相、性」。一般來說，相是屬於現象方面，而性則是屬於本質方面的。這裏提出唯識相和唯識性，這兩者的意義應是沒有衝突的。由相分所代表的外在世界，以及由見分所代表的自我，兩方面都是從存在的相狀來說的，都屬於唯識相方面。而唯識性則是強調相分和見分背後的識的變現。這相分和見分都是從識所變現出來的。所以唯識相和唯識性應是沒有明顯衝突的。唯識相和唯識性所指的可以說是同一東西，分別只在於唯識

相是從現象方面說，而唯識性則是從本質方面說。

對於唯識相、性，什麼人可以悟入？共分多少個階段？以及如何悟入呢？關於這幾個問題，引文中提出：「謂具大乘二種姓者，略於五位，漸次悟入。」這裏很清楚地指出，具備大乘二種姓的眾生才能悟入唯識相、性；悟入當中共分五個階段；而悟入的方式是漸進的。「漸次悟入」顯示出唯識實踐的漸教的性格。什麼是大乘二種種姓呢？這二種種姓都是牽涉無漏種子的，分別只在於兩者的無漏種子的來源不同。第一種是本性住種姓。這種種姓所具有的無漏種子，在無始時來已存於第八識中。引文說：「本性住種姓，謂無始來，依附本識，法爾所得無漏法因。」即是說，這種本性住種姓是無始時來已依附於本識之中的無漏法因。「無漏法因」指清淨法的原因，這原因就是無漏種子。第二種是習所成種姓。這種種姓具有由後天修習而得的無漏種子。引文說：「習所成種姓，謂聞法界等流法已，聞所成等，熏習所成。」「法界等流法」指終極真理的正確教法。習所成種姓具有由終極真理的正確教法熏習而成的無漏種子。本性住種姓具有的無漏種子是本來具有的；習所成種姓所具有的無漏種子則是由聽聞正確的教法而得來的。要具有這兩種種姓，即具有以上兩種無漏種子的眾生，才能夠漸次悟入唯識的真理。

要悟入唯識的真理，必須採取一種漸進的方式，而不能以頓然的方式來悟入。《成論》說：

> 云何漸次悟入唯識？謂諸菩薩於識相、性資糧位中，能深信解。在加行位，能漸伏除所取、能取，引發真見。在通達位，如實通達。修習位中，如所見理，數數修習，伏斷

> 餘障。至究竟位，出障圓明，能盡未來，化有情類，復令
> 悟入唯識相、性。（大31.48b）

這段文字除了說明漸次悟入唯識的道理外，還具體地提出了五位的
名稱。如何能漸次悟入唯識呢？修習唯識的大乘菩薩，在悟入唯識
相、性的過程中，共經五個階段。首先是資糧位或資糧道
（saṃbhāra-mārga），這階段主要是從信仰方面下工夫。「資糧」
（saṃbhāra）表示在這個階段中要收集糧食，以便將來應用。所收
集的糧食，是指在信仰方面的信心，即是要鞏固對唯識信仰的信心，
對識的相、性深刻地相信和了解。這是第一個階段。第二個階位是
加行位或加行道（prayoga-mārga）。引文說：「在加行位，能漸
伏除所取、能取，引發眞見。」在這個階位中，要逐漸克服所取和
能取所構成的主客二元的對比。所取屬於客體方面；能取屬於主體
方面。爲什麼要克服這種二元對比呢？照唯識宗所說，唯識是絕對
的眞理，這絕對的眞理是透過克服能取、所取所構成的相對的二元
對比才達到的。第三個階位是通達位或見道（darśana-mārga）。在
這個階位中，要「如實通達」，即是要就事物的實況去進行透徹的
理解。這「實況」是指唯識實性。事物的本質是唯識的，我們就應
對它們作唯識的了解。第四個階位是修習位或修道（bhāvanā-
mārga）。引文說：「如所見理，數數修習，伏斷餘障。」意思是要
就所見的唯識義理，不停地修習，斷除餘障。「餘障」是兩種主要
的障礙以外的其餘障礙。這兩種主要障礙就是煩惱障和所知障。煩
惱障（kleśa-āvaraṇa）是在意志方面生起的最嚴重的障礙。這與我執
有密切關連。所知障（jñeya-āvaraṇa）是在認知方面所生起的最嚴

重的障礙。這與法執有密切關連。這兩種障礙要到最後的究竟位才能斷除。但其餘的較次要的障礙，則可以在修習位中斷除。所以，在修習位中要斷除煩惱障和所知障以外的其餘障礙。「至究竟位，出障圓明，能盡未來，化有情類，復令悟入唯識相、性。」這句是說，到了最後的究竟位或究竟道（niṣṭha-mārga），能夠出離煩惱障和所知障兩種最主要的障礙，而達到圓滿明照的境界。此後，就能無窮無盡地教化有情眾生，令他們也能悟入唯識相和唯識性這種終極的真理。[3]

---

[3] 這裏很明顯地看到，了悟唯識之理，是一漸進的歷程。但橫山紘一以頓教的方式來說對於唯識真理的領悟，則淪於主觀與浪漫，與事實不符。（《唯識の哲學》，京都：平樂寺書店，1994, pp.25-26.）又關於資糧等五道，在無著《大乘阿毗達磨集論》中有詳細的解說（大31.682b-685c）。《成論》的五位的說法，大體上是參考這《集論》說法而來。

二十六、第二十六頌

【梵　文　本】yāvad vijñaptimātratve vijñānaṃ nāvatiṣṭhati/

　　　　　　　grāhadvayasyānuśayas tāvan na vinivartate//

【梵本語譯】由於識未立於唯識這種事故中，因此，二取的隨眠未
　　　　　　止滅。

【玄奘譯本】乃至未起識，求住唯識性，

　　　　　　於二取隨眠，猶未能伏滅。（大31.61b）

這首偈頌是描述資糧位。在偈頌的下半部，梵文本與玄奘譯本的意
思相同。這部份說，由二取所構成的煩惱種子仍然未能消滅。但在
上半偈，玄奘的譯本與梵文本的意思有點出入。玄奘譯本是：「乃
至未起識，求住唯識性。」這兩句的意思不大清晰。這裏的「識」
如果指虛妄的心識，這句的意思應是：虛妄的心識不現起，而求住
於唯識的真理。我們可以這樣理解：修行者由資糧位開始，虛妄的
心識不再生起，而求住於唯識這種真理之中。但這樣的理解在文字
上較為牽強。「未起識」似乎表示識將會起，只是現在還未起。但
到了這個修行階段，虛妄的心識是不應起的。在這階段以後就更不
應起識。所以若說識將會起，就不符合這個階位的要求。「求住唯
識性」表示要對唯識確實地相信、追求，這點當然沒有問題。所以，
玄奘譯本中的問題就在於「識」字。這個「識」指什麼呢？而「未

起識」應怎樣理解呢？這就是問題的關鍵。

　　梵文本的意思就比較清晰。「由於識未立於唯識這種事故中，」意思是我們對識的了解還未達到唯識的真理。資糧位只是五位的第一位，還要經歷數個階段，到達究竟位才能徹底地了解唯識的真理。在這個階段，還未能徹底地了解，所以還未能克服二取的隨眠。二取（grāha-dvaya）指能取和所取。能取是能知的主體；所取是被知的客體。只要還有能取和所取的二元對比，我們的整一智慧的開發還是未達到的。亦可以說，由於還有能取和所取這種二元的觀念，所以我們還未能徹底了達唯識的真理。隨眠（anuśaya）指埋藏於第八識深處的煩惱種子，所以，用「隨眠」這個詞來翻譯非常恰當。在資糧位中，一方面，我們仍未能深切了達唯識的真理，因此，我們日常採用的能、所二元對比的思考仍然存在，生起這些思考的種子仍然留在第八識中，未能斷除。

　　以上介紹了梵文本和玄奘譯本的意思。現在來看《成論》的解釋。《成論》說：

> 從發深固大菩提心，乃至未起順決擇識，求住唯識真勝義性，齊此皆是資糧位攝。為趣無上正等菩提，修習種種勝資糧故，為有情故，勤求解脫。由此亦名順解脫分。此位菩薩，依因善友，作意資糧。四勝力故，於唯識義雖深信解，而未能了能、所取空，多住外門，修菩薩行。故於二取所引隨眠，猶未有能伏滅功力，令彼不起二取現行。此二取言，顯二取取，執取能取、所取性故。二取習氣名彼隨眠，隨逐有情，眠伏藏識。（大31.48b~c）

這段文字主要是解釋資糧位。唯識提出五位修行的方法，明顯地是採取漸悟修行的方式。在佛教中，基本上有兩種覺悟的方式，一種是頓悟，另一種是漸悟。我們可以說，中觀學以及所繼承的般若思想，有頓悟的傾向。而相對來說，唯識學則傾向漸悟的方式。從第二十六頌開始直至頌文結束，這五首頌說出了一種漸悟的方式，每首頌描述一個階位。現在的第二十六頌是說第一個階位，即資糧位。所謂「資糧」，意思是積集種種糧草，預備作長期的艱苦奮鬥。這階位是修行的初段，這時要積聚大量糧草，以供應將來的修行階段的需要。「從發深固大菩提心，乃至未起順決擇識，求住唯識真勝義性，齊此皆是資糧位攝。」這句顯示資糧位包含了一個很長的程序，由最初發出一種很深刻、堅固的大菩提心，決意要求取解脫開始，直至生起順決擇識，求住唯識的殊勝境地之前，整個過程都屬於資糧位。「順決擇識」表示要向著無漏的聖道不斷修行，這修行關連到順決擇分。順決擇分（nirvedha-bhāgīya）指四善根的階位。四善根是：煖、頂、忍、世第一法。這些階位原本是小乘說一切有部所說的，表示到達勝義之前的四個準備階段。第一階段是煖位，第二是頂位，第三是忍位，第四是世第一法位。這四個階位是就修行者觀照四聖諦而進行的修行而說的。煖位是最初觀照四聖諦之理的階段，這時從智慧中發出一種溫暖，令內心產生一種溫暖的感覺。第二種善根是頂位。這時內心的溫暖感覺不斷地膨脹，以至充實飽滿。第三種善根是忍位。這是能夠忍可由四聖諦而來的寂滅的境界的階段。第四善根是世第一法。將從四聖諦而來的寂滅境界轉化為一種殊勝的法，即是由世間的境地超越過來，到達出世間的境地。這四善根最先是有部提出的，唯識學派將之吸收過來，作為在修行

過程中的不同階段。現在再回到順決擇分的解釋。決擇是就著見道
來說的。見道（darśana-mārga）是修行上的一個跳板，在這階段中，
修行者開始生起無漏智，現觀四聖諦的眞理。這時仍未到達終極的
階段，還是有學道。按照大乘所說，經過了見道的階段，才進入無
學道。

　　「爲趣無上正等菩提，修習種種勝資糧故，爲有情故，勤求解
脫。由此亦名順解脫分。」這句表示在資糧位的階段，爲了證得
正等菩提（bodhi），即無上正等正覺（anuttarā samyak-saṃbodhi），
而積集種種勝資糧，對未來修習有利的種種條件，爲了渡化有情眾
生而勤求解脫（mokṣa, vimokṣa）。這階段又稱爲「順解脫分」。
順解脫分指一種以解脫爲目標的修行。但這種修行仍然帶著有漏的
成份，只是修行的一個最初階段。這階段中所修的仍是有漏的善根，
還未到達無漏智。「此位菩薩，依因善友，作意資糧」表示這個階
位的菩薩，以善友作爲憑藉，向解脫的方向進發。「四勝力故，於
唯識義雖深信解，而未能了能、所取空，多住外門，修菩薩行。」
「四勝力」是小乘修行的四種階段，即是預流、一來、不還、阿羅
漢四果。預流表示預入聖者之流，發心要步入聖者的行列，作出最
初步的修行。一來表示要再來世間一次，過這種生死流轉的生活，
然後才能進入寂滅的境界。不還的意思是不再回到這個生死世界
中。阿羅漢是最高的修行境界，到達無學道。引文表示，在這個階
段，藉著四勝果的力量，對唯識的義理生起深沉的信解。但這個階
段仍是很初步，修行者對於唯識的終極眞理仍未能深入地體會。所
以未能了達能取和所取都是無自性的。在資糧位的階段，修行者未
能了達能取和所取這兩者的空的本質，所以仍然是住於外門，在覺

悟之門外修習菩薩的實踐。「故於二取所引隨眠，猶未有能伏滅功力，令彼不起二取現行。」這句表示，對於二取的執著未能完全克服，仍然有二取的種子藏於第八識之中。「二取」是對於能取和所取的執著。再進一步說，所取是偏重於對象或存在方面；能取則是偏重於執著的主體方面。在這個階段，對於存在的執著和主體的執著都未能完全克服，所以仍未能滅除所有二取習氣。這些二取習氣稱為隨眠，藏於第八識之中。「隨逐有情，眠伏藏識」是解釋隨眠的意思。隨眠（anuśaya）指二取的種子，「隨」表示這些種子隨逐著有情，無論有情活動到什麼地方，這些種子都跟隨著而起作用。「眠」表示它們隱伏在第八識之中。

如果與其餘四個階位比較，這個資糧位的實踐意味較重，而哲學的意味則較輕。以後的幾個階位的哲學意味相當重，特別在修習位中提到轉識成智，既有實踐意味，又富有哲理性。

二十七、第二十七頌

【梵　文　本】vijñaptimātram evedam ity api hy upalambhataḥ/
　　　　　　　sthāpayann agrataḥ kiṃcit tanmātre nāvatiṣṭhate//

【梵本語譯】即使說這三界的一切是唯識，由於面前立著某些東
　　　　　　西，而有所得，仍不能算是立於這唯識的位置中。

【玄奘譯本】現前立少物，謂是唯識性，

　　　　　　以有所得故，非實住唯識。（大31.61b）

這首偈頌所說的是加行位，偈頌的梵文本與玄奘譯本的意思相當
接近。這個階位仍然有不足的地方。修行者現前仍有「少物」，這
「少物」在梵文本中是「某些東西」（kiṃcit）。仍然有某些東西
生起，就是這個階位的缺陷。所以，修行者仍然需要繼續努力，務
求掃除對這「某些東西」的執著。現在的問題是，這「某些東西」
究竟是什麼呢？這些東西就是關於唯識性的對象性。唯識性
（vijñaptimātratā）表示事物的一種性格。由於一切事物都是由心
識所變現，所以一切事物都是以識作爲基礎，由此而確立唯識的性
格。事物的這種性格就是唯識性。但這並不表示修行者對眞理的了
解達到了最高境界，因爲這時候仍然把唯識性本身加以對象化，將
唯識性視爲一種執持的對象。這種執持就好像空宗所說的，把「空」
本身加以對象化，對於空這種眞理加以執持，不能眞正了達諸法的

空性，不明白空性本身都是空的。對於空的執著，空宗提出「空空」的觀念。「空空」表示對於空的執著的一種否定或掃蕩。在加行位之後的通達位，就要對於這種作爲對象的唯識性加以否定。這就相當於空宗所說的「空空」的意思。所以，在加行位中並不是無所執的，這時仍然執著唯識的眞理性，把這種眞理性作爲一種對象來執持，即是仍然具有一種唯識的意識。這種對眞理的執著是一種比較嚴重的執著。我們一般所表現的執著是對於一般事物的執著。例如對財富的執著，這種執著是物質性的。而對唯識的執著就是一種觀念的執著，這是更難破除的。偈頌說「有所得」就是指這種毛病。

現在看《成論》的解釋。《成論》說：

> 菩薩先於初無數劫，善備福、德、智慧資糧，順解脫分既圓滿已，爲入見道，住唯識性，復修加行，伏除二取，謂煖、頂、忍、世第一法。此四總名順決擇分，順趣眞實，決擇分故。近見道故，立加行名。非前資糧無加行義。（大31.49a~b）

這段文字其實是複述第二十六頌所說的資糧位的意思。這裏說，菩薩在先前的無數劫中，積集了所需的福、德、智慧的糧草。在順解脫分的階段已修行圓滿，快要進入見道的階段。見道是剛才所提到的，在修行上的一個中介階段，在這階段中開始生起無漏的智慧，能觀照四諦的眞理。但這仍是一個有學的階位，還要繼續前進，才能到達無學的階位。爲著要進入見道的階段，能安住於唯識的眞理中，於是要修習加行。加行的修習就是前面提到的四善根。以四善根的修習來克服二取的執著。煖、頂、忍、世第一法這四種善根，

亦合稱「順決擇分」。順決擇分表示就著決擇而作出很集中的修行。「決擇」在佛學的文獻中經常提到，是一種活動，對於正、邪作出決定，並且依於正法而捨棄邪法。若詳細地說，「決」是對於可疑之處加以簡別，使內心衝破猶疑。「擇」表示揀擇正見。由於這個階位接近見道，所以確立「加行」的名稱。嚴格來說，見道要到通達位才能徹底完成，加行位只是近於見道。「非前資糧無加行義」表示前面所說的資糧位其實亦有加行的意義。這裏顯示出，五位只是一種概略的劃分，並沒有一條很明確的分界線。

《成論》又說：

> 菩薩此四位中，猶於現前安立少物，謂是唯識真勝義性。以彼空、有二相未除，帶相觀心，有所得故，非實安住真唯識理。彼相滅已，方實安住。（大31.49b）

這段文字非常重要。文中解釋了加行位的特點以及這階段的不足之處。菩薩在四善根的修行中，仍然於現前「安立少物」。「安立少物」顯示有對象性。這對象被視爲唯識眞勝義性。「以彼空、有二相未除，帶相觀心，有所得故。」這句非常重要。在這個階段中，空、有仍然具有對象性。空是指眞如方面；有是指唯識，因爲識是有的。這空相和有相仍然存在。「帶相觀心」並非指以心作爲觀的對象，而是由心作爲主體進行觀照，在這種觀照當中帶有對象性，這對象性就是唯識的對象性。在這個階段中，帶相觀心表是不能對唯識徹底了達。由於意識仍然對唯識有一種對象性的執著，所以在這個階段仍然不是確實地安住於唯識的眞理之中。「彼相滅已，方實安住」表示必須滅除這種唯識的對象性，才能眞正安住於唯識的

眞理之中。再詳細地說，唯識是一切事物的眞理，當修行者不能安住於這種眞理當中，而傾向於將唯識的眞理加以對象化和加以執持，這樣就會被唯識這個對象所束縛。這即是把唯識的眞理性放在一個主客對立的格局下，視爲一種對象來處理。

《成論》又說：

> 此加行位未遣相縛，於麁重縛亦未能斷。唯能伏除分別二取，違見道故。於俱生者及二隨眠，有漏觀心，有所得故，有分別故，未全伏除，全未能滅。（大31.49c）

這裏提出「相縛」的觀念來表示加行位仍然有不足之處。在加行位中仍然未能遣除相縛。「相縛」是由對象而來的束縛，這種束縛可分爲兩種：一種是有相之縛；另一種是空相之縛。有相之縛是屬於「有」的方面；空相之縛則屬於「無」方面。無論是有相之縛或空相之縛，都是有對象性的，而且都是在相對的格局中。有相之縛是在有的一方面做成束縛；空相之縛是在無的一方面做成束縛。有相對於無，無亦相對於有，兩者都是在相對的情況中。未能夠遣除相縛，表示未能到達中道的境界。唯識所說的中道是要從有的對象性和無的對象性中解放出來。「於麁重縛亦未能斷。唯能伏除分別二取，違見道故。」這句表示，在加行位中，對於「麁重縛」，即最嚴重、最根本的束縛，亦即是煩惱障和所知障引發的束縛，都未能斷除，只能夠滅除能取和所取的執著。因爲能取和所取是違離見道的，所以在加行位要滅除能取和所取的執著。能夠伏除二取就能到達見道，但這要到通達位才能滿達到。「於俱生者及二隨眠，有漏觀心，有所得故，有分別故，未全伏除，全未能滅。」當中的「俱

生者」指俱生我執，這可分兩個層面：第一是無間斷的俱生我執，所指的是末那識執取第八識作為自我；另一是有間斷的俱生我執，這是指意識執取五蘊為自我。對於俱生我執和二隨眠，即藏於阿賴耶識中的二取的種子都未能斷滅，在這種情況下的觀照稱為「有漏觀心」。「有漏觀心」意思是心的觀照仍然有不圓足之處。而關鍵正在於「有所得」，即有對象性或對於對象的執著。

二十八、第二十八頌

【梵　文　本】yadālambanaṃ vijñānaṃ naivopalabhate tadā/[1]
　　　　　　　sthitaṃ vijñāna(apti)mātratve grāhyābhāve tadagrahāt//

【梵本語譯】不管是什麼時候，當識不得所緣時，便能成立唯識。
　　　　　　當所取沒有時，亦沒有取著所取的事。

【玄奘譯本】若時於所緣，智都無所得，
　　　　　　爾時住唯識，離二取相故。（大31.61b）

這首偈頌描述通達位。玄奘譯本與梵文本的意思有點出入，兩者的
分別主要在智的問題。梵文本沒有特別提到智，但玄奘譯本就強調
在住於唯識的真理境界中，對於所緣和智都是無所執著的。現在先

1　這半頌的梵文本子，李維（Sylvain Lévi）發現的安慧論釋所附的《唯識三
　　十頌》作yadālambanaṃ vijñānaṃ naivopalabhate tadā。上田義文的《梵文唯
　　識三十頌の解明》所附的《唯識三十頌》則作yadā tv ālambanaṃ jñānaṃ
　　naivopalabhate tadā（東京：第三文明社，1987.）卡魯柏克納（David J.
　　Kalupahana）的《佛教心理學的原理》（*The Principles of Buddhist Psychology*）
　　中所附的《唯識三十頌》亦與上田義文的相同（Delhi: Sri Satguru Publications,
　　1992, p.213.）但吳德（Thomas E. Wood）的《唯有心靈》（*Mind Only*）中所
　　附的《唯識三十頌》則作yadā tv ālambanaṃ vijñānaṃ naivopalabhate tadā
　　(Honolulu: University of Hawaii Press, 1991, p.55.)這幾個本子有少許差異。我
　　們這裏以李維發現的安慧論釋所附的《唯識三十頌》的本子為準。

看梵文本的意思。這偈頌說，不管是什麼時候，當識不取著所緣時，便能夠成立唯識。所緣（ālambana）指對象。對象有很多不同的層面，一般來說是指心識所執取的感官的對象。這裏的所緣還包含了作爲對象性而被處理的真理本身。這真理就是唯識。即使唯識的真理，也是不應執著的。這是不執著對象性的一個最高的要求。對於感覺的對象固然不應執取；意識的對象，例如名譽、權力等也不應執取；最後，甚至真理本身也不應視爲一種對象來執持。這是最徹底的無執。在這種情況下，掃除一切所緣，才是真正安住於唯識的真理裏。當所取不存在時，自然亦沒有對所取的執著。因爲「執著」這一種活動是需要一個被執著的對象才能成立的。當這個被執的對象消失了，「執著」這個活動也不存在。這樣才是真正住於唯識的真理中。

玄奘譯本的意思大抵與梵文本相近，但有一點不同，就是認爲「所緣」和「智」都無所得。在梵文本中只說不得「所緣」，未有提到「智」。這個「智」的意思在玄奘譯本中不大清晰。一般來說，智是指一種清淨的認識能力，但這裏把智與所緣放在同一位置，可見這個「智」只是一般的識知，與作爲對象的所緣在同一層次相對著。若按照這種解釋，這首偈頌的意思應是：作爲認識對象的所緣與作爲認識主體的智都無所得，這樣就真正住於唯識當中，因爲已離開了二取相。二取相包括能取的智和所取的所緣，離開此二者，便能真正安住於唯識的真理中。

現在看《成論》的解釋：

> 若時菩薩於所緣境、無分別智都無所得，不取種種戲論相

故，爾時乃名實住唯識真勝義性，即證真如。智與真如平
等平等，俱離能取、所取相故。能、所取相俱是分別，有
所得心戲論現故。（大31.49c）

《成論》這樣的解釋很明顯跟玄奘的翻譯相呼應。這裏說，菩薩對
於所緣的境和無分別智都無所得，很明顯是回應玄奘譯本所說的「所
緣」和「智」。而這裏將智說成是無分別智，而不是指識心，似有
點不協調。一般來說，對應於所緣境的認識能力應是分別識心。一
般的認識，就是以分別的識心去認識所緣境，把所緣境視爲一種對
象去認取。而說到無分別智時，所緣境都已經被克服、被超越過來。
所緣境和無分別智很難放在一起來說。當提到所緣境時，對應於所
緣境的應是一個有分別的識心。如果說到無分別智，就應沒有所緣
境。這裏看到護法的解釋有點漏洞，他不應將無分別智與所緣境放
在對等的位置，這會使人誤解，以爲無分別智與所緣境能夠同時存
在。實際上，有所緣境時，就沒有無分別智，而只存在有分別的心
識；當無分別智生起時，就不會出現所緣境。一般人研究唯識，對
於《成論》所說的都不會批評，爲著要持守一種家法。但若站在較
開放的角度來說，《成論》有些地方是可以批評的，這處就是其中
一點。

引文說，如果菩薩於所緣境和無分別智都無所得，又不執持種
種戲論，這就是安住於唯識的眞勝義性之中。「戲論」（prapañca）
是一般所說的觀念遊戲，這種方式不是踏實地見證眞理，而是做出
種種曲折的工夫，在觀念上賣弄花巧。如果能夠安住於唯識的勝義，
便是處於眞如的境界。「眞如」（tathatā）一般來說解作眞理，但

不同學派對於眞如亦有不同的了解。例如空宗，他們以空作爲眞如，所說的無自性空本身便是眞如。有宗則就唯識勝義來說眞如，他們認爲一切事物都是由識所變現的，所以我們不應加以執取，一切事物都是無實體性的。這便是有宗所說的眞如。如來藏思想所說的眞如是從如來藏自性清淨心來說的。引文繼續說，「智與眞如平等平等，俱離能取、所取相故，」這裏表示在眞理的層次中，智與眞如是平等的。這裏把智與眞如放在對等的位置，是正確的，因爲智與眞如是相對應的。而前面提到的所緣境應對應於分別的心識，所以把所緣境和無分別智放在一起是有問題的。智和眞如都是屬於超越的層面，一個清淨、無分別的境界。兩者都離開了能取和所取的對立關係。眞如不是被我們認知的一種所取相；智亦不是被我們執持的一個能取的主體。兩者是冥合爲一的。能取和所取則是依於分別的識心，在這種分別識心當中有種種有所得的戲論不停地轉出，人們都在這些戲論中兜轉，看不到唯識的眞理。

《成論》又說：

> 加行無間，此智生時，體會眞如，名通達位。初照理故，亦名見道。（大31.50a）

這幾句很明顯地說出，通達位就是見道的階段。前面所說的加行位，只是在見道之前，還未到達見道。要在通達位中才達到見道的階段。在加行位中不斷地努力，以致生起無分別智時，由這種無分別智直接契會唯識勝義的眞理，體會到眞如，這就到達了通達位。「通達」的意思就是通達到眞如。所謂見道，意思是見眞理之道。在通達位中，剛能表現出無分別智，照見眞理之道，所以這個階段又稱爲「見道」。

二十九、第二十九頌

【梵　文　本】acitto 'nupalambho 'sau jñānaṃ lokottaraṃ ca tat/
　　　　　　　 āśrayasya parāvṛttir dvidhā dauṣṭhulyahānitaḥ//
【梵本語譯】這是無心、無得。因而，這是出世間的智慧，是所依
　　　　　　的轉得。因捨棄了兩種麁重。
【玄奘譯本】無得不思議，是出世間智，
　　　　　　捨二麁重故，便證得轉依。（大31.61b）

這首偈頌說通達位，它的梵文本與玄奘譯本的意思很相近，兩者都
是強調轉依的問題，只是在字眼的應用上有點分別。「轉依」
（āśraya-parāvṛtti）這個字眼在佛教很多文獻中都有提到，一般意
思是轉捨染污，依於清淨。轉和依不是兩種工夫，而是同一種工夫
的兩面。轉依並不是先轉捨染污，然後才依得清淨。轉和依是沒有
時間上的先後次序的，兩者應是同時進行的。當轉捨染污時，同時
間就能依於清淨。在唯識來說，轉依是表示轉識成智，意思是轉捨
有分別的心識，而依於無分別的智慧。當轉捨分別的心識時，同時
間就能依於無分別的智慧。[1]

---

[1]　「轉依」的「轉」，其原語是parāvṛtti，是轉化之意。「依」是āśraya，源自
　　ā-śri一動詞語根，表示依據，以之為基礎之意。

　　心識有執取作用，這表現於對外在世界的存在不斷地執著，以
為它具有實在性、自性。這在胡塞爾來說，是一種意識作用，也可
說是非純粹的意識現象。在唯識學，把這種執著去掉，對存在作如
其所是的理解，理解之為識的變現、是空的、無自性的。這是轉識
成智。這在胡塞爾現象學來說，是捨棄非純粹的意識現象，而轉為
純粹的意識現象，把一切存在視為意識的意向性的向外投射的結
果。這即是「現象學還原」（phänomenologische Reduktion）。換
句話說，轉識成智在胡塞爾來說，是超越意識或超越主體擺脫了自
然的以外界為實在的經驗意識或經驗主體的看法，而提升至世界是
由意識的意向性所構架而成的看法。

　　現在先看梵文本的解釋。這首偈頌說，第四個階位，即修習位
是無心、無得。「無心」（acitta）表示超越主觀的心識。這「心」
是指分別的心識。「無得」（anupalambha）表示超越客觀的對象
或所取相。無心和無得是在同一層面說的。在修習位中，同時超越
了相對的分別的識心和被分別的對象。這是一種出世間的智慧。出
世間智（lokottara-jñāna）是超越了世間的分別識心而獲致的出世
間的無分別的智慧。這即是轉識成智中的四種智慧。這階段是所依
的轉得，即是轉捨了污染的識，而成就了清淨的智，以這種智作為
所依。何以能成就這出世間的智慧呢？那是因為捨棄了兩種麁重。
「麁重」指最重要的障礙，一般來說，是指煩惱障和所知障。煩惱
障是在宗教的修行中，對人的覺悟的障礙；所知障是在認知方面對
人的覺悟的障礙。兩者都是麁重，即是很嚴重，而且難以消除的障
礙。

　　唯識學說四智，這由轉識而得的四智，相當於胡塞爾的現象學

還原最後達致的超越的、絕對的自我。不過，唯識學把智分爲四種，胡塞爾則沒有這種分法。

玄奘譯本說，到了這個通達位，就能無得、不思議。「無得」跟梵文本的意思相同。「不思議」是超越一切分別識心的思議，這即是「無心」。這是出世間的智慧。由於捨棄了兩種麁重，便到達了轉依的境界。

現在看《成論》的解釋。《成論》說：

> 菩薩從前見道起已，爲斷餘障，證得轉依，復數修習無分別智。此智遠離所取、能取，故說無得及不思議。或離戲論，說爲無得；妙用難測，名不思議。是出世間無分別智。斷世間故，名出世間。二取隨眠是世間本，唯此能斷，獨得出名。或出世名，依二義立：謂體無漏及證真如。此智具斯二種義故，獨名出世，餘智不然。即十地中無分別智。
>
> （大31.50c）

這段文字是解釋轉得無分別智一點。修行的菩薩由見道開始，爲斷除餘下的障礙，即煩惱障和所知障，而證得轉依，於是繼續修習無分別智。無分別智（nirvikalpa-jñāna）是否定主客的分別而達到的智慧。這種智慧遠離所取、能取，即是超越了現象世界的主體和客體兩者所形成的二元對比的關係，因此稱爲「無得」和「不思議」。這種解釋很明顯是針對玄奘的譯本來說的。「無得」是遠離種種戲論。我們一般說「無得」，是指對種種對象不加以執取。這裏卻解釋爲超越種種觀念遊戲。「不思議」表示妙用難測。這裏沒有解釋「妙用難測」的意思。但我們可以從另一種方式來了解。凡是可以

作爲一種對象來執取的都是可思議的。因爲我們通常是運用思想來對事物進行分別，將事物作爲一種對象，利用有分別性的思想來加以處理，這謂之「得」，即是對於事物的對象性有所執取，這是思議的。「思議」表示屬於思想範圍之內，是心識處理事情的方式。如果超越心識，即是超越思想本身，這就是不思議。「妙用難測」是指超越一般的思惟。這表示無分別智是超越對象性、超越思議的分別作用的，稱爲「出世間無分別智」。爲何稱這無分別智爲「出世間」呢？「斷世間故，名出世間。二取隨眠是世間本，唯此能斷，獨得出名。」意思是，要斷除與世間的種種關連，然後才能獲得這種境界。這個意思帶有捨離世間的意味，因爲要斷除與世間的關連，才能達到出世間的境界，這即是將世間和出世間分開，要拋棄世間才能獲得出世間。這個意思恐怕不是唯識的本意，因爲唯識始終是大乘佛教的一個重要學派，它不應教人斷除世間，而只顧追求出世間的境界。大乘佛教的主流是要將世間和出世間結合起來，例如《中論》提到，世間和涅槃的境界無有少分別，意思是世間和出世間沒有絲毫的分別。這是將世間和出世間緊密地結合起來。[2]唯識亦應有這種態度。所以在這裏不應以一種小乘的，即捨棄世間的角度來解釋。從字面上說，出世間表示從世間超越過來。但超越過來之後會否返回世間呢？這點在引文中沒有提到，所以亦不能否定會有返回世間的意思。

識與智，分別相應於胡塞爾的經驗意識與超越意識。兩者的不

2　關於《中論》說世間和出世間的密切關係，參看拙著《佛教的概念與方法》，臺北：臺灣商務印書館，1988, pp.72-73.

同之處，主要在識是虛妄執著，智則是清淨的。經驗意識與超越意識亦可有這種區分的意味。不過，胡塞爾並不著重就倫理、價值一面來說兩者的區別，而喜就動感一面來說。即是，經驗意識可以了別個別對象，對象是在感性中呈現，故經驗意識是被動的，缺乏自發性（Spontaneität）。超越意識則是呈現本質（Wesen）的意識，具有自發性。這種自發性可使意識成一常自作用的主體，是一種活動（Akt, Aktivität）。胡塞爾自己曾這樣說過。而超越意識也因此具有自己使自己現起、活動的條件，即自緣。這是唯識學的種子所沒有的；即使是無漏種子也沒有。

　　文中說的二取代表存在世界和自我兩者的對立，隨眠是眠伏在第八識內的二取的種子。如果我們追縱世間的本源，要了解爲何有這個分別的世間出現？爲何有能、所的出現？爲何有主、客的出現？爲何有外境和自我的分別？這可以追溯到二取隨眠。能取的種子和所取的種子是世間的根本。如果能夠從二取隨眠超越過來，這就是出世間。因爲只有這種無分別智才能斷除二取隨眠，以致能達到出世間，所以唯有無分別智才能稱爲出世間。

　　「或出世名，依二義立：謂體無漏及證眞如。此智具斯二種義故，獨名出世，餘智不然。」這句表示亦可從兩種意義而稱無分別智爲出世間，這兩種意義是「體無漏」和「證眞如」。體無漏是屬於倫理方面。無漏與有漏是相對反的倫理性格。而證眞如則是從認知方面來說。「出世」這個名稱可從倫理和認知這兩方面來說。這種無分別智具足這兩方面的意義，所以名爲「出世間無分別智」。「餘智」指後得智，這後得智屬於世間的智慧，所以不稱爲「出世間」。這出世間無分別智即是十地中的無分別智。十地由後得智開

始，步步升進，最後獲得無分別的出世間智。

以下繼續討論轉依問題，《成論》說：

> 依謂所依，即依他起，與染淨法為所依故。染謂虛妄遍計
> 所執。淨謂真實圓成實性。轉謂二分：轉捨、轉得。由數
> 修習無分別智，斷本識中二障麁重故，能轉捨依他起上遍
> 計所執，及能轉得依他起中圓成實性。由轉煩惱，得大涅
> 槃；轉所知障，證無上覺。成立唯識意，為有情證得如斯
> 二轉依果。（大31.51a）

這裏主要從三性來說轉依。「轉依」的「依」表示所依，即是以依
他起為所依。這樣的所依即是前面提過的以依他起作為基本結構。
染、淨法都是依於依他起的。在依他起上生起種種遍計執，這便成
為染法；在依他起上不起任何執著，而就依他起本身如實地了解，
這便是圓成實，亦即是淨法。這裏從三性來說轉依，是一種較為特
別的說法。佛教通常說到轉依，都是說轉捨染污而依於清淨。轉依
不一定牽涉到三性的學說。但唯識採用了三性作為背景來說轉依的
問題。引文繼續說，染是虛妄的遍計執性，淨是真實的圓成實性。
轉依表示轉染依淨。在三性的脈絡中說，轉依就是轉捨虛妄的遍計
執，而依於清淨的圓成實。在整個轉依的歷程中，依他起始終是處
於一個根本的位置，作為事物的基本結構。

「轉謂二分：轉捨、轉得」表示轉可分為兩個面相，一方面是
轉捨，另一方面是轉得。轉捨和轉得是同時進行的。轉捨是轉捨遍
計執；轉得是轉得圓成實。轉捨遍計執，就表示同時轉得圓成實。
「由數修習無分別智，斷本識中二障麁重故，能轉捨依他起上遍計

所執，及能轉得依他起中圓成實性。」這句的意思是，透過不斷地修習，實踐無分別智，由此斷除第八識中的煩惱障和所知障的種子，所以能夠轉捨依他起上的遍計執和轉得依他起中的圓成實。這個意思和我們一直所了解的三性的意思很吻合。在依他起這個基本結構上，我們轉捨遍計所執，這就是轉捨；依於圓成實性，這就是轉得。引文繼續說，由轉捨煩惱障，便獲得大涅槃；轉捨所知障，便得到無上覺，即大菩提。確立唯識的真理，用意是令有情證得這二轉依果，即大菩提和大涅槃。大菩提是從智慧方面來說，而大涅槃則是從最高境界來說的。[3]

　　接著是討論轉識成智的問題，這種說法是唯識所獨有的。佛教一般對於眾生的覺悟，都是以轉依來說的。而唯識則進一步以轉識成智來發揮轉依的意義。轉識成智是將虛妄的心識轉化為清淨的智慧。由於唯識提到八識，所以在轉識成智方面要交代每一個識的轉化。這種說法把八識分為四類：前五識，即感識；意識；末那識；阿賴耶識。所謂轉八識成四智，就是將前五識轉為成所作智；意識轉為妙觀察智；末那識轉為平等性智；阿賴耶識轉為大圓鏡智。這四種智分別是對應於四類識來建立的。一般來說，前五識轉為成所作智，這是由於前五識屬於感識，它們轉成的成所作智都是跟感官和日常生活有具體關係的智慧。成所作智的意思是成就世間日常事

3　以上是說轉依的問題。關於從文獻學的角度來說轉依，參考：Lambert Schmithausen, *Der Nirvāṇa-Abschnitt in der Viniścayasaṃgrahanī der Yogācāra-bhūmiḥ*. Wien, 1969.若特別就菩薩入地的體驗來說轉依的概念的，則可參考稻津紀三《世親唯識說の根本的研究》，東京：飛鳥書院，1988, pp.298-305.

務的智慧。這主要是觀照俗諦而表現出來的智慧。牽涉到技術方面。因為我們處理日常世間的事務，往往要運用各種技術來達到目標。妙觀察智是從第六意識轉出的。這種智慧能夠觀察不同事物的個別相狀。從哲學角度來說，這種智慧是關連到事物的特殊性（particularity）方面。平等性智是由第七末那識轉出的。這種智慧牽涉到諸法的普遍性（universality）。平等性指諸法的緣起無自性或空的性格，是諸法的普遍性。平等性智就是觀照事物的空性的智慧。大圓鏡智是從阿賴耶識轉出的。這種智慧能同時觀照一切事物的個別特殊面相和普遍的面相，即是能夠同時觀察事物的特殊性和普遍性。

　　唯識學的智，直覺意味濃，沒有思辯成分。相對於此，胡塞爾的超越主體或純粹自我（reines Ich）則沒有經驗內容，而是一原則義的自我，它有一確定的原則為內涵。它是我思活動（ego cogito），似仍有思辯的、知識的傾向，這便沖淡它的直覺意味。在唯識學中，在轉識一面，並沒有相當於胡塞爾的純粹自我或「超越自我」（transzendentales Ich）觀念。轉識所得的智，則頗有此意味。智可以說是與超越主體或超越自我相應。但後者是絕對自動的，它不是存有（Sein）。唯識學的智相當於淨識，有它自身的種子，種子要依緣現起，故仍是存有，不能說活動（Akt）。

　　以上是從哲學的眼光來看轉識成智的意義。而在《成論》中，對轉識成智有更詳盡的解釋。我們現在試從《成論》看轉識成智所開發出來的四種智慧。《成論》說：

　　　　云何四智相應心品？一、大圓鏡智相應心品。謂此心品離

諸分別，所緣、行相微細難知，不妄、不愚一切境相。性、
相清淨，離諸雜染，純淨圓德，現種依持。能現能生身、
土、智影，無間無斷，窮未來際。如大圓鏡，現眾色像。

（大31.56a）

這段文字是關於大圓鏡智（ādarśa-jñāna）的敘述。何以稱爲「四
智相應心品」呢？由於四智都是從心而生，是相應於心的作用，所
以稱爲「相應心品」。首先解釋大圓鏡智相應心品。引文說：「謂
此心品離諸分別，所緣、行相微細難知，不妄、不愚一切境相。」
這種智慧離開虛妄分別。「分別」是對於外境進行概念化，而執取
這些外境，以爲它們具有自性。這種智慧的所緣和行相都是微細難
知的。所緣指所處理的對象；行相指它的作用。大圓鏡智所處理的
對象和它本身的作用都是很微細、難以了解的。這種性格相應於阿
賴耶識的性格，尤其在所緣方面。照唯識所說，阿賴耶識的所緣是
種子、根身和器界，這些東西都是微細難知的。大圓鏡智與阿賴耶
識的所緣是否相同呢？這裏暫時未有交代。但我們仍可作出推測：
阿賴耶識的所緣是種子、根身和器界，這即是概括了一切存在的事
物，所以由此轉出的大圓鏡智的所緣亦應是一切法。但是，阿賴耶
識對於一切法是有執著的，而大圓鏡智則沒有執取的作用。所以大
圓鏡智是「不妄、不愚一切境相」，即是對於一切境相都予以正確
的安立，不會作出虛妄分別。從認識論方面來說，大圓鏡智對於事
物的認識，不是把事物作爲一種對象或現象來認識，即是不會把事
物放在時間、空間和因果律則下進行認識，而是認識事物的在其自
己（Ding an sich），即是認識事物的本性。在哲學角度來說，這

種認識需要具有「睿智的直覺」（intellektuelle Anschauung）才能達到。而一般的「感性直覺」（sinnliche Anschauung）是不能做到的，因為感性直覺只能把事物作為對象或現象來進行認識，不能認識到事物的在其自己，或物自身的層面。睿智的直覺能夠越過事物的對象性或現象性，而認識到事物的在其自己或物自身的本性。所以，大圓鏡智其實是一種睿智性的直覺，而不是感性直覺。「大圓鏡」的名稱，表示這種智慧好像一塊明淨的鏡，能照見種種事物的真實性格。

引文繼續說，這種智慧「性、相清淨，離諸雜染，純淨圓德，現種依持」。「性、相」指事物的本質和相狀。這種智慧的本質和相狀兩方面都是清淨無染的。「離諸雜染」和「純淨圓德」都是用來形容大圓鏡智的清淨的本性和作用。「現種依持」表示這種智慧是現起的一切種子的所依，但這些種子不同於阿賴耶識的有漏種子，而是無漏種子。在轉識成智中建立起的大圓鏡智，其中所包含的種子都是無漏的。在轉識成智之前的第八識，當中所包含的現行種子基本上是有漏的。雖然第八識亦含有無漏種子，但這些種子未起現行，所以在轉識成智前的第八識之中，現行的都是有漏種子，以致第八識整體來說亦是有漏的。但轉識成智後，大圓鏡智中的種子都是無漏的，沒有染污的成份。

引文繼續說，此智「能現能生身、土、智影，無間無斷，窮未來際」，表示這大圓鏡智能生起無量身、無量土、無量智的表象。無量身、無量土、無量智是從教化方面說的。當菩薩成就了大圓鏡智，表示已得到覺悟，解脫成佛。在教化的工作上，他能表現出無量的身相，對應於不同的眾生去進行渡化，亦可變現無量環境，運

用無量的智慧去點化眾生。無量身、無量土、無量智表示覺者所表現出來的種種功德。而這些表現是無間斷的,在未來不停地表現,永無終止。這種大圓鏡智就好像一片光明的鏡子,能令一切事物的普遍相和特殊相都呈現起來,而不會對它們起任何執著。

說大圓鏡智是睿智的直覺,這睿智的直覺是參照康德的意思而提出來的。這可說相當於胡塞爾的本質直覺(Wesensschau),它是由超越的或絕對的意識發出來的。而上面說大圓鏡智能同時觀察事物的普遍性與特殊性,表示事物的普遍性中有特殊性,特殊性中有普遍性。這與胡塞爾現象學中所說的現象與本質互相連繫的密切關係相似。即是,現象是有本質作為基礎的現象,因而具有高度的普遍性;本質是在現象的脈絡中說的本質,因而可說是具體的、特殊的。胡塞爾的本質直覺正能觀照這樣的對象。

又《成論》說大圓鏡智「不妄、不愚一切境相」。這一切境相,「在不妄不愚」之下,應有物自身的意味,亦應有胡塞爾的事物本身(es selbst)的意思。胡塞爾以為,這事物本身有明證性(Evidenz)。而這明證性不是認識論的,而是存有論的,它具有存有的確定性。說這明證性是存有論,便表示創生的意味,這在大圓鏡智中亦是可說的,《成論》文中說它「能現能生身、土、智影」,便表示它有生的作用。而大圓鏡智的「鏡」,有直接照見諸法之意。這種照見,正類似胡塞爾的明證性。明證性有兩種性格:一、被直覺地給予而為人直接地見到和把握到。二、先於一切理論思考而存在。大圓鏡智的照的作用,亦應與這兩點有密切關係,即是,它是超越一切概念思維,而直證入對象中,以把握它的本質。這正是胡塞爾的本質直覺的機能。

關於平等性智，《成論》說：

> 二、平等性智相應心品。謂此心品觀一切法，自、他、有
> 情，悉皆平等。大慈悲等，恒共相應。隨諸有情所樂，示
> 現受用身、土影像差別。妙觀察智不共所依，無住涅槃之
> 所建立。一味相續，窮未來際。 （大31.56a）

平等性智（samatā-jñāna）是由第七末那識轉出的。平等性的意思
關連到一切事物的無自性空的性格。這種智慧能夠照見事物的普遍
性格，即無自性空的性格。在平等性智的觀照下，一切法的自相、
他相和有情眾生都是平等無自性的。這種智與大慈悲恒常地相應，
兩方面會同時表現出來。當表現平等性智時，慈悲會伴隨著；同樣
地，當表現慈悲時，亦有平等性智伴隨著。這就是所謂「悲智雙運」。
「隨諸有情所樂，示現受用身、土影像差別」意思是隨著各有情眾
生所樂於接受的方式，為他們示現受用身和受用土，用以引導眾生
堅決求道。受用身、受用土指覺者成佛之後所具有的身相和環境。
受用身和受用土可以作出不同的影像，就眾生不同的需要而顯現。
這平等性智是妙觀察智的「不共所依」。我們前面已經提過，在轉
識成智之前，第六意識依於第七末那識的我執而產生自我意識。在
轉識成智之後，第六意識轉成妙觀察智，第七末那識轉成平等性智，
而這種依待的關係仍然存在，即是由第六意識轉成的妙觀察智，仍
要依於第七末那識轉成的平等性智而發揮它的作用。所以平等性智
是妙觀察智的所依。「不共」表示沒有其他智慧具有這種所依的作
用，只有平等性智才能成為妙觀察智的所依。亦可以說，在因位中，
即在轉識成智之前的狀態下，末那識是意識的所依；在轉識成智後

進入了果位，在這種情況下，平等性智仍然作為妙觀察智的所依，而且是唯一的所依，即不共所依。「無住涅槃之所建立，」表示無住涅槃的建立也是依於平等性智的。無住涅槃（apratiṣṭhita-nirvāṇa）指由心靈不住著於任何對象而顯示出的一種涅槃境界。所謂任何對象包括在染污方面的生死的範圍，以及清淨方面的寂滅的範圍的東西。這亦是大乘佛教的涅槃的觀念。小乘佛教則傾向於寂滅方面，遠離生死煩惱，但需要依附於寂滅方面的清淨境界。所以一般認為小乘佛教是出世的。而大乘佛教則能同時從生死和寂滅之中解放出來，這謂之「中道」，亦就是無住涅槃。而這無住涅槃的達到，是依於平等性智的實現的。「一味相續，窮未來際，」表示平等性智作為妙觀察智的所依以及無住涅槃的建立基礎，這些作用會延續不斷，無窮無盡。

上面我們以胡塞爾的本質直覺與大圓鏡智作了比較，指出兩者的相通之處。其實這本質直覺亦與平等性智在某些方面相通。前者有相當強的邏輯性、形式性意味，以準則、規律為對象，是關乎準則方面的直覺；平等性智則是觀取事物的空的性格的智慧，這空的性格，也有準則的意味。若我們強調本質直覺的本質的軌則性格，則這本質直覺與平等性智是可以拉在一起的。

關於妙觀察智，《成論》說：

> 三、妙觀察智相應心品。謂此心品善觀諸法自相、共相，無礙而轉。攝觀無量總持之門，及所發生功德珍寶，於大眾會，能現無邊作用差別，皆得自在。雨大法雨，斷一切疑，令諸有情皆獲利樂。（大31.56a）

妙觀察智（pratyavekṣanika-jñāna 或 pratyavekṣaṇā-jñāna）是對應於平等性智
而提出的。平等性智是觀照事物的普遍的相狀的一種智慧，而妙觀
察智則是觀察事物的特殊相狀的一種智慧。但這裏說妙觀察智善於
觀察事物的自相和共相。自相指特殊相；共相是普遍相。我們認為，
平等性智應是著重於觀察事物的普遍相，而妙觀察智則著重於觀照
事物的特殊相。引文繼續說，這妙觀察智會「無礙而轉」，即是圓
融無礙地轉生出來。在妙用方面，妙觀察智「攝觀無量總持之門，
及所發生功德珍寶」，這顯示妙觀察智的包容性相當廣泛，能包容
無量總持之門。「總持」有兩種解釋：第一種是指密教的咒語，即
所謂陀羅尼（dhāraṇī）。密教中人認為他們的咒語有殊勝的力量，
念誦起來，會產生殊勝的結果。另一種解釋是較普遍的，指一種能
令人進入覺悟境界的法門。按照第二種解釋，妙觀察智包含一切令
人進入覺悟境界的法門。此外，這種智亦包括一切由覺悟而來的功
德珍寶。妙觀察智又具有教化的作用，「於大眾會，能現無邊作用
差別，皆得自在，」即是能對於不同的眾生施以不同的作用，以教
化他們，使他們都能得到精神上的自由。「雨大法雨，斷一切疑，
令諸有情皆獲利樂，」表示妙觀察智好像天降甘霖一般，施予每一
個眾生，幫助他們斷除一切疑惑，令他們獲得精神上的種種殊勝的
益處。

　　無可置疑地，妙觀察智所觀取的事物，具有真理的意味，不是
一般被執取的現象。這顯然有與胡塞爾現象學的現象相通之處。前
者有空作為基礎，後者的根基則在本質。另外，兩者都具有明證性。
在方法或實踐的角度來說，妙觀察智的對象，亦只能通過體驗
（Erlebnis）來接觸，不能以抽象思維或概念來理解。它不是抽象

物（Abstrakta），而是具體物（Konkreta）。這又近於胡塞爾的本
質了。

對於成所作智，《成論》說：

> 四、成所作智相應心品。謂此心品為欲利樂諸有情故，普
> 於十方，示現種種變化、三業，成本願力所應作事。(大31.56a)

成所作智（kṛtyānuṣṭhāna-jñāna）一般來說是指成就世間種種事務
而表現出來的智慧。這可以說是一種俗諦的智慧，是在解決日常生
活中種種困難時表現出來的智慧。按照這種說法，成所作智可以說
是近乎科學的知識。例如製造飛機、汽車等，使人可以從一個地方
前往另一個地方。這些東西使人在生活上得到種種好處。這種智慧
與識有什麼不同呢？智與識的基本不同點，就是在於有沒有執著。
智是無執著的，而識則是有執著的。引文說，具備這種成所作智的
菩薩，為著要令有情眾生獲得種種利益和快樂，於是在十方，即一
切地方示現出種種變化身，因應眾生不同的情況，而示現不同的變
化身來渡化眾生。「三業」指菩薩因應不同的眾生而示現的不同的
身、語、意業，目的都是要教化眾生。成所作智所成就的，是與眾
生日常生活最切近的事物。

以上是關於四智相應心品的一般性敘述。至於更詳細地敘述每
一種智的所緣、行相等的文字，將在稍後再介紹。接著，《成論》
正式提出轉八識成四智的說法：

> 此轉有漏八、七、六、五識相應品，如次而得。智雖非識，
> 而依識轉；識為主故，說轉識得。又有漏位，智劣識強；

> 無漏位中，智強識劣。為勸有情依智捨識，故說轉八識而
> 得此四智。（大31.56b）

這裏說，四智相應於第八、第七、第六和前五識而轉生的。關於智和識的關係，可以說，智是清淨的，識是虛妄的；智是無執的，識是有執的。所以智和識是不同的。但兩者又有很密切的關係，因為智是從識轉出來的。若沒有識，就不能轉出智來；必須以識作為基礎，才能轉出智。所以智是依於識的。從這裏可以再進一步說，智和識基本上是一體的。所謂一體，是就智和識都是從種子生起來說。智基於無漏種子而生起，而識則基於有漏種子。當有漏種子現行，就成為識；當有漏種子轉為無漏種子而現行，就成為智。所以兩者的基礎都在種子。唯識有一種說法，指識是一種妄識，而智則是一種淨識，識和智都是以識來說，分別只在於前者是妄，後者是淨。這種說法亦顯示出兩者有一體的關係。

轉識成智，由識到智的歷程，有點像胡塞爾所說的由經驗心理學到超越現象學的歷程。前者的中心概念是經驗意識，相當於唯識學的識。後者的核心概念是絕對意識，相當於唯識學的智。這中間的過程，在唯識學來說，是五位修持；在胡塞爾來說，則是現象學懸置（phänomenologische Epoché）。當然唯識學講五位修持有很詳細的解明，而且實踐意味重，牽涉很多具體的修行技術。胡塞爾講現象學懸置，只是從原理、大方向上描述，未指涉修習技術等細節問題。胡塞爾始終是一個哲學家，不是宗教家，更不是修行的聖者。不過，就導向（orientation）方面來說，有一點很值得注意。轉識成智的整個架構，是把一切法都收歸於識心，識心的虛妄性被

轉捨掉，代之而起的是智，由智再開出一切法。故在轉識前，一切法所對的是識，是染污的，是被執取的；轉識後，一切法所對的是智，是清淨的，是不被執取的。故轉識成智是像《維摩經》（*Vimalakīrtinirdeśa-sūtra*）所說的去病（執取之病）不去法。這很類似現象學還原的導向，胡塞爾是要攝存在歸意識，要把經驗意識提升至絕對意識，把意向性所開出的事物，從經驗層面上提至超越層面，最後逼顯一絕對的、超越的主體性，這在唯識學來說，便是四智，特別是大圓鏡智。

引文繼續說，在有漏位中，智劣識強；在無漏位中，智強識劣。即是說，在有漏位中，智和識都已經存在，但在這時，智處於劣勢，而識處於強勢；而在無漏位中，智處於強勢，而識則處於劣勢。在有漏位中所表現出的主要都是虛妄心識的作用，而智則處於一種潛隱的狀態，所以是智劣識強。但到了無漏位，這裏說是「智強識劣」的狀態。在無漏位中，智慧當然處於強勢，但識仍然存在，只是處於劣勢。如果我們以無漏位作為解脫的境界，照這裏所說，在這種解脫的境界中仍然具有妄識，只是這妄識處於劣勢之中。人即使達到了解脫的階位，仍然存有妄識，即是說，仍然有墮落的可能性。在解脫的階位中，雖然妄識處於劣勢，但只要生起妄念，妄識仍會產生作用，令生命退墮。這是從引文中可引伸的意思。從宗教哲學方面來說，修行者即使達到了無漏位，獲得解脫，仍然有退墮的可能性。所以即使已經得到覺悟解脫，修行者仍然需要經常警惕自己，避免生起邪惡的念頭。引文繼續說，為著勸化有情歸向智慧而捨棄妄識，所以提出「轉八識得四智」的口號。

提出了「轉八識得四智」的口號之後，現在再要逐一詳細說明

有關四智的所緣的問題。而從所緣的問題亦可看到行相方面的問題。《成論》說：

> 大圓鏡智相應心品。有義但緣真如為境，是無分別，非後
> 得智，行相、所緣不可知故。有義此品緣一切法。莊嚴論
> 說：大圓鏡智於一切境不愚迷故。佛地經說：如來智鏡，
> 諸處、境、識眾像現故。又此決定緣無漏種及身、土等諸
> 影像故。行、緣微細，說不可知。如阿賴耶，亦緣俗故。
> 緣真如故，是無分別；緣餘境故，後得智攝。其體是一，
> 隨用分二。了俗由證真，故說為後得。餘一分二，准此應
> 知。（大31.56c）

關於大圓鏡智的所緣問題，有各種不同的說法。有一種說法指大圓鏡智只以真如這種普遍相狀作為認識的對象，是一種無分別智。這種智只認識諸法的共相，或普遍的相狀，並不是後得智。一般來說，無分別智認識諸法的共相，而後得智則認識諸法的別相。大圓鏡智的行相和所緣都是微妙不可知的。另一種說法指大圓鏡智緣一切法，即是不單只緣共相，還會緣別相。這裏引述《大乘莊嚴經論》（*Mahāyānasūtrālaṃkāra*）作佐證，論說：大圓鏡智對於一切境不會愚迷。即是說，大圓鏡智對於一切對象都有一種正確的了解。這種正確的了解是從睿智的直覺來說的，而不是從感性的直覺來了解。睿智的直覺能對諸法的物自身進行了解，而不是把諸法作為現象去了解。此外，引文又引述《佛地經》（*Buddhabhūmi-sūtra*）說：「如來智鏡，諸處、境、識眾像現故。」「如來智鏡」即大圓鏡智，這智概括了諸處、境、識。「處」指內六處，即眼、耳、鼻、舌、

身、意六入。「境」是外六境，即色、聲、香、味、觸、法。「識」是根、境和合而生起的六種認識的機能。照《佛地經》所說，大圓鏡智概括了內六處、外六境和六識的感覺機能。不同的境象都會在大圓鏡智之下呈現出來。

引文繼續說：「又此決定緣無漏種及身、土等諸影像故。」這裏指出，大圓鏡智中的無漏種子不斷地現起。這種智又能現起受用身和受用土，以教化眾生。這種認識具有一種教化的意味，而不單具認識論的意味。這種作用已離開了純粹的認識作用，而著重於實踐方面，要教化眾生。「行、緣微細，說不可知。如阿賴耶，亦緣俗故。緣眞如故，是無分別；緣餘境故，後得智攝。其體是一，隨用分二。了俗由證眞，故說爲後得。餘一分二，准此應知。」這裏說，大圓鏡智的行相和所緣都非常微細，一般人不易了解。這大圓鏡智跟轉依前的阿賴耶識一般，都是要處理世間的事物。這種智不單只照顧勝義諦方面，而且亦照顧世俗諦，即世間方面的事物。這裏將大圓鏡智所認知、所處理的對象分成兩方面。一方面是了解世間事物的普遍同一的眞理，在這方面作用的是一種無分別智。無分別智表示智慧與對象結成一體，有智如（眞如）不二的關係。另一方面是認知餘境，即是眞如之外的其餘對象，亦即是事物的特殊相狀，在這方面作用的是後得智。所以大圓鏡智結合了無分別智和後得智。在體性上說，無分別智與後得智是同一的。但在作用方面卻不同。即是說，大圓鏡智具有兩方面作用，在認識事物的普遍性時，大圓鏡智發揮了無分別智的作用。當認識事物的特殊性時，所發揮的是後得智的作用。引文接著提出無分別智的作用與後得智的作用的關係。「了俗由證眞」意思是，了解俗世的事物是爲了要證成普

遍的眞理。了俗是憑後得智，「後得」的意思不一定從時間方面說，而是從價值方面說，表示後得智了解俗世事物的目標是指向終極的眞理。在這種意義下，了解世間的後得智是屬於第二義的，它有一個目標，就是要證成普遍的眞理。大圓鏡智一體分爲二種作用，這樣一分二的結構並非只限於大圓鏡智，而是同時通於其餘三種智慧。「餘一分二，准此應知」便是這個意思，表示除大圓鏡智之外，其餘三種智慧亦同樣具備無分別智和後得智。[4]

依唯識學，眞如要由智來了解，特別是大圓鏡智和平等性智。胡塞爾亦說純粹直覺（reine Anschauung），這是一種體驗（Erlebnis）作用，是超越的純粹體驗。說它能體驗、體證眞如，亦無不可。在現象學的脈絡來說，它是體證本質的。

《成論》繼續說：

---

[4]　這裏有一問題需要提出談談。四智是否都同樣地具有無分別智和後得智二面，是否同時能認識事物的普遍相（共相）與個別相（自相），關於這個問題，《成論》顯然沒有一清晰而確定的說法。就一般的哲學的說法而言，成所作智應是俗諦的智慧，認識事物的個別相，這亦是後得智。妙觀察智似是介乎無分別智與後得智之間，一方面能認識現前的東西，同時亦能認識過去與未來的東西。平等性智應是一種無分別智，認識事物的平等的普遍相。大圓鏡智則應是妙觀察智與平等性智的綜合，既能認識事物的普遍相，亦能認識事物的個別相，它基本上應是一種無分別智。《成論》則說大圓鏡智能認識眞如的普遍相，也能認識餘境的個別相，同時是無分別智與後得智。其他三智，都是一樣，既是無分別智，也是後得智，「餘一分二」也。倘若是這樣，四智便很難分別了，我們如何解釋它們是由不同的識所轉化而來的智呢？最低限度，大圓鏡智應如何與其他三智區分開來呢？關於這幾點，《成論》並沒有精確的交代。

平等性智相應心品。有義但緣第八淨識，如染第七緣藏識
故。有義但緣真如為境，緣一切法平等性故。有義遍緣真、
俗為境。佛地經說：平等性智證得十種平等性故。莊嚴論
說：緣諸有情自、他平等，隨他勝解，示現無邊佛影像故。
由斯此品，通緣真、俗，二智所攝，於理無違。（大31.56c）

這段文字很詳細地解釋平等性智的所緣。關於這點，共有幾種說法。
有一種說法認為平等性智只緣第八淨識，即以大圓鏡智作為認識的
對象。這種說法是根據轉識成智之前，第七末那識以第八阿賴耶識
的見分為認識的對象，這樣構成的關係而說的。在轉識成智之後，
第七識轉成平等性智，第八識轉成大圓鏡智，但這種所緣的關係仍
然不變，即是平等性智以大圓鏡智作為所緣。但在轉識成智之後的
這種所緣的關係，並沒有出現我執的情況，因為在轉識成智之後，
只有無漏種子起作用。由於沒有我執出現，所以不會生起四煩惱，
即我癡、我見、我慢、我愛。另一種說法認為，平等性智只以真如
作為它的所緣境。在唯識來說，真如就是唯識的本性。這種智只以
一切法的平等空性為所緣。第三種說法認為平等性智能夠同時認識
事物的真、俗兩方面。「真」指事物的普遍性；「俗」指事物的特
殊性。這種智能夠同時認識一切法的普遍性和特殊性。這幾種說法，
牽涉到事物的特殊性、事物的普遍性以及同時牽涉事物的普遍性和
特殊性。對於這幾種說法，引文中引述經論以作判斷。首先引《佛
地經》說：「平等性智證得十種平等性故。」這裏指出平等性智能
認識諸法的普遍性、平等性。諸法的平等性的十種面相都為平等性
智所證取。這裏未有逐一提出平等性的十種面相。但一般認為，這

十種平等性可以其中一種作爲代表，就是「離相差別」。離相差別表示遠離種種個別相生起的差別，而直證事物的本質的平等性。從相來說，每種事物的相都具有本身的特性，相與相之間必定有所差別。如果要超越相與相之間的差別，而直證事物的平等的普遍性，就先要遠離種種差別相。另外，引文又引述《大乘莊嚴經論》的說法：「緣諸有情自、他平等，隨他勝解，示現無邊佛影像故。」這裏說，平等性智能認知有情的自己和他者的平等性。這裏著重說有情的普遍性格。又說，這智隨順無量眾生的勝解，向他們示現無量無邊的佛的莊嚴影像，來引導眾生，使他們對佛法生起信心。「由斯此品，通緣眞、俗，二智所攝，於理無違。」這裏作出結論，認爲平等性智包含無分別智和後得智，能同時以事物的普遍性和特殊性爲認識對象。

關於妙觀察智，《成論》說：

> 妙觀察智相應心品。緣一切法自相、共相，皆無障礙，二智所攝。（大31.56c）

妙觀察智能認識一切法的自相和共相。自相是諸法的特殊性，即各自的相狀；共相是諸法的普遍、平等、共有的相狀，即諸法共通的性格。這種智在認識這兩方面的相狀上，都沒有障礙，亦同時涵攝無分別智和後得智。一般來說，提到妙觀察智時，多著重於這種智認識事物的特殊性的能力方面。「觀察」的意思應是傾向於指涉事物各自的特有相狀。

對於成所作智，《成論》用了較多文字去解釋，這可能由於《成論》較關注世間現實的環境之故。《成論》說：

成所作智相應心品。有義但緣五種現境。莊嚴論說：如來
五根，一一皆於五境轉故。有義此品亦能遍緣三世諸法，
不違正理。佛地經說：成所作智起作三業諸變化事，決擇
有情心行差別，領受去、來、現在等義。若不遍緣，無此
能故。然此心品隨意樂力，或緣一法，或二或多。且說五
根於五境轉，不言唯爾，故不相違。隨作意生，緣事相境，
起化業故，後得智攝。（大31.56c）

關於成所作智的所緣，這裏提出了幾種說法。其中一種說法認為成
所作智只能了解五種現境。「現境」指現前的對象，即在當下呈現
的對象，不包括過去的和未來的。五種現境表示五種感官對象。這
種智的作用只在五種感官的對象上，而不牽涉到想像、概念等意識
的對象。成所作智本身與感官有特別密切的關係，所以它的所緣亦
以感官對象為主。這裏引述《大乘莊嚴經論》來印證，「如來五根，
一一皆於五境轉故。」表示如來的五種感官能力主要在色、聲、香、
味、觸五種對象上發揮作用。關於成所作智的所緣，又有另一種說
法。「有義此品亦能遍緣三世諸法，不違正理。」這種說法認為成
所作智能遍緣三世諸法，即能夠認識過去、現在和未來的事物。按
照這種說法，成所作智不單包括感官的能力，還包括意識的能力，
否則便不能了達三世的諸法。這裏引述《佛地經》說：「成所作智
起作三業諸變化事，決擇有情心行差別，領受去、來、現在等義。
若不遍緣，無此能故。」這裏表示，成所作智能生起身、口、意三
方面的種種變化事象，以這些事象作為方便，對眾生起示範作用，
達到渡化的目標。這種智同時又能為眾生決擇心念，將善、惡的心

念區別開來，保養善的，而捨棄惡的。原始佛教所說的「諸惡莫作，
眾善奉行」，便與這種決擇心念的意思很接近。要達到這個目標，
成所作智必須具有遍緣的能力，能周遍地認識過去、現在、未來的
事物。

引文接著提出《成論》本身的見解：「然此心品隨意樂力，或
緣一法，或二或多。」《成論》認為，成所作智既能認知一種事物，
亦能同時認知兩種或多種事物。這種智又能隨順眾生的意向和愛好
去發揮它的作用，能夠專注處理一種對象，又能同時處理多種對象。
引文繼續說：「且說五根於五境轉，不言唯爾，故不相違。」這裏
指出，五根對於五境的作用，在一個時間中，並不是只能以一種根
作用於一種境，而是能夠同時以多於一種根去認知多於一種的境。
即是說，以一根緣一境，跟同時以多根緣多境，這兩種作用並沒有
矛盾。這裏顯示出成所作智具有一種善巧的能力，既能以一根專注
於一境，同時亦能以多根去認識多境。一般人在同一時間，只能以
一個感官的能力去認識一種外境，如果同時以多種感官能力去認識
多種外境，就會產生混淆。但成所作智有能力同時認識多種外境。
最後，引文就教化的作用方面，對成所作智作出總結。引文說：成
所作智能夠隨順眾生的意念來處理世間事務，能生起不同的化身，
表現出身、口、意幾方面的行為來渡化眾生。成所作智的這種作用
與世俗的事務有密切關連，因為必須與眾生接觸，處身於世俗的環
境中，才能進行渡化。成所作智有一種獨特的性格，扣緊世俗的事
務來發揮它的作用。這種智慧的背後有一種很深刻的教化的目標。
由於這種智慧緊密地關連到世間事務，所以包含後得智。但有否包
含無分別智呢？就上面闡釋大圓鏡智時提到的「餘一分二」的說法

看來，答案應是肯定的。但成所作智到底如何具有無分別智的成份，如何表現無分別智的功能呢？《成論》便沒有透露了。[5]

　　以上展示了唯識學認為轉識後所得的智的所緣，是眞如。這眞如有物自身的意味。就胡塞爾現象學的情況來說，他的說法前後參差，不很一致。他在早年的小著作《現象學的觀念》（Idee）中，說人的認識不能到達物自身（Ding an sich）。但在稍後的《純粹現象學通論》（Ideen I）中，他反對人不能認識物自身的說法。這暗示人是可把握物自身的。再到後期，他在《笛卡兒式沉思錄》（Meditationen）中，態度又變得模糊了。他常提到事物本身，認為本質直覺可認識它。這事物本身應有物自身之意。因他說前者是不可分割的、單一的、同一的、無區別的和沒有個別性可言的，這都是物自身的涵義。

　　倘若胡塞爾的事物本身具有物自身的涵義，即是說，倘若他的事物本身即是物自身，而本質直覺又可認識它，則他的現象學中的現象，可以說是與物自身融合為一的東西，而認識這合一關係的，便是本質直覺。這便解決了康德以來現象與物自身分離的困難。胡塞爾要綜合現象與物自身的哲學目標，或更確切地說現象學目標，可說是達到了。不過，關於這點，我並未能毫無可疑地確認。以後我會在這方面續續努力探討，看胡塞爾的目標是否眞能達到。

5　以上是有關四智的多方面的闡述。關於四智的平易的、近於日常生活的解釋，參看橫山紘一《唯識の哲學》，京都：平樂寺書店，1994, pp.256-259.關於轉識成智及其有關的宏觀的問題，可參閱拙著〈唯識宗轉識成智理論之研究〉，《佛教的概念與方法》，臺北：臺灣商務印書館，1988, pp.98-208.

三十、第三十頌

【梵　文　本】sa evānāsravo dhātur acintyaḥ kuśalo dhruvaḥ/
　　　　　　　sukho vimuktikāyo 'sau dharmākhyo 'yaṃ mahāmuneḥ//
【梵本語譯】這實是無漏的界域，是不思議，是善，是常住。這是
　　　　　　樂，是解脫身。這是所謂大牟尼之法。
【玄奘譯本】此即無漏界，不思議善常，
　　　　　　安樂解脫身，大牟尼名法。（大31.61b）

這首偈頌講述五位修行的最後一個階位——究竟位。梵文本的意思
跟玄奘譯本相當接近。這裏主要是描述在究竟位中獲得的轉依的結
果，即所謂佛果的性格。這轉依的結果，即大菩提和大涅槃。這轉
依而得的結果純粹是無漏的界域，有五種殊勝的性格：不思議、善、
常住、安樂和解脫身。這個轉依的成果亦是大牟尼之法。「不思議」
表示超越言說思議的作用；「善」表示至善或絕對善，是具有永恒
性的善，而不是一般的相對善；「常」表示常住不變；「樂」指
極樂的境界；「解脫身」表示脫離一切煩惱障縛。
　　現在看《成論》的解釋。《成論》說：

　　　前修習位所得轉依，應知即是究竟位相。此謂此前二轉依
　　　果，即是究竟無漏界攝。諸漏永盡，非漏隨增，性淨圓明，

> 故名無漏。界是藏義，此中含容無邊希有大功德故。或是
> 因義，能生五乘世、出世間利樂事故。（大31.57a）

這段文字解釋「此即無漏界」這一句。這裏說，在修習位提到的轉
依的結果，即大菩提和大涅槃是究竟位。究竟位表示一個最終極的
位置。「此即無漏界」中的「此」字，表示前面提到的兩種轉依的
結果，即大菩提和大涅槃。這大菩提和大涅槃屬於究竟無漏界。在
這種終極的境界中，「諸漏永盡，非漏隨增，性淨圓明，」這表示
種種煩惱的種子永遠消失，而無漏種子不斷地增長。這種境界是清
淨、圓滿而且明覺。這是無漏的意思。關於「界」（dhātu）的意
思，這裏提出了兩種。第一種是「藏」，引文說「界是藏義，此中
含容無邊希有大功德故」。這裏說，「無漏界」的「界」表示在大
菩提和大涅槃裏，含藏著無量數的希有的大功德。至於大功德是什
麼，稍後會再進一步說。「界」的另一種意思是「因」，引文說：
「或是因義，能生五乘世、出世間利樂事故。」這個「界」亦可解
作原因，它是生起五乘世間和出世間種種利益、悅樂的事情的原因。
「五乘」指聲聞、緣覺、菩薩、人和天，其中的人乘和天乘是世間
乘，聲聞和緣覺是出世間乘，而菩薩則涵攝世間和出世間兩種境界，
所以屬最高層次。

以上解釋了「此即無漏界」的意思。接著逐一解釋大菩提和大
涅槃的五種性格，即不思議、善、常、安樂和解脫身。關於不思議，
《成論》說：

> 此轉依果又不思議，超過尋思、言議道故。微妙甚深，自
> 內證故。非諸世間喻所喻故。（大31.57b）

這段文字說，大菩提和大涅槃這種轉依果的性格是「不思議」
（acintya）。「思議」表示能夠透過思想、概念、理論來表達，而
「不思議」則是超越思想、理論的境界。「超過尋思、言議道」是
超越尋思和言議的途徑。這表示不思議的境界不能以尋思、言論來
達到。這種境界微妙甚深，只有達到究竟位的修行者，在自內證中
才能得到。自內證是憑著自己的生命去體證，是一種現證，而不是
透過他人的經驗去認識的。這種境界不能透過世間的種種譬喻來表
達。

《成論》繼續說：

> 此又是善，白法性故。清淨法界，遠離生滅，極安隱故。
> 四智心品，妙用無方，極巧便故。二種皆有順益相故。違
> 不善故，俱說為善。（大31.57b）

這段文字解釋轉依果的善（kuśala）的性格。這裏說，這種轉依果
是純善無惡的，以清白為它的法性。清白表示沒有污點。轉依果可
從大涅槃或大菩提來說，大涅槃是證得的境界，而大菩提則指我們
證得該境界的主體。在究竟位中，兩者已經合而為一。現先從大涅
槃方面說，這種境界是「清淨法界，遠離生滅，極安隱故」。這是
說，大涅槃是一種清淨法界，無生無滅，安住不動。另一方面，大
菩提是從智慧方面說的，引文說「四智心品，妙用無方，極巧便故」。
意思是，大菩提可以說為四個層次的智慧，即大圓鏡智、平等性智、
妙觀察智和成所作智。從渡化眾生的角度來說，這四種智慧妙用無
方，即是沒有限制，作用微妙。在化渡眾生時，能隨著個別的需要
而應變，沒有一種固定的方式。這幾種智慧亦極富善巧方便。「二

種皆有順益相故。違不善故，俱說爲善。」這兩種清淨法，即大涅
槃和大菩提都是對眾生有順益作用的。這兩種法都是超越相對的不
善，而達到純善無惡的絕對善的境界。

關於轉依果的常的性格，《成論》說：

> 此又是常，無盡期故。清淨法界無生無滅，性無變易，故
> 說爲常。四智心品所依常故。無斷盡故，亦說爲常。非自
> 性常，從因生故。（大31.57c）

這種轉依果亦有常（dhruva）的性格，表示這種果沒有變易，所以
說它是常住的。四種智慧的所依指向一個最終極的主體。由於這個
主體永無斷盡，所以大菩提，以至轉依果本身都說爲常住的。但這
種常住性並非等同於自性的常住性，因爲這種轉依果是從因生的。
從概念上說，自性是本有的，不是從因生起的，所以它的常住性包
含了無始、無終的意義。而轉依果是從因生起的，它是經過修行、
轉依才達到的，不是無因生的，所以它的常住性只就無終一點來說，
沒有無始的意義。

《成論》繼續說：

> 此又安樂，無逼惱故。清淨法界眾相寂靜，故名安樂。四
> 智心品永離惱害，故名安樂。（大31.57c）

這種轉依果亦具有安樂（sukha）的性格，因爲它對於身心沒有壓
逼、煩惱。從大涅槃方面說，這轉依果是一種清淨法界，它超越一
切事物的相狀，而達到完全寂靜，所以說是安樂。從大菩提方面說，
四智永遠離開煩惱的壓逼，所以說爲安樂。

《成論》繼續說：

> 二乘所得二轉依果，唯永遠離煩惱障縛，無殊勝法故，但
> 名解脫身。大覺世尊成就無上寂默法故，名大牟尼。此牟
> 尼尊所得二果，永離二障。亦名法身，無量、無邊力、無
> 畏等大功德法所莊嚴故。體依聚義，總說名身故。此法身五
> 法為性，非淨法界獨名法身，二轉依果皆此攝故。（大31.57c）

這裏解釋解脫身的意義。四智相應心品合為大菩提，加上大涅槃便
成轉依果。這轉依果除了具備以上所說的不思議、善、常、安樂四
種性格外，還有一種性格，就是解脫身（vimukti-kāya）。這段文
字先從二乘的解脫身開始說，再說到大乘的解脫身，這樣顯出了大
乘的殊勝性。這裏說，聲聞和緣覺所證得的二轉依果只能永遠脫離
煩惱的束縛，是一種出世法，屬超越的境界，卻缺乏一種殊勝法。
殊勝法指大乘佛教所說的渡化眾生的無量的殊勝法門。所以二乘的
轉依果只能稱為解脫身，不能稱為法身（dharma-kāya）。只有大
乘的二果既是解脫身，亦為法身。引文繼續說：「大覺世尊成就無
上寂默法故，名大牟尼。」「大牟尼」（Mahāmuni）即是大覺者。
世尊能夠成就至高無上的、遠離言說的佛法，故稱為「大牟尼」。
他所證得的大菩提和大涅槃二果，永遠離開煩惱障和所知障。此轉
依果亦稱為「法身」。「法」表示這轉依果具有無量、無邊的力、
無畏等大功德法，這些功德特別指由渡化世間而生的功德；「身」
表示一種積聚。所以，「法身」即是無量功德法的積聚。只有大乘
的覺者才能成就這種法身，小乘修行者則不能達到，因為他們缺乏
了渡化世間的功德。這個法身以「五法」為內涵，「五法」指大涅

槃和大菩提所包含的四智相應心品。法身並非透過淨法界而命名
的。實際上，單靠法界亦不能成就法身，因爲淨法界基本上是傾向
於客觀方面，而法身則同時包攝客觀和主觀的面相。客觀方面指大
涅槃的境界，而主觀方面則指大菩提的心能，即一種精神力量。「二
轉依果」指大涅槃和大菩提，這兩種果都涵攝於法身之中。

以上介紹了大乘的轉依果與法身的概念，現在進一步介紹法身
的三個面相，即三種法身（tri-kāya）。三種法身指自性身、受用
身和變化身。自性身指法身的自體或精神主體，這是較爲抽象的一
方面。受用身和變化身則是自性身的兩方面的表現。受用身是領受
從證得法身而來的種種精神上的福樂的一個主體，這個身相是展示
於菩薩面前的莊嚴法相。變化身是用以教化眾生的身相。對於不同
的眾生，需要就個別的特殊情況而展現出不同的身相，用以教化眾
生，所以稱爲變化身。以上是一般大乘佛教所理解的三身。現在看
《成論》所說的三身：

> 如是法身有三相別：一、自性身。謂諸如來真淨法界，受
> 用、變化平等所依，離相寂然，絕諸戲論。具無邊際真常
> 功德，是一切法平等實性。即此自性，亦名法身，大功德
> 法所依止故。（大31.57c）

這段文字主要講述自性身。這裏說，法身具有三方面的面相。第一
方面是自性身（svabhāvika-kāya）。相對於受用身和變化身，這自
性身是較爲抽象的。這是十方如來所證得的真實而清淨的法界，是
真理的境界，亦是精神的主體。從客觀方面說，這是真理的境界；
從主觀方面說，則是精神的主體。這兩方面是合而爲一的。可以說，

自性身就是佛的本質,它是最高主體,亦是終極境界。最高主體是從主觀方面說;終極境界是從客觀方面說。主觀與客觀兩方面結合起來,就是這個自性身。引文說,自性身是「離相寂然,絕諸戲論」,「相」和「戲論」都是現象世界的東西,而自性身則屬於本體界,所以它超越一切相對的相狀,超越種種觀念遊戲,而處於絕對的境界。自性身與小乘的解脫身不同,因為它具有無量無邊的真常功德,能在世間生起教化眾生的功能。它亦是一切法的本性,亦可以說它就是空或真如。從客體方面來說,自性身是空或真如;從主體方面說,它就是真心、佛性。在自性身,主、客是結合為一的,沒有二元對比的性格。這自性身亦就是法身本身。而其餘二身,即受用身和變化身,都是法身的外在化的表現,是對十方菩薩和眾生而示現的身相。這兩種示現的身相都是源自自性身。

關於受用身,《成論》說:

> 二、受用身。此有二種:一、自受用。謂諸如來,三無數劫,修集無量福、慧資糧所起無邊真實功德,及極圓淨常遍色身,相續湛然,盡未來際,恒自受用廣大法樂。(大31.57c)

受用身(sāṃbhogika-kāya)分為兩種,其中一種是自受用身。自受用身是受用由證得法身而來的福樂的主體。這相對於他受用身,他受用身是顯示於十方菩薩面前的莊嚴的身體。這個自受用身是諸覺者經歷了三無數劫,即三阿僧伽劫(tri-kalpa-asaṃkhyeya),積集了無量數的福德和智慧作為資糧,生起無量、無邊的真實功德,而成就的極圓淨常遍的色身。圓淨常遍表示圓滿、清淨、恒常和遍滿,這樣的色身已被超化成精神的身體。這種自受用身的活動不停

地延續下去，以至無窮的未來，受用廣大的法樂。另一種受用身是他受用身，《成論》說：

> 二、他受用。謂諸如來，由平等智，示現微妙淨功德身。居純淨土，為住十地諸菩薩眾，現大神通，轉正法輪，決眾疑網，令彼受用大乘法樂。合此二種，名受用身。（大31.57c-58a）

他受用身是諸如來透過平等性智而示現出來的一個微妙的淨功德身。淨功德身是超越於肉身而展示出來的精神性的身體。他受用身居於純淨土，為十地的諸菩薩展示大神通力，顯示出轉正法輪的方法，為他們解決種種疑惑，令他們都能分享到大乘法樂。自受用身和他受用身合稱為「受用身」。

《成論》繼續說：

> 三，變化身。謂諸如來，由成事智，變現無量隨類化身，居淨、穢土，為未登地諸菩薩眾、二乘、異生，稱彼機宜，現通說法，令各獲得諸利樂事。（大31.58a）

變化身（nairmāṇika-kāya）是諸如來以成所作智為基礎而變現的無數種相貌的化身。這種化身居於淨土亦居於穢土，為那些未登上十地的菩薩、聲聞和緣覺，以及無量眾生，就他們個別不同的情況而顯現神通，為他們說法，令他們都獲得種種利樂的事情。在佛教來說，唯一示現給人類看見的變化身就是釋迦牟尼（Śākyamuni），至於其餘無量數的諸佛，則未有在人類的歷史中出現。

以上論述了三種法身。《成論》跟著以這三種法身與四智作比

配，關於這點，這裏不擬討論。

　　以上的第三十頌，表示經過五位修行、轉識成智而達致的殊勝結果。如上面說過，唯識學的五位修行具有很強的實踐意味，因此最後對由這實踐而得的結果，作了詳盡的闡釋。胡塞爾現象學則長於概念性與理論性，但在實踐方面，並未提出有關現象學還原或懸置的具體的實踐程序。胡塞爾是哲學理論形態的人，缺乏修行興趣，只注重概念的思考與理論的建構，因此引來不少同道的批評。現象學是一種哲學理論，不是一種宗教信仰，它的基礎在理性，特別是理論理性，不在實踐理性。即使重視實踐理性，如康德，也未發展出一套工夫實踐的程序。若能明白這點，我們對胡塞爾便不會苛求了。

附錄：世親《三性論》思想的
哲學剖析

一、三性的意義

　　《三性論》（*Trisvabhāva*）在現代佛學研究界中，被視爲是世親（Vasubandhu）的著作，由三十八首偈頌組成（但西藏文譯本則有四十首偈頌）。有三個梵文本，沒有作者自己的注釋，這可能是失傳，可能是作者根本沒有寫出來。有兩種西藏文譯本，其中一藏譯本以作者是龍樹。沒有漢譯，因此未有在中國流傳下來。

　　世親在《唯識三十頌》（*Triṃsikāvijñaptimātratāsiddhi*）中有三自性的說法，也有三無性的說法。但在《三性論》中，只說三自性，不說三無性。[1]

---

[1]　結城令聞也留意到，在世親的《三性論》中，並無有關三無性的明晰解說。（結城令聞著《世親唯識の研究》下，東京：大藏出版社，1986, p.607.）長尾雅人也提到，《三性論》只說三自性，不說三無性。這是與《解深密經》、《唯識三十頌》不同之處。（長尾雅人譯《三性論》，長尾雅人、梶山雄一監修《大乘佛典15：世親論集》，東京：中央公論社，1976, p.213.）不過，我們所留意的，不是《三性論》中有沒有論及三無性的問題，而是這部論典對三性如何詮釋，與世親在《唯識三十頌》中對三性的理解有無不同之處。

　　三自性或三性的意味有點抽象，一般人不易明瞭。世親在第二十七至第三十頌這幾首偈頌中，以由幻術（māyā）製作出來的象的形相為例，具體地說明三性的分際。世親指出，在這樣的情況下，象只是一種形相（ākāramātra），或「唯相」而已，客觀獨立的象本身並不存在。故若以為有象的話，這象是被想像或被構造出來的，這便是遍計所執性（parikalpita-svabhāva）。就象的形相來說，它是由作為另外的東西或幻術而生起的，這是依他起性（paratantra-svabhāva）。就象的實際的、真實的情況來說，獨立的象是不存在的，這是圓成實性（pariniṣpanna-svabhāva）。世親跟著本著唯識的立場說到那根本的心識（mūla-citta），表示以二元性（主觀、客觀或能取、所取所成的二端性duality）出現的虛妄的想像（asatkalpa）是由我們的根本的心識產生的，這二端的雙方都是不真實的，只有那變化的形相（ākṛtimātra，唯變化相）存在著。最後，若以三性與這幻術相比較，則我們可以說，根本的心識相當於幻術，所成就的真如相當於幻術的材料（例如木片）；而遠離真實的分別，則相當於象的形相；二元性相當於象本身。[2]

---

[2]　Thomas E. Wood, *Mind Only: A Philosophical and Doctrinal Analysis of the Vijñānavāda.* Honolulu: University of Hawaii Press, 1991, pp. 37-38；長尾雅人譯《三性論》，長尾雅人、梶山雄一監修《大乘佛典15：世親論集》，東京：中央公論社，1976, pp. 208-209. 按我們這裏所參照的《三性論》的梵文本，取自吳德（Thomas E. Wood）的《唯心》（*Mind Only*）此一書中所附的文本，pp. 31-39. 以下本文所引用的《三性論》的梵文本，皆省作 "Wood"。我們對這梵文本的理解，也會參照吳德在《唯心》一書中的詮釋，但不會加注頁碼。特別情形者例外。我們亦會參考上引長尾雅人對《三性論》的日譯和解釋，對此我們省作「長尾」。而對於「長尾」的引用，我們會附上頁碼。請讀者留意。

　　按象是沒有的，根本是虛妄。以爲有象，是遍計執。知象並不
存在，知它是虛妄，這種知的狀況，是圓成實。由幻術而現出象的
形相，是依他起。這都是說得通的。又以根本的心識交代二元性與
想像的來由，只承認變化的形相的存在，也是說得通的。最後以三
性比配幻術諸項，則有些混淆不清的地方。以根本的心識相當於幻
術是可以的。但以所成就的眞如（這應是圓成實性）相當於幻術的材
料，明顯地有問題。幻術的材料是構成象的形相的，故無寧近於依
他起。而說遠離眞實的分別相當於象的形相，則由於上面說象的形
相是依他起，故遠離眞實的分別應相應於依他起。但這分別是虛妄
分別，應相當於遍計執，而不是相當於依他起。最後，說二元性相
當於象本身，若就二者本身是無有而言，是可以的。不過，二元性
是思考方式，就修行境界而言，可以是完全沒有的。即是，當我們
不斷提高認識的層次，由世俗諦以進於勝義諦，不生二元性的思考，
而直接與對象冥合爲一，便可說沒有二元性了。而象是經驗事物，
二者性格上是不同的。

　　對於三性的了解，有沒有一個次序呢？有的。第二十四與二十
五偈頌便是討論這個問題的。世親以爲，我們應該先體會依他起性，
了解無論是主觀或客觀，能取或所取，都是依他而起的。由二邊而
成的二元性是不存在的（dvayābhāva），是不眞實的。跟著我們應
體會遍計所執性，了解在其中被執取的二元性的虛妄性，它只是分
別（kalpamātra，唯分別）而已。最後我們悟入圓成實性，明白能取、
所取的二元性都是非存在的狀況（dvayābhāva bhāva）。[3]

---

[3]　　Wood, pp. 36-37; 長尾，pp. 206-207. 這次序是就知解一面說。在實踐上，則

　　按這裏對於三性，都以二元性（dvaya）來貫串。依他起性表示構成二元性的主觀面與客觀面，都是依他起。遍計所執性和圓成實性都表示這二元性本身是虛妄的、不存在的。這樣來說三性，並無超出《唯識三十頌》以外的新意。不過，值得注意的是，世親要我們先體會依他起性，這似乎是以依他起性爲基始，來說遍計所執性與圓成實性。這便有以依他起性或依他起的事物爲根本結構之意，遍計所執與圓成實則是對依他起的事物施以不同態度或處理分別而得。實際上，長尾雅人在解這兩首偈頌時便表示依他起性是主觀、客觀二者以依他、緣起作爲根底，在這根底之上被遍計執取的這二者實際上是無的，而圓成實性便顯現於這「無」的體證中。[4]這便有以依他起性爲根本結構（根底）之意，其他二性是基於這根本結構而開出的對事物的正、反兩面的看法。[5]

二、三性意義的進一步探索

　　《三性論》第十頌以四面意義來說三性：一、有與無；二、二與一；三、染與淨；四、特相無差別。[6]這偈頌是這樣的：

　　　　沒有次序可言，三性的實踐是同時進行的。關於這點，在下面第五節中會討論到。

[4]　長尾，p.207.

[5]　這種對三性特別是依他起性的看法，與我在本書對《唯識三十頌》與《成唯識論》的現象學解讀中提的見解正相符順。

[6]　我的這種理解，近於吳德的意思。他認爲《三性論》是以四面來說三性：有與無；二與不二；染與淨；和特相（lakṣaṇa）上的無分別。（Thomas E. Wood,

sad-asattvād dvayaikatvāt saṃkleśa-vyavadānayoḥ/

lakṣaṇābhedataś ceṣṭā svabhāvānāṃ gabhīratā//[7]

首先，第十一至第十三偈頌是說有與無的問題。先是說遍計所執性
（第十一頌）。世親表示，事物在情執上是有（sat），在絕對智慧的
觀照下則是無（asat）。故有與無同時可說。但雖同時可說，卻是
對不同的主體而言。若用超越哲學（transzendentale Philosophie）
的詞彙來說，可以說，事物對經驗主體是有，對超越主體是無。以
胡塞爾（E. Husserl）現象學（Phänomenologie）來說，對事物的情
執，相當於我們日常所處的自然狀態，常是以外物是實在的，世界
是存在的。經過現象學還原（phänomenologische Reduktion）之後，
我們才明白自然的經驗狀態是靠不住的，它缺乏明證性（Evidenz）。
經過現象學還原，把一切自然的、經驗的肯定都加以懸置（Epoché），
中止這樣的判斷，才能說觀照的智慧。就依他起性而言（十二頌），
世親表示，事物依他者而起是有，這是依於一種虛妄表現（bhrānti）。
但實際上它並不如所呈現那樣，故是無。這依他起，粗略地說，
可視為相當於胡塞爾的意識（Bewuβtsein）或意識的意向性
（Intentionalität）。對象都是由意識所構架或意向性所指向而成的。
至於圓成實性（十三頌），世親表示，事物是不二性格，由於沒有能
取、所取之別這種特性，這是有。但這種二元的性格實際上是不存
在的，故是無。[8]

Mind Only: A Philosophical and Doctrinal Analysis of the Vijñānavāda, p. 33.）

[7]　Wood, p.33.

[8]　Wood, pp. 33-34; 長尾，p.201.

　　按第十一頌說的遍計所執性的有無性，與華嚴宗法藏大師說的「情有理無」相近。第十二頌說依他起是依於虛妄表現，這與依他起的中性性格不協調，虛妄表現或bhrānti無寧說是近於遍計執的。第十三偈頌所說其實是同一義理，只是表達方式不同。「有不二性」（advayatva-svabhāvatva）與「無二性」（dvayābhāva-svabhāvatva）是一樣的。我看不出這首偈頌有甚麼新的東西要說，它只是重言（tautology）而已。

　　其次，第十四至第十六偈頌是說二與一的問題。關於遍計所執性（十四頌），事物有能取、所取或主、客之分，故是二。但就能取、所取都是無自性而言，就二者的無實在性的狀況（tad-asattvaika-bhāva）而言，二者都是相同，因而是一。就依他起而言（十五頌），事物由二或多的他者而成，故是二。但不管由多少因素形成，所形成的只是一個表象（bhrānti-mātra），故是一。關於圓成實性（十六頌），事物是多，相互對峙，故是二（dvaya）。但它們都顯示同一的本性，因而是一。[9]

　　按這樣說法，並無必然性。就以上所說，二與一的解釋，固可說遍計所執，但同樣的解說，也可說依他起。如能取、所取表示主、客的對分，這種對分也可說依他起：依他而起的是能依，是主體，所依的他是所依，是客體，這是二。遍計執的能取、所取是無自性，依他起的能依、所依自然亦是無自性，故兩者都可說一。值得注意的只有依他起性的一，世親以唯表象（bhrānti-mātra）來說，以依他起可以依多個因素而得，但所得的只是表象（bhrānti），就不離

9　Wood, pp. 34-35; 長尾，p.202.

表象而言，是一，始終沒有改變。這可補充唯識的意味，「唯識」
所唯的「識」（vijñapti），本身便有表象的意思。唯識是境不離
識，存有論的意味濃；這裏的「不離表象」，是說一切依他而起的
東西，都只能以表象的方式呈現，其重點則是在認識論方面。

跟著，第十七偈頌說染與淨的問題。世親以為，遍計執與依他
起是雜染，圓成實是清淨。說遍計執是雜染，是沒有問題的。依他
起何以同樣地是雜染呢？長尾以為，依他起之被視為雜染，是由於
它與心識的虛妄分別性分不開，而心識所運作的世界，正是迷亂的
世界之故。[10]

按說遍計執是雜染，圓成實是清淨，是沒有問題的。但說依他
起也是雜染，則是過於輕忽，值得商榷。我們在《唯識現象學1：
世親與護法》中曾屢次強調，依他起表示一個基本的結構，解釋事
物的生成方式，是依賴他緣的結合的，故它基本上應是中性的。其
歸趨是雜染抑是清淨，視乎我們的態度而定。即是，以依他起為有
自性，而執取之，這便是遍計執，是雜染的。以依他起為依他起，
因而無自性，而不加以執取，這便是清淨的圓成實。無著（Asaṅga）
的《攝大乘論》（*Mahāyāna-saṃgraha*）便說：

> 即此依他起自性，由遍計所執分成生死，由圓成實分成涅
> 槃。[11]

其意是，在依他起的事物中，周遍計度它們有自性，而執取之，便

10　長尾，p.203.
11　《大正藏》31 · 140c.

引生生死流轉的世界。若不如此，而知其爲他緣所成，只是依他起，
或是緣起，因而不取執，這便當下證取事物的空性、法性，圓滿成
就眞理，這可引致涅槃還滅的境界。這個意思，正與我對依他起的
一貫看法相通。另外，無著又在《攝大乘論》中引世尊在《阿毗達
磨大乘經》的說法謂：

> 法有三種：一、雜染分；二、清淨分；三、彼二分。……
> 於依他起自性中遍計所執自性，是雜染分。圓成實自性是
> 清淨分。即依他起是彼二分。[12]

這裏的意思也很清楚。我們對於事物的看法可有三種。一是在依他
起的事物上妄計它們有自性，而執取之，這是雜染分，相當於遍計
所執自性。不妄計它們，卻就它們是依他起而如實地了解爲依他起，
這是清淨分，相當於圓成實自性。至於「彼二分」，則是在依他起
性格的事物上分別表現爲遍計執與圓成實，而成二分。嚴格而言，
這「彼二分」只是重複遍計執與圓成實的看法，自身並不是獨立的。
即是，依他起表示一種中性的結構，我們在其上或表現爲遍計執，
或表現爲圓成實。要注意的是，我們對於依他起的結構的事物必有
或是計執或是不計執的態度，又不遍計執又不圓成實的獨立的依他
起是沒有的。故嚴格言，我們對於事物的態度只有兩種：一是在依
他起上遍計執，一是在依他起上圓成實。關於這個意思，長尾雅人
也意識到。[13]他把依他起稱爲「二分依他」。

12　Idem.

13　參看長尾，p.203.

　　最後，第十八頌表示，遍計所執性本質上是不眞實的二元性，圓成實性本質上是這二元性的不存在性。兩者意思相通而爲無差別。第十九頌表示圓成實性本質上是非二元性，遍計所執性本質上是這二元性的不存在性。兩者意思相通而爲無差別。第二十頌表示依他起性不同於它呈現出來的樣貌，而圓成實性本質上是這呈現的樣貌的非存在性，兩者意思相通而爲無差別。第二十一頌表示圓成實性本質上是二元性的不眞實性，依他起性則是欠缺如其呈現的存在性。兩者意思相通而爲無差別。[14]

　　按這樣說遍計所執性與圓成實性無差別，和依他起性與圓成實性無差別，只是以不同角度、不同說法把三性溝通起來，說三者的無差別性。此中並無新意。不過，在這四偈頌中，前二頌是說圓成實性與遍計所執性的關係，後二頌則是說圓成實性與依他起性的關係，何以會是這樣的配對，何以沒有遍計所執性與依他起性的直接的配對，則世親並未有交代。長尾雅人認爲，這四首偈頌不外要強調三性之間的融通無礙性。世界只是一，這便是依他起的世界，但我們對它可從三個側面來看，因而有不同的結果。[15]對於長尾這種說法，倘若我們以比較寬鬆的眼光來理解，亦可視爲有以依他起爲中性的根本結構之意。他是說對於這依他起的世界，可以從三個側面來看，實則只能從兩個側面來看：遍計執的側面與圓成實的側面。依他起的側面，即以依他起來看依他起，其實正是圓成實的側面。獨立於我們的認識機能的依他起的側面是沒有的，它不存在於時空

14　Wood, pp. 35-36; 長尾，pp.203-204.
15　長尾，pp.204-205.

中，只存在於我們的思想、概念中，因而沒有實在性（reality）。

另外，《三性論》第四頌提出二元性（dvaya）的概念來說三性。這二元性指能取與所取所成的對立關係。這偈頌是這樣的：

tatra kiṃ khyāty asatkalpaḥ kathaṃ khyāti dvayātmanā/
tasya kā nāstitā tena yā tatrādvaya-dharmatā//[16]

即是，缺乏眞實性的分別是依他起，起能取、所取的二元格局是遍計執，明瞭這二元性的無有的法性（advaya-dharmatā）而不起執著是圓成實。[17]

《三性論》第五頌以心（citta）來說依他起。心即是分別（kalpyate）。[18]這心是甚麼呢？第六頌表示，這心有兩方面，一是作爲因（hetu）的阿賴耶識（ālaya-vijñāna）；二是作爲果（phala）的轉識（pravṛtti-vijñāna），這有七種。[19]這樣以因與果兩面說心，實相當於安慧（Sthiramati）解《唯識三十頌》中的因轉變與果轉變。[20]亦相當於護法（Dharmapāla）的《成唯識論》（Vijñaptimātratāsiddhi-śāstra）中的因能變與果能變。這我們在上面解讀世親、護法唯識學中有詳盡的解釋。我們亦可由這一偈頌得知世親是將心識拆分爲八種的，與《唯識三十頌》是同一旨趣。

---

[16] Wood, p.32.

[17] 長尾，p.195. 按這能取、所取即下面第九頌所說的見者與被見者（dṛśya-dṛg）。（Wood, p.33.）這似可視爲相當於見分與相分。這似可表示世親也有見、相二分的說法，二分的說法不必是護法在《成唯識論》中的獨創。

[18] 這kalpyate是作動詞用，不是名詞。

[19] Wood, p. 32; 長尾，pp.196-197.

[20] 關於安慧的因轉變與果轉變思想，參看《唯識現象學 2：安慧》中有關部份。

三、三性與言說的關係

《三性論》第二十三頌很重要，它以約定俗成性特別是言說（vyavahāra）來說三性。這偈頌是這樣的：

kalpito vyavahārātmā vyavahartrātmako 'paraḥ/
vyavahāra-samucchedaḥ svabhāvaś cānya iṣyate//[21]

世親的意思是，言說的表示，是遍計所執性的本質；亦即是說，遍計所執性是那些約定俗成地存在的東西。言說表示的主幹（vyavahartrātmaka）是依他起性的本質；亦即是說，依他起性是那些約定俗成地存在的東西的原因。言說表示的去除，則是圓成實性；亦即是說，圓成實性是這樣的東西，它能摧破約定俗成的事物。[22]言說是約定俗成的，三性即是環繞著這種約定俗成性而成立。

按vyavahāra一般來說指言說，或言說的世界。由於言說本身是約定俗成的，是相對的，沒有絕對性可言，故vyavahāra亦可指約定俗成這種性格。世親在這裏以言說表示來說遍計所執性的本質，顯然是賦予言說一種負面的意義。言說是一種表意的工具，本來不必是負面的。但人若以言說相應於實在物，以至相應於絕對的真理，因而執取言說，這便變成負面意，產生虛妄的構想。以言說表示的主幹來說依他起性，這則有作用、工具的意味，它不必是負

---

[21] Wood, p.36.

[22] 長尾，p.206.

面的，而可以是中性的。以言說表示的去除來說圓成實性，則是順著把言說密切關連到遍計所執性方面去的結果。本來言說有它的達意的功能，你若不執取它，不讓它蒙蔽眞理以至取代眞理，則言說可以有正面的意義。倘若畏懼它的負面結果，索性把它整個去掉，完全不要它，以爲必須這樣做，才能達圓成實性，這則是把言說完全說到負面方面，完全不理會它的表意的工具作用，這實在有因咽廢食之嫌。有沒有一種做法，使我們一方面保留言說，一方面又能達致圓成實性的眞理呢？這是值得我們三思的。這是一種能運用言說而又不囿於言說，不由於言說而致不能見到眞理的做法。

四、《三性論》對唯識義理的證立

《三性論》是唯識學派的典籍，故最後還是歸於唯識的立場。在最後的第三十五至第三十八偈頌，便是說明這點。第三十五偈頌尤其重要，它以四個理由來證立唯識。梵文偈爲：

viruddha-dhī-kāraṇatvād buddher vaiyarthya-darśanāt/
jñāna-trayānuvṛtteś ca mokṣāpatter ayatnataḥ//[23]

這偈頌的用意，是要駁斥外界有實在的東西存在的說法，它提出四點理由來論證。即是，倘若我們以外界有實在性爲前提，則會有下列問題：相互矛盾的知識會生起；知識即使沒有外界仍能見到；又依於三種知識，對象相異地生起；又不需努力亦能得到解脫

---

[23] Wood, p.39.

（mokṣa）。[24]

這首偈頌的意思有點隱晦，世親又未有寫長行解釋，故相當費解。長尾雅人認爲，第一個理由是「相互矛盾的知識引生出來」。其意是，即使我們假定外界有實在性，是知識的原因，而生起知識，（即使是這樣，）實際上，各人的意識內容是互相矛盾別異的，故不能說外界是實在的。[25]按這個意思在世親的《唯識二十論》（Vimśatikāvijñaptimātratāsiddhi）中也可見到。其持論是，外界不能有實在。倘若外界是實在的，則各人對它的知識應是相同的。但實際上不是如此，就同一的認識來說，各人意識內所有的內容常是不同，而且相互矛盾。故這證實了外界不必有實在性。這種說法，在經驗知識方面比較有效，比較容易說意識內容不同。但就邏輯與數學知識來說，則不易說意識內容不同。因爲邏輯與數學知識是不需要具體對象的，外界是否實在的問題，對它們來說，並不重要。

第二個理由是「知識即使沒有外界仍能見到」。即是，我們可追憶過去，在夢中認識某些東西，即使沒有對象也能認識這些東西，故知識不必需立外界實在。[26]按這個意思在《唯識二十論》中也可見到。就追憶與夢中認識的情況來說，所追憶與認識的東西都是意識思構出來的。由於意識是最主要的認識機能，故這種認識可說是「自己認識自己」，這是唯識學派後期的法稱（Dharmakīrti）所強調的。

---

[24] 長尾，p.211.
[25] Idem.
[26] Idem.

第三個理由是「依於三種知識，對象相異地生起」。依據長尾雅人的解釋，這三種知識如下：一、對於證得心的自在的聖者來說，意欲就其自身即能顯現污穢的國土與清淨的國土。二、對於具有深厚止觀工夫的人來說，對象可依意志轉現出來。三、在證得最高的無分別智的場合，任何對象都不會顯現。[27]按這很有對象隨心轉的意味，心即是意志、意欲。在最高的無分別智的場合，一切對象都不會生起。因爲對象都是分別性格的，既是無分別智，則應是與一如的眞理冥合的智慧，因此沒有對象可言。

第四個理由是「不需努力亦能得解脫」。即是，倘若外界事物是眞實地存在，則只要見到它，便會見到眞實，這樣便得到解脫。這樣，追求解脫，便不需要其他任何努力了。[28]這個意思比較隱晦，長尾雅人未能說得清楚。世親似乎假定了一點：若見到現實的、眞實的外界存在，便能證眞理而得解脫了。這樣，只要外界眞正有存在，這些存在容易被見到，則人便隨時可得解脫，完全不必講求實踐修行了。很明顯，世親是認爲所謂外界的眞實存在是物自身（Ding an sich）的層次、眞理的層次，因此說若見到它，便是見到眞理，便得解脫。他是把外界的眞實存在等同於眞理本身的。到底有沒有這外界的眞實存在呢？世親未有從正面來論證，卻是就解脫的獲得來說。他以爲解脫是很艱難的，必須經歷種種艱苦的修行，才能達到。另外方面，他又接受若見到外界的眞實存在便得解脫的說法。爲了不讓解脫容易獲得，他索性否定外界的眞實存在。這樣論證不

[27] Idem.
[28] 長尾，p.212.

是很有效力。外界有無眞實的存在是存有論的（ontological）問題，與解脫論（soteriology）不應有直接的、密切的關係。

第三十五頌便是這樣地表示以外界有實在性是有困難的。世親以爲，一切事物都是識的表象（vijñapti），都是唯識。唯識才是眞理。能證立唯識，便能證見眞理，證得法性（dharmatā），或存在的本性。法性即是唯識性（vijñaptimātratā）。這樣便能覺悟，得解脫。故在餘下三偈，世親都說及覺悟、解脫的實踐問題。

現在我們討論一個問題：《三性論》的這第三十五頌所論證的外界無實在、一切是唯識一點，與三性思想本身有甚麼連繫呢？爲甚麼要在《三性論》提出這個論證呢？我的答覆是，兩方面的關係是有的。證立外界沒有實在，一切只是唯識，或識的變現，這正是符順依他起的說法。識即是「他」。一切都是識的變現，都是依於識而有，故是依他起。而一般人不明白這點，對於外界的東西，本身是依他起的、識所變現的東西，周遍計度爲實有自性，這便是遍計所執性。最後能明白外界事物非實有，只是識的變現，是依他起，因而不起計度執著。這便是明白了事物的本性、法性，或眞如，這是圓成實性。

五、《三性論》的實踐思想

上面討論的，是有關意義、語言、論證的問題，都是環繞著三性一題材的。現在我們看看三性思想的實踐意義。首先，三性中的「性」（svabhāva），可作爲本質解，很多日本學者解爲存在形態。

也有作事物解的。梶山雄一便以遍計所執性爲被妄想的東西，依他起性是依於他者的東西，圓成實性是圓滿地被成就的東西。「性」作東西解。[29]

唯識學很多重要論典都提到三性問題，而且賦予它一定的實踐意義。無著的《攝大乘論》即以三性思想作爲它的唯識的立論基礎。概要言之，遍計所執性指向境，這是無的；依他起性指向識，以識爲所依的他，這是有的；兩者合起來，便得境無識有，這正是唯識無境的旨趣。由此說眞如，這正是圓成實性。這部巨著在關連到實踐的脈絡方面來說，首先，阿賴耶識說與三性說是菩薩學習的對象，過了這一關，便在義理上悟入唯識眞理。而悟入眞理的修行，則是六波羅蜜多（pāramitā）與十地（bhūmi），也牽涉及三學的問題。最後斷除種種障礙，獲得最高智慧，達到解脫的境地。

在世親來說，他以爲，三性的說法，在一定程度上有修道或實踐的意義。他在《三性論》第三十一至第三十四偈頌中即討論這個問題。世親首先提出，三性涉及對事物的眞相（artha-tattva）的理解；這在三性的脈絡下，有次序可言，即是知、斷、得。知即是周遍地對妄想的東西知了，不起主觀、客觀或能取、所取上的執著。這應是知遍計執。斷是去除依他者而來的東西，不生二元的對立想法。這由於提到「依他」字眼，似是指斷除依他起。得即是見到或體證到不二的境界，這是一種覺悟的經驗。很明顯，這是得圓成實。[30]

---

29 梶山雄一著〈解說〉，載於長尾雅人、梶山雄一監修：《大乘佛典15：世親論集》，東京：中央公論社，1976, p. 423.

30 Wood, p.38; 長尾，p.209.

按從依實踐而體證終極眞理的立場來說，得圓成實是沒有問題的。但知遍計執與斷依他起的說法則有問題。遍計執是對存在周遍計度，起分別妄想，對於此，不單要知，而且要斷，斷的實踐尤其重要。故光是知遍計執是不足夠的。至於依他起，我已強調過很多次，即依他起是事物可能的依據，這個層次可以很高，直指緣起的眞理，因它涉及事物的根本結構。[31]這是存有論地成立諸法或現象世界，不能斷的。若斷依他起，會淪於小乘或外道灰身滅智的斷滅論或走向虛無主義（nihilism），不能保住存在世界。不過，依他起雖不能斷，我們卻要知它。《維摩經》（*Vimalakīrti-nirdeśa-sūtra*）曾說「但除其病，而不除法」，[32]病是遍計執，要斷除；法是依他起，需要保留。作爲法或存在世界生起的基礎的依他起是不能斷的。

長尾雅人在他對《三性論》的解說中，提到我們可把三性思想配合著原始佛教的四諦（cattāri saccāni）的義理來理解。他認爲遍計執是知苦，依他起是斷集，圓成實是證滅。四諦中前三諦都比配過了，餘下最後的道諦，則概括前三者，以之爲修道的內容。[33]長尾的這種對比，大體上可以接受，只是依他起或集不能斷。

有一點特別值得注意。世親在第三十一偈頌中提到，知遍計執、斷依他起與得圓成實三者是同時進行的。原偈如下：

---

[31] 對於我的這個意思，除了可參考本書上面有關世親、護法唯識學的現象學解讀外，也可參考我的早年拙作〈唯識宗轉識成智理論之研究〉，載於拙著《佛教的概念與方法》，修訂本，臺北：臺灣商務印書館，2000, pp. 98-208.

[32] 《大正藏》14·545a.

[33] 長尾，p.210.

artha-tattva-prativedhe yuyapal lakṣaṇa-traye/

parijñā ca prahāṇaṃ ca prāptiś ceṣṭā yathākramam//[34]

他在第三十四偈頌中又提到，看見（恰當地說應是知道）由幻術生起的象為無有，滅除由他者而生的形相，與了得木片，是同時進行的。由我們對第二十七至第三十這幾首偈頌的討論可知，這幾個步驟（對於象、幻術、木片的察覺）其實相應於對遍計執、依他起和圓成實的處理。這種三性同時進行的說法，表示三性的實踐可以聯成一體，甚至可視三性的實踐是一個整一的修行的三個面相。若把這點配合著世親在《唯識三十頌》中對三性的詮釋，我們可以這樣理解，在依他起上去除遍計執，即於同一瞬間證得圓成實。去遍計執與證圓成實實是同一事體的二面表現。而不是先去遍計執，隔了一段時間，然後證圓成實。這點在修行上有一定的意義。[35]我們起碼可以說，三性若是依序處理，則是漸教的修行。三性同時成就，則是頓教的修行。在對於佛教其他教法如般若、中觀和禪來說，唯識學是漸教形態；但在唯識學內部來說，則仍可有頓、漸之分。三性的實踐，應該是頓教的修行方式。

34　Wood, p.38.

35　說到這點，令我想起天臺宗智顗大師在思想成熟期說一心三觀的相似性格。他把三觀說為：從假入空觀、從空入假觀與中道正觀。從假入空是破法折伏，從空入假觀是立法攝受，中道正觀是見佛性，入大涅槃。在破除對諸法的執著和折伏種種邪見當兒，即能正確地建立、攝受諸法，同時即展現、體證佛性，而證入涅槃的真理境界。故三觀是同時進行的。（參看拙著NG Yu-kwan, *T'ien-t'ai Buddhism and Early Mādhyamika*. Honolulu: Tendai Institute of Hawaii / Buddhist Studies Program, University of Hawaii, 1994, pp. 144-149. 又拙著《中國佛學的現代詮釋》，臺北：文津出版社，1995, pp. 79-85.）

六、《三性論》的思想的貢獻

最後，我們要對《三性論》中的三性思想在唯識學特別是世親唯識學中的意義或貢獻。如所周知，唯識學典籍中有不少論及三性問題，如《解深密經》（*Saṃdhinirmocana-sūtra*）、彌勒（Maitreya）/無著的《瑜伽師地論》（*Yogācāra-bhūmi*）、《辯中邊論》（或《中邊分別論》*Madhyāntavibhāga-śāstra*）、無著的《攝大乘論》、世親的《唯識三十頌》、安慧的《唯識三十論釋》（*Trimśikāvijñaptibhāṣya*）和護法的《成唯識論》。不過，在這些文獻中，三性只作為其中一個問題被提出來討論，它們不是專論三性的。世親的《三性論》則不同，它是專論三性的，而且只限於三性，未提及三無性。故這是專論三性問題的專書，我們對它論三性，在質與量方面，都可以有較高的期望。

就分別對於三性：遍計所執性、依他起性、圓成實性的意義的詮釋來說，《三性論》沒有甚麼獨特之處，和其他文獻特別是《唯識三十頌》和安慧、護法對《三十頌》的疏釋的說法，沒有顯著殊異之處。不過，《三性論》以譬喻來說三性，如以象喻遍計所執性，以幻術喻依他起性和以象實際不存在喻圓成實性，雖無新意，但易使人明白，這是可取的。在了解三性的次序上，世親提出漸進的次序：先理解依他起性，再理解遍計所執性，最後理解圓成實性。但在實踐上，世親則認為對三性的處理，應同時進行，沒有次序可言。即是說，我們要同時知了遍計所執性、斷除依他起性和證得圓成實

性。這種實踐，是頓教的方式。不過，如上所說，我並不完全贊同
這種處理方式。我們不單要知了遍計所執性，而且要斷除它。對於
依他起性，則不應斷除，而應保留，只是在其上不起遍計所執，便
能證圓成實真理。實際上，《三性論》對依他起性的理解，亦如在
《唯識三十頌》和安慧、護法的說法那樣，視之為事物或存在的根
本結構，是中性的，不能斷除的。世親在理解和處理依他起性這一
點上，顯然有矛盾，這是必須指出的。

　　最後，世親以有與無、二與一、染與淨、特相無差別這四點來
說三性，有融通的意味。即是，三性的意義可以透過不同的哲學範
疇或題材來融通，以進一步理解三性各自的意義和相互間的關係，
及三者在哪一些義理脈絡下能融通起來。「四」這個數目是無所謂
的，用多少點來說都可以。在世親眼中，三性的相互融通的可能性
是無可置疑的。在這一點上，《三性論》比其他著作說得較詳盡和
細微。

參考書目

（日文書依假名字母次序排列，中文書依筆劃次序排列，其他文書
依羅馬體字母次序排列，古典文獻則例外。又只列著書，不列論文，
有特殊意義者除外）

一、梵文原典

Asaṅga, *Mahāyānasaṃgraha*.載於長尾雅人著：《攝大乘論：和譯
と注解》上，東京：講談社，1997，底頁起計pp. 1-106.（按
此是無著（Asaṅga）著《攝大乘論》之梵文本，由荒牧典俊依該書之
藏譯還原爲梵文，經長尾雅人修訂而成。此論之梵文原本已佚。）

Vasubandhu, *Viṃśatikāvijñaptimātratāsiddhi*. Sylvain Lévi,
Vijñaptimātratāsiddhi, deux traités de Vasubandhu,
Viṃśatikā accompagnée d'une explication en prose et
Triṃśikā avec le commentaire de Sthiramati, Paris, 1925, pp.
1-2.

Vasubandhu, *Triṃśikāvijñaptimātratāsiddhi*. Ibid., pp. 13-14.

Vasubandhu, *Trisvabhāva-nirdeśa*. In T. E. Wood, *Mind Only: A
Philosophical and Doctrinal Analysis of the Vijñānavāda*.

Honolulu: University of Hawaii Press, 1991, pp. 31-39.

Sthiramati, *Triṃśikāvijñaptibhāṣya*. Sylvain Lévi, *Vijñaptimātratāsiddhi*, deux traités de Vasubandhu, Viṃśatikā accompagnée d'une explication en prose et Triṃśikā avec le commentaire de Sthiramati, Paris, 1925, pp. 15-45.

二、藏譯

Blo-Gros bRtan-pa, *Sum-Cu-Paḥi bÇad-pa*. bStan-Gyur, Si LVIII, pp. 170a~201b, 北京赤字版。

Dul-Baḥi Lha, *Sum-Cu-Paḥi ḥGrel bÇad*. Idem.

三、漢譯

彌勒／無著著、玄奘譯：《瑜伽師地論》，《大正藏》30‧279a~882a。

無著著、玄奘譯：《攝大乘論》，《大正藏》31‧132c~152a。

世親著、玄奘譯：《唯識二十論》，《大正藏》31‧74b~77b。

世親著、玄奘譯：《唯識三十（論）頌》，《大正藏》31‧60a~61b。

世親著、眞諦譯：《轉識論》，《大正藏》31‧61c~63c。

世親著、玄奘譯：《辯中邊論》，《大正藏》31‧464b~477b。

護法著、玄奘譯：《成唯識論》，《大正藏》31‧1a~59a。

窺基著：《成唯識論述記》，《大正藏》43‧1a~606c。

四、日文

稻津紀三：《佛教人間學としての世親唯識說の根本的研究》，東京：飛鳥書院，1988。

宇井伯壽：《攝大乘論研究》，東京：岩波書店，1966。

宇井伯壽：《安慧護法唯識三十頌釋論》，東京：岩波書店，1990。

上田義文：〈Vijñānapariṇāmaの意味〉，《鈴木學術財團研究年報》，1965，pp. 1-14。

上田義文：《大乘佛教思想の根本構造》，京都：百華苑，1972。

上田義文：〈瑜伽行派における根本眞理〉，宮本正尊編：《佛教の根本眞理》，東京：三省堂，1974, pp. 487-512。

上田義文：《梵文唯識三十頌の解明》，東京：第三文明社，1987。

勝又俊教：《佛教における心識說の研究》，東京：山喜房佛書林，1974。

勝呂信靜：〈唯識思想よりみたる我論〉，中村元編：《自我と無我：インド思想と佛教の根本問題》，京都：平樂寺書店，1981, pp. 547-581。

高崎直道：《唯識入門》，東京：春秋社，1996。

武內紹晃：《瑜伽行唯識學の研究》，京都：百華苑，1979。

武內紹晃：〈インド佛教唯識學における因果〉，佛教思想研究會編：《佛教思想3：因果》，京都：平樂寺書店，1982, pp. 177-196。

武內紹晃：〈瑜伽行唯識學派における業の諸問題〉，雲井昭善編：

《業思想研究》，京都：平樂寺書店，1987, pp. 259-281。

竹村牧男：《唯識の構造》，東京：春秋社，1992。

竹村牧男：《唯識の探究：唯識三十頌を讀む》，東京：春秋社，
　　　　1992。

竹村牧男：《唯識三性說の研究》，東京：春秋社，1995。

田中順照：《空觀と唯識觀》，京都：永田文昌堂，1968。

玉城康四郎：〈カントの認識論と唯識思想：先驗的統覺とアーラ
　　　　ヤ識を中心として〉，玉城康四郎編：《佛教の比較思想
　　　　論的研究》，東京：東京大學出版會，1980, pp. 301-393。

ツルテイム・ケサン、小谷信千代譯：《ツオンカパ著アーラヤ識
　　　　とマナ識の研究》，京都：文榮堂，1994。

長尾雅人：《中觀と唯識》，東京：岩波書店，1978。

長尾雅人：《攝大乘論和譯と注解》上、下，東京：講談社，1997,
　　　　1995。

長尾雅人、梶山雄一監修：《大乘佛典15：世親論集》，東京：中
　　　　央公論社，1976。

袴谷憲昭：《唯識の解釋學：解深密經を讀む》，東京：春秋社，
　　　　1994。

服部正明、上山春平：《佛教の思想4：認識と超越：唯識》，東京：
　　　　角川書店，1974。

平川彰、梶山雄一、高崎直道編集：《講座大乘佛教8：唯識思想》，
　　　　東京：春秋社，1990。

舟橋尚哉：《初期唯識思想の研究》，東京：國書刊行會，1976。

水野弘元：〈心識論と唯識說の發達〉，宮本正尊編：《佛教の根

本眞理》，東京：三省堂，1974, pp. 415-454。

山口益：〈アーラヤ轉依としての清淨句〉，山口益：《山口益佛
　　　　教學文集》下，東京：春秋社，1973, pp.189-214。

山口益：〈世親造說三性論偈の梵藏本及びその註釋的研究〉，山
　　　　口益：《山口益佛教學文集》下，東京：春秋社，1973,
　　　　pp.119-162。

山口益：《佛教における無と有との對論》，東京：山喜房佛書林，
　　　　1975。

山口益、野澤靜證：《世親唯識の原典解明》，京都：法藏館，1953。

結城令聞：《唯識學典籍志》，東京：大藏出版社，1985。

結城令聞：《世親唯識の研究》上、下，東京：大藏出版社，1986。

橫山紘一：《唯識の哲學》，京都：平樂寺書店，1994。

橫山紘一：《唯識思想入門》，東京：第三文明社，1995。

橫山紘一：《わが心の構造：唯識三十頌に學ぶ》，東京：春秋社，
　　　　1996。

龍谷大學佛教學會編：《唯識思想の研究》，京都：百華苑，1987。

渡邊隆生：《唯識三十論頌の解讀研究》上、下，京都：永田文昌
　　　　堂，1995, 1998。

五、中文

印順：《攝大乘論講記》上、下，臺北：慧日講堂，1962。

呂澂：〈安慧三十唯識釋略抄〉，《內學年刊》，1-4，臺北：國史
　　　研究室，1973, pp. 563-590。

吳汝鈞：〈唯識宗轉識成智理論之研究〉，吳汝鈞：《佛教的概念與方法》，臺北：臺灣商務印書館，1992, pp. 98-208。

吳汝鈞：《印度佛學的現代詮釋》，臺北：文津出版社，1994。

吳汝鈞：《中國佛學的現代詮釋》，臺北：文津出版社，1995。

熊十力：《佛家名相通釋》，臺北：廣文書局，1961。

霍韜晦：《安慧三十唯識釋原典譯註》，香港：中文大學出版社，1980。

六、英文

Anacker Stefan, *Seven Works of Vasubandhu*. Delhi, Varanasi, Patna, madras: Motilal Banarsidass, 1986.

Chatterjee Ashok Kumar, *Readings on Yogācāra Buddhism*. Banaras: Banaras Hindu University, 1970.

Chatterjee Ashok Kumar, *The Yogācāra Idealism*. Delhi, Varanasi, Patna: Motilal Banarsidass, 1975.

Cook Francis H., *Three Texts on Consciousness Only*. Berkeley: Numata Center for Buddhist Translation and Research, 1999.

Hamilton C. H., *Wei Shih Er Shih Lun Or the Treatise in Twenty Stanzas on Representation-only*. New Haven: American Oriental Society, 1938.

Harris Ian Charles, *The Continuity of Madhyamaka and Yogācāra in Indian Mahāyāna Buddhism*. Leiden: E. J. Brill, 1991.

Jaini P. S., "On the Theory of Two Vasubandhus." *Bulletin of the School of Oriental and African Studies*, Vol. XXI, 1958, pp. 48-53.

Kalupahana David J., *Causality: The Central Philosophy of Buddhism*. Honolulu: University Press of Hawaii, 1975.

Kalupahana David J., *The Principle of Buddhist Psychology*. Delhi: Sri Satguru Publications, 1992.

Kochumuttom Thomas A., *A Buddhist Doctrine of Experience*, A New Translation and Interpretation of the Works of Vasubandhu the Yogācārin. Delhi: Motilal Banarsidass, 1989.

Lusthaus Dan, *A Philosophic Investigation of the "Ch'eng Wei-shih Lun": Vasubandhu, Hsüan-tsang and the Transmission of Vijñaptimātra (Yogācāra) from India to China*. A PhD Dissertation, Temple University, 1989.

Nagao Gadjin M., "What Remains in Śūnyatā: A Yogācāra Interpretation of Emptiness," Minoru Kiyota, ed., *Mahāyāna Buddhist Meditation: Theory and Practice*. Honolulu: The University of Hawaii Press, 1978, pp. 66-82.

Nagao Gadjin M., *Mādhyamika and Yogācāra*. Tr. by L. S. Kawamura. Delhi: Sri Satguru Publications, 1992.

Powers John, tr., *Wisdom of Buddha: The Saṁdhinirmocana Sūtra*. Berkeley: Dharma Publishing, 1994.

Schmithausen Lambert, *Ālayavijñāna: On the Origin and the Early Development of a Central Concept of Yogācāra Philosophy*.

Part I: Text ; Part II: Notes, Bibliography and Indices, Tokyo: The International Institute for Buddhist Studies, 1987.

Stcherbatsky Th., *Buddhist Logic*. 2 Vols., Bibliotheca Buddhica xxvi, Leningrad: Izdatel' stov Akademii Nauk S.S.S.R., 1932.

Tāranātha, *History of Buddhism in India*. Tr. by Lama Chimpa and Alaka Chattopadhyaya. Delhi: Motilal Banarsidass, 1990.

Wei Tat, *Ch'eng Wei-Shih Lun*. Hong Kong: The Ch'eng Wei-Shih Lun Publication Committee, 1973.

Wood Thomas E., *Mind Only: A Philosophical and Doctrinal Analysis of the Vijñānavāda*. Honolulu: University of Hawaii Press, 1991.

Yamada I., "Vijñaptimātratā of Vasubandhu," *Journal of the Royal Asiatic Society*. 2, 1977, pp. 158-176.

七、德文

Frauwallner Erich, "Amalavijñānam und Ālayavijñānam." In *Beiträge zur indischen Philologie und Altertumskunde*. Walther Schubring zum 70. Geburtstag dargebracht. Hamburg (ANIST vol. 7), S. 148-159.

Frauwallner Erich, *Die Philosophie des Buddhismus*. Berlin: Akademie-Verlag, 1958.

Kitayama Junyu, *Metaphysik des Buddhismus: Versuch einer*

philosophischen Interpretation der Lehre Vasubandhus und seiner Schule. Stuttgart-Berlin: Verlag von W. Kohlhammer, n.d. Reprinted by Chinese Materials Center, China, 1983.

Schmithausen Lambert, *Der Nirvāṇa-Abschnitt in der Viniścayas= aṃgrahaṇī der Yogācārabhūmiḥ*. Wien (Österreichische Akademie der Wissenschaften, Philos.-hist. Klasse, Sitzungsberichte, 264. Bd., 2. Abh.) 1969.

Schmithausen Lambert, "Sautrāntika-Voraussetzungen in Viṃśatikā und Triṃśikā" In *Wiener Zeitschrift für die Kunde sud- (und Ost) asiens* xi, 1967, S. 109-136.

八、法文

de la Vallée Poussin Louis, *Vijñaptimātratāsiddhi, La Siddhi de Hiuan-Tsang*. Paris, 1928.

九、辭典與書目

多屋賴俊、橫超慧日、舟橋一哉編集：《新版佛教學辭典》，京都：法藏館，1995。

中村元、平川彰、玉城康四郎編集：《新佛典解題事典》，東京：春秋社，1971。

平川彰編：《佛教漢梵大辭典》，東京：靈友會，1997。

Monier-Williams M., *A Sanskrit-English Dictionary*. New Edition. Delhi, Patna, Varanasi: Motilal Banarsidass, 1974.

Powers John, *The Yogācāra School of Buddhism: A Bibliography*. Metuchen, N. J., and London: The American Theological Library Association and the Scarecrow Press, Inc., 1991.

吳汝鈞編著：《佛教思想大辭典》，臺北：臺灣商務印書館，1994。

附言：本書多處牽涉胡塞爾（E. Husserl）的現象學，關於該書的參考書，請參閱拙著《胡塞爾現象學解析》的參考書目。以下只列出該書所參考胡氏的最重要的德文原著。

1.*Ideen zu einer reinen Phänomenologie und phänomenologischen Philosophie*. Erstes Buch. Den Haag: Martinus Nijhoff, 1976.（省作 *Ideen I.*）

2.*Cartesianische Meditationen und Pariser Vorträge*. Den Haag: Martinus Nijhoff, 1973.（省作*Meditationen.*）

3.*Die Idee der Phänomenologie*. Den Haag: Martinus Nijhoff.1973.（省作*Idee.*）

又附言：在此書排印完畢，正在編製索引期間（索引的編製歷時超過大半年），我到日本與中國大陸作客席研究和開會，期間找到一些未列入此書目中的資料（著書），雖未細讀，但覺得對本書仍有參考價值，因此補列如下。由於作者涉及日、韓、

中三方面，故姑以出版年份作序：早出版的在前，後出版的
在後。

上田義文：《佛教思想史研究》，京都：永田文昌堂，1967。

上田義文：《攝大乘論講讀》，東京：春秋社，1981。

梶山雄一：《佛教における存在と知識》，東京：紀伊國屋書店，
1983。

沖和史：〈唯識〉，長尾雅人等編：《インド佛教‧I》，東京：
岩波書店，1998。

木村俊彦：《ダルマキ——ルティにおける哲學と宗教》，東京：
大東出版社，1998。

谷貞志：《刹那滅の研究》，東京：春秋社，2000。

小谷信千代：《攝大乘論講究》，京都：東本願寺出版部，2001。

袴谷憲昭：《唯識思想論考》，東京：大藏出版社，2001。

李鍾徹：《世親思想の研究～《釋軌論》を中心として～》，東京：
山喜房佛書林，2001。

海野孝憲：《インド後期唯識思想の研究》，東京：山喜房佛書林，
2002。

索引凡例

1. 本索引以三大語種爲準，分爲（I）東亞的中、日文；（II）佛典的梵、藏文；（III）西方的英、德、法文三大語組。每一語組內再按實際需要細分（A）人名、書名；（B）佛學名相及（C）現象學（暨西方哲學）術語等小組。除少數明確例子外，一般而言，同一語詞的不同語種辭彙（例如「世親」與 "Vasubandhu"）名下只列該特定語種出現的頁碼。

2. 不論東亞、佛典或西方語組，其名下「人名、書名」一欄內的人名索引涵蓋全書總序、別序、正文、註解及書目等環節裡曾提及的所有學者人名（包括原典作者、譯者及現代的研究者），但書名則僅列佛教（尤其是唯識宗）及現象學原典，不包括專書或單篇論文等二手研究之項目，不過讀者仍可透過人名檢視到相關的二手研究的所在。

3. 由於《成唯識論》的引文在《唯識現象學1》裡，及安慧《唯識三十頌釋》的荒牧典俊的解釋及李維（S. Lévi）本子的徵引在《唯識現象學２》裡依《三十頌》的偈頌次序繁密分佈全書，爲便讀者對照，特別依序標明頌號，排列上述三條項目出現的頁碼。

4. 有關佛學名相部分，中文術語依筆劃多少次序排列，由於在整個索引中，佛學名相所佔篇幅最廣，爲便搜索，在中文術語方面將

標示出筆劃（如「四劃」）次序。梵文則依轉寫後的羅馬字母次序。因主題的關係，這裡所收列的中文項目主要集中在唯識宗的名相，而非唯識宗的一般佛學術語只依其在本書中與唯識宗之間關係的親疏程度作選擇性收列。梵文方面，一般而言，凡在本書內標出者多有收列，但在行文內偶有為解釋文法而引述的梵文句子或片語，因不屬「名相」性質，不予收錄。

5. 有關現象學術語方面，凡在本書內依中文或依德文出現者，大體都收列，唯少量西方哲學的英文及中文術語，則按情節考慮其與現象學間關係作取捨，當中關乎哲學立場者，如觀念論（idealism）、「實在論」（realism）、「表象論」（representationalism）、「現象論」（phenomenalism）等皆予收列，但若只屬一般西哲通用術語則多從略。

I.中、日文索引（依筆畫次序排列）

A.人名、書名（書名只限於唯識宗及現象學原典）

C.現象學術語

II.梵、藏文索引（依羅馬字母次序排列）

A.人名、書名

B. 佛學名相

III.德、英、法文索引

A.人名、書名（書名只限於現象學原典）

國家圖書館出版品預行編目資料

唯識現象學 1：世親與護法

吳汝鈞著. – 初版. – 臺北市：臺灣學生，2002
面；公分
參考書目：面
含索引

ISBN 978-957-15-1151-1(平裝)

1. 法相宗

226.2   91018299

唯識現象學 1：世親與護法

著　作　者　吳汝鈞
出　版　者　臺灣學生書局有限公司
發　行　人　楊雲龍
發　行　所　臺灣學生書局有限公司
地　　　址　臺北市和平東路一段 75 巷 11 號
劃撥帳號　00024668
電　　　話　(02)23928185
傳　　　真　(02)23928105
E - m a i l　student.book@msa.hinet.net
網　　　址　www.studentbook.com.tw
登記證字號　行政院新聞局局版北市業字第玖捌壹號
定　　　價　新臺幣四五〇元

二〇〇二年十月初版
二〇二二年九月初版三刷